Soldat en Alsace-Lorraine
(1939 -1940)

Récits de guerre et de captivité

Tome 1

Mémoires du XXe siècle

Déjà parus

Éric BROTHÉ, *Un chevalier de la France libre, Jacquelin de la Porte des Vaux,* 2017.
Bouzid et Mehdi BOUMEZOUED, *Mémoires de guerre d'un combattant kabyle, De la Deuxième Guerre mondiale à la guerre d'Algérie,* 2016.
Grégory ROMINSKYJ, *De l'Ukraine à la France, Mémoires d'un déplacé (DP) dans l'Europe de la tourmente (1939-1945),* 2016.
Daniel BARON, *Du Côté de la Vie. Correspondance de Maryse (1926-1940),* 2016.
Micheline MAUREL, *Danse au bord du précipice. Lettres et écrits des années de guerre (1939-1945),* 2016.
Larissa CAIN, *Souvenirs d'enfance et de Pologne,* 2016.
Michel GASPARD, *Eaux mêlées à Montmartre, Une histoire familiale, Deuxième période : 1936-1950,* 2016.
Michel GASPARD, *Eaux mêlées à Montmartre, Une histoire familiale, Première période : 1880-1936,* 2016.
Henri CHENNEBENOIST, *Carnets de Chine (1900-1901). Un Français dans la guerre des Boxers,* 2016.
Auguste VONDERHEYDEN, *Cahiers de guerre (1914- 1918),* 2016.
Sabine CHERON et Marie-Hélène PRECHEUR, *Les coquelicots au vent de la liberté. De Varsovie à Nancy : un rêve réalisé,* 2016.
Rafael MONREAL, *Le chemin de Rafael. Un républicain espagnol dans la guerre civile,* 2016.
Anna Senik, *Une famille juive de la Pologne à la France de Vichy, Penser ce qui nous est arrivé,* 2015.
Bernard GROUSELLE, *De la ligne Maginot à Berchtesgaden. Souvenirs d'un français libre,* 2015.
Viktor GEIGER, *Viktor et Klára. Camp de travail en Ukraine dans le Donbass (1945 – 1946),* 2015.
Henri CHENNEBENOIST, *Carnets de campagne 1914–1918,* 2015.

Léon NOGUERO

SOLDAT EN ALSACE-LORRAINE (1939 -1940)

Récits de guerre et de captivité

Tome 1

Textes recueillis et annotés par Henri Noguéro

Préface de Gérard Trémège

L'Harmattan

Tome I
Soldat en Alsace-Lorraine
(1939-1940)

Tome II
Prisonnier de guerre en Allemagne
(1940-1945)

5-7, rue de l'École-Polytechnique ; 75005 Paris

http://www.editions-harmattan.fr

ISBN : 978-2-343-10581-9

EAN : 9782343105819

SOMMAIRE

[1] Mais aussi dans le pays de Hanau (Weiterswiller).
[2] Saint-Michel-sur-Meurthe, au hameau les Feignes, dans le département des Vosges.
[3] Dans le département des Hautes-Pyrénées

« Nous avons fait la guerre de notre mieux … nous avons connu ensuite la captivité, *loin des nôtres* dont nous ne savions rien, loin de nos foyers parfois dévastés, loin de la patrie frappée au cœur, et qui ne voulait pas mourir. Tout cela, mes camarades, s'est écrit en nous, nous resterons ceux qui ont vécu cela ».

Henri Curtil

Préface à l'album d'images d'Étienne Morin.[4]

« La première loi de l'histoire est de ne pas oser mentir ; la seconde de ne pas craindre de dire vrai ; en outre, que l'historien ne prête au soupçon ni de flatterie ni d'animosité ».

Léon XIII[5]   18 août 1883

---

[4] *« Captivité, scènes de la vie au camp »* par Étienne Morin. Dans une pochette, feuilles libres, 24 pages : gravures en noir et blanc en 24x33, Éditions d'Histoire et d'Art, s.d., Paris.

[5] Lettre de Léon XIII, *sur l'Histoire*.

Préface

Écrire un récit historique est une aventure intellectuelle et humaine délicate qui met l'accent sur des faits et des hommes dans un contexte particulier.

Cette histoire en deux volumes de Henri Noguéro fait revivre la mémoire paternelle à une époque particulièrement troublée de notre pays ; ce livre retrace le parcours engagé et dévoué à la France de Léon Noguéro par une narration limpide et vivante, non seulement sur des territoires hostiles pendant la captivité, mais également par l'évocation d'une famille d'origine espagnole installée et insérée dans le pays de Bigorre, à Cadéac-les-Bains et surtout à Tarbes. C'est dans cette ville que Léon Noguéro s'est marié, a travaillé et a été mobilisé au début de la Guerre mondiale en 1939.

Cette histoire d'un homme est écrite avec le cœur et avec la volonté de replacer cette singularité dans une globalité historique extrêmement bien documentée. Une riche correspondance en constitue le fil conducteur comme un scénario épique et sensible à la fois.

C'est une fresque historique et familiale qui se déroule au travers de ce livre et dont la ville de Tarbes et la Bigorre sont les racines.

Bravo à Henri Noguéro pour ce beau témoignage !

Gérard Trémège
Maire de Tarbes[6]

[6] Depuis le 11 novembre 1948, la Croix de Guerre 1940-1945 est attribuée par le Gouvernement à la Ville de Tarbes avec l'éloquente citation suivante : "Siège d'organismes de résistance extrêmement importants". Source : http://www.tarbes.fr/

Léon Noguéro en tenue militaire – 1939

Prologue

D'un naturel très enjoué et affable, épris de liberté, habité par l'esprit d'entreprise qui caractérise l'homme qui très tôt commence à gagner sa vie à la sueur de son front, le soldat de 1re classe Léon Noguéro répond à l'appel de la mobilisation générale du 2 septembre 1939 et accomplit son sens du devoir non sans éprouver une certaine appréhension. En dépit de tout ce qui pouvait le retenir, il en va aussi de la mémoire de son frère aîné Raymond-Joseph « Mort pour la France » le 20 mai 1916 à l'âge de 20 ans en défendant Verdun, dans le bois d'Avocourt (Meuse), et de la fierté pour le fils d'émigrant espagnol qu'il est d'être tout à fait reconnu à l'égal de ses camarades d'enfance français. Il laisse derrière lui, habitant seule à Cadéac-les-Bains[7], une mère veuve, âgée de 67 ans et disposant d'une modeste pension, mais aussi une sœur cadette mariée, résidant à Tarbes[8], avec laquelle il entretiendra une correspondance régulière tout au long de la guerre et durant toute sa captivité. C'est de ce lot de correspondances que sont retranscrites la plupart des lettres qui s'égrènent au fil de cette période si tourmentée comme autant de témoignages vécus au quotidien. Le style d'écriture utilisé par Léon Noguéro, pour dédramatiser cette longue séparation, toutes les souffrances refoulées et les humiliations subies, est caractéristique de celui de beaucoup de ses camarades de guerre et de captivité où l'inhibition se confond de façon pathétique et subtile avec la censure imposée par les autorités militaires qu'elles soient françaises ou allemandes. Les pages qui suivent n'ont pas la prétention de réduire à elles seules tout le vécu du combattant et du prisonnier de guerre de 1939-1945 ; tant ce vécu collectif est en soi riche d'un agrégat de témoignages individuels aux multiples facettes. [9] D'autres pages de combattants et de prisonniers de guerre sont encore ignorées, égarées, dispersées ou tout simplement réduites à demeurer dans les oubliettes de l'Histoire.

Fils benjamin[10] de Léon Noguéro et dépositaire de ce petit « trésor de guerre », je me suis efforcé de retranscrire toutes les lettres recueillies, tous les documents personnels et toutes les notes éparses sans y apporter aucune réserve particulière, addition superflue ou fabulation quelconque. Mon seul motif a été de léguer aux générations futures le témoignage authentique d'un simple soldat pris dans la tourmente de la Seconde Guerre mondiale sans pour autant occulter les heures sombres vécues par ses proches sous l'Occupation allemande et le régime de Vichy. Ce témoignage, tout en invitant le lecteur à

---

[7] Village de montagne, situé à 735 m. d'altitude au pied de l'Arbizon, à l'entrée de la vallée d'Aure, dans le département des Hautes-Pyrénées.

[8] Chef-lieu du département des Hautes-Pyrénées.

[9] Voir à ce sujet la bibliographie en fin d'ouvrage.

[10] D'une fratrie de 3 garçons.

partager l'intimité d'une famille se veut être aussi un support d'enseignement et d'investigation pour les jeunes générations afin qu'elles puissent parvenir à une compréhension aussi juste et réaliste que possible ; conjuguant tout à la fois le récit individuel et de nombreuses sources documentaires.

Parmi les lecteurs de ce livre, ceux qui ont côtoyé Léon Noguéro de son vivant reconnaîtront sans nul doute l'homme discret, le confident capable de garder un secret à vie, l'homme *« de conscience professionnelle confirmée, modeste et d'une grande amabilité* [11] *»*, mais aussi l'homme de cœur et de conviction, apprécié de tous dans ses engagements associatifs ou dans l'exercice des mandats remplis auprès de la collectivité locale.

Henri Noguéro

[11] Henri Caillavet, août 2004, correspondance privée, condoléances.

Biographie

Léon NOGUÉRO

Portrait à l'huile effectué en captivité par son ami
J. Roquelaure, 1942.

Léon, Joseph NOGUÉRO est né le 16 août 1913 à Cadéac-les-Bains (Hautes-Pyrénées) et y décède le 28 août 2004 dans son domicile, âgé de 91 ans.

Léon Noguéro naît le 16 août 1913 à Cadéac-les-Bains (Hautes-Pyrénées). Un frère aîné Raymond (Joseph) et une sœur Léonie l'avaient précédé. Pendant la Première Guerre mondiale, Raymond-Joseph[12] meurt « *Pour la France* » à l'âge de 20 ans, le 20 mai 1916 dans le bois d'Avocourt (Meuse). Son père, Santiago Noguéro Escalona, décède le 28 février 1938 à Cadéac-les-Bains et laisse pour veuve Ramona Bielsa Bernad déjà affligée par la perte de son fils aîné Raymond lors de la Première Guerre mondiale. Pendant toute son activité professionnelle d'avant-guerre et durant toute sa captivité, la préoccupation de Léon Noguéro pour aider matériellement sa mère n'aura point de cesse.

[12] Commis épicier résidant à Tarbes, son nom figure sur l'une des colonnes des « *Morts pour la France* » de la ville de Tarbes située à l'intérieur de la Mairie (sous le grand escalier). Matricule n° 1440 au recrutement, 6622 au Corps (classe 1915), soldat 2e cl à la 4e Cie du 88e Régiment d'Infanterie, stationné à Mirande dans le département du Gers (Croix de guerre 14-18 avec étoile d'argent, Médaille militaire, Médaille de Verdun).

Raymond-Joseph Noguéro, 1er assis à gauche, soldat au 88e RI de Mirande (32)

Enfance et adolescence

Issu d'un milieu modeste de parents espagnols frontaliers (vallées de Bielsa et de Gistain situées dans le Haut-Aragon), Léon Noguéro est scolarisé à l'école communale de Cadéac-les-Bains et obtient en 1927 son Certificat d'Études Primaires. Ancien combattant de 1914-1918, Raymond Compagnet[13], ancien maire de Bagnères-de-Bigorre et originaire de Génos (vallée du Louron) fera l'éloge de son élève en ces termes : *« Je vous prie de m'excuser de quitter Cadéac sans vous serrer la main. Je vous remercie sincèrement d'avoir bien secondé mes efforts de maître et d'avoir, en toute circonstance, usé de votre autorité pour assurer le respect dû à l'instituteur. Acceptez mes cordiales civilités. »* De nationalité espagnole, Léon Noguéro ne pourra pas obtenir de bourse pour continuer ses études.[14] Durant trois années, il effectuera les saisons (été ou hiver) dans l'hôtellerie en qualité de groom ou de chasseur (Hôtel des Ambassadeurs à Lourdes - Hôtel du Vignemale à Gavarnie - Grand Hôtel du Palais à Pau)[15] avant d'entrer en apprentissage dans

---

[13] Né le 10/10/1896 à Génos (vallée du Louron), maire de Bagnères-de-Bigorre du 02/12/1958 au 26/03/1965. Lors de la Seconde Guerre mondiale, cet ancien combattant de 14-18 est entré dans la résistance locale, aux côtés de Joseph Meynier. Avec le groupe Bernard, il a participé activement à de nombreuses opérations, notamment au combat du 11 juin 1944, avant de rejoindre le maquis de Lesponne. Ancien directeur de l'école Jules Ferry.

[14] *« J'ai dû non m'expatrier comme mes parents, mais partir au travail ».* Léon Noguéro

[15] *« Oh, ce n'était pas désagréable. C'était assez rigide, il fallait avoir toujours une tenue impeccable, aller au-devant des clients. Être toujours disponible, là était aussi notre intérêt.*

le bâtiment auprès des Établissements Chalmandrier à Tarbes[16] et de suivre les cours professionnels obligatoires de la ville afin d'obtenir son Certificat d'Aptitudes Professionnelles de monteur électricien du bâtiment.

Léon groom au Grand Hôtel du Palais à Pau

1933-1935[17] : Service militaire

Léon Noguéro est appelé sous les drapeaux dès le 16 et incorporé le 21 octobre 1934 au 126e Régiment d'Infanterie[18] de Brive-la-Gaillarde. Il est renvoyé dans ses foyers[19] le 15 octobre 1935 et nommé soldat de 1re classe dans la Réserve.

1939 : Dans le cadre de la **mobilisation générale**, il est « *appelé à l'activité* » en vertu du décret du 1er septembre 1939. Il rejoint le 5 septembre à Bayonne le **49e R.I.**[20] où il est incorporé en qualité de téléphoniste au P.C.[21] du régiment.

Ce métier était très enrichissant, on y côtoie des clients de tout genre : industriels, personnalités étrangères, écrivains, troupes théâtrales, monde sportif, amateurs de courses d'autos, de chevaux, de chiens, etc. J'aurais pu continuer dans cette branche ». Léon Noguéro

[16] En qualité d'installateur électricien du 15 mars 1929 au 4 septembre 1939 et du 3 septembre 1945 au 29 mai 1946. « *Me voilà donc dans le bâtiment effectuant des installations électriques – métier intéressant, pas trop salissant et ne nécessitant pas d'efforts excessifs, ce qui convenait très bien à ma faible corpulence. C'est là que j'ai été cueilli d'abord pour mon service militaire et juste quelques années après pour la drôle de guerre* ».

[17] Classe de recrutement : 1933 ; classe de mobilisation : 1934.

[18] Léon Noguéro était considéré par ses camarades de troupe comme « *ordonnance appliquée et briqueur soigné, vaguemestre de la piaule, est pour cela apprécié* ». Faire part du Père Cent.

[19] Invité à souscrire, avant sa libération, un contrat de rengagement d'une durée minimum de six mois pour tenir au Corps ou dans un Corps de la Région un emploi militaire d'électricien, Léon Noguéro refuse l'emploi qui lui est offert.

[20] R.I. : Régiment d'infanterie. Le 49e R.I. appartenait à la 35e Division d'Infanterie.

[21] Abréviation de poste de commandement.

Mobilisation générale et engagements

Dès les premiers jours de septembre 1939, le 49e R.I. fait mouvement pour l'Est de la France, à proximité de la ligne Maginot[22] et de la frontière allemande. En fonction des ordres de mouvements reçus, son groupe de téléphonistes est très mobile et intervient en faisant souvent des allers et retours dans les secteurs frontaliers de Rohrbach (Siersthal, Epping, Ormersviller, Weiskirch, Volmunster-Eschviller, ...) et de Wissembourg (Rott, Cleebourg, Climbach, Lobsann, ...). À la suite de l'offensive allemande du 10 mai 1940, sa compagnie se replie vers le sud de Saint-Dié dans les Vosges et dépose les armes, totalement encerclée par les troupes allemandes, au hameau de Les Feignes, à Saint-Michel sur Meurthe, le 22 juin 1940.

1940-1945 : Prisonnier de guerre

À compter du **22 juin 1940**, Léon Noguéro est fait **prisonnier de guerre** en compagnie de nombreux éléments de son unité. Il rejoint la ville de Strasbourg en quatre étapes, passant par Sainte-Marie aux Mines, Sélestat, le camp d'Ébersheim, Benfeld, le camp d'Erstein. À son arrivée à Strasbourg, il est gardé et parqué durant près d'un mois dans la caserne[23] du 309e d'Artillerie avant d'être transféré en Allemagne et interné le **27 juillet 1940** au **Stalag V A**[24] de **Ludwigsburg** (région du Bade-Wurtemberg). Il y est enregistré sous le matricule **19667**. Durant toute sa captivité, il est rattaché à un détachement de travail du bâtiment : le « **Kommando B.A.B. 45 (2e Kompanie)**[25] » stationné dans un premier temps à Urlau pour y effectuer durant tout l'hiver 1940 de pénibles travaux de terrassement et participer à la construction d'abris à munitions avant d'être affecté à différentes missions civiles successivement exécutées dans les villes de Hamm, Münster, Osnabrück, Bremen, Hannover, Magdeburg pour le compte d'entreprises du bâtiment et principalement dans l'exercice de son métier d'électricien.

---

[22] Maginot : « La ligne Maginot, du nom du ministre de la Guerre André Maginot, est une ligne de fortifications construite par la France le long de ses frontières avec la Belgique, le Luxembourg, l'Allemagne, la Suisse et l'Italie de 1928 à 1940. »
Source : https://fr.wikipedia.org/wiki/Ligne_Maginot

[23] Vraisemblablement, la caserne Lecourbe.

[24] Le Stalag V-A était localisé à Ludwigsburg, dans le Vème district militaire, à proximité de Stuttgart. On notera l'existence d'une « Amicale nationale des anciens prisonniers de guerre des stalags V A – V C » ayant eu son siège au 46, rue de Londres dans le 8ième à Paris avec comme bulletin : « Le lien ». En 2001, il est transféré au 1, rue de Brissac dans le 4ième arrondissement.

[25] (Bau Arbeits Bataillon : Élément de travailleurs mobiles). Au 15 février 1945, le nombre de ces travailleurs dit « volants » est estimé à 25.763 hommes (source : *« Le Monde Illustré »*, numéro 4302 du 7 avril 1945, p.3).

Léon, 3e assis avec ses camarades prisonniers au camp d'Urlau – juillet 1941

Libération, rapatriement et démobilisation

Léon Noguéro est libéré le 2 mai 1945 dans le petit hameau de Helm situé à 40 kilomètres au sud de Schwerin et à 50 kilomètres à l'ouest de Ludwigslust par un contingent de la 8e Division d'Infanterie américaine.[26] Il sera rapatrié en France le 18 mai 1945 et enfin démobilisé le 31 juillet 1945 à Tarbes.

[26] « La 8e DI américaine, sous le contrôle opérationnel de la Deuxième Armée britannique, a traversé l'Elbe, le 1er mai et a libéré Schwerin à la fin de la guerre en Europe.
Le 2 mai 1945, comme elle avançait vers le Nord de l'Allemagne, la 8e DI a rencontré le camp de concentration Neuengamme, le camp d'extermination de Wöbbelin, près de la ville de Ludwigslust. Les SS avaient établi le camp de Wöbbelin au début de février 1945 pour loger les prisonniers des camps de concentration Nazis qui avaient été évacués pour prévenir leur

État de santé : Après examen médical, son état de santé est qualifié de moyen avec un amaigrissement global de 5 kilos (pour un poids de 60 kilos et une taille de 1 m 65) assorti des précisions suivantes *« hyperchlorémie gastrique – dyspepsie »* dont il conservera des séquelles pour le restant de ses jours.

Retour à la vie civile : Dès le mois de septembre 1945, Léon Noguéro se retire à Tarbes où il reprend du service auprès des Établissements Chalmandrier, bien qu'il fût inscrit sur les listes d'embauchage de l'Atelier de construction[27] de Tarbes depuis 1935. C'est à l'occasion d'une intervention dans le foyer du Docteur Aron Corman, médecin cardiologue (au 11 rue de Gonnès), qu'il fait la connaissance de sa future épouse, Paulette Fourcade[28], qui demeure au service de la famille Corman comme employée de maison. Ils se marient le 7 octobre 1946 à Tarbes avant de regagner le domicile conjugal fixé à Cadéac-les-Bains. Léon y exerce son métier d'électricien en entreprise individuelle[29] jusqu'à la cessation de son activité en 1980. Il y est élu conseiller municipal d'octobre 1947 à mai 1953[30], adjoint au maire de mai 1953 à mars 1959, conseiller municipal de mars 1959 à juillet 1968, adjoint au maire de juillet 1968 à mars 1983[31].

---

libération par les Alliés. À Wöbbelin il y avait environ 5000 prisonniers, dont beaucoup souffraient d'inanition et de maladies. Les conditions hygiéniques du camp étaient déplorables, quand la 8e DI et la 82e Division Aéroportée sont arrivées. Il n'y avait que de petites quantités d'aliments ou d'eau et certains prisonniers avaient recouru au cannibalisme. Dans la semaine qui a suivi la libération, plus de 200 prisonniers sont morts. Dans ces circonstances, l'Armée américaine a ordonné aux habitants de Ludwigslust de visiter le camp et d'enterrer les morts. La 8e Division d'Infanterie a été reconnue comme une unité libératice par le Centre d'Histoire Militaire de l'Armée américaine et du Musée du Mémorial Américain de l'Holocauste en 1988. » (Source : https://fr.wikipedia.org/wiki/8e_division_d%27infanterie_(%C3%89tats-Unis))

[27] ATS ou Arsenal. Établissement de fabrication d'armement relevant du Ministère de la Défense nationale et de la guerre.

[28] Née le 3 mars 1915 à Tarbes, pupille de l'État, fille de Marie Fourcade et de père inconnu.

[29] Inscrit sous le n° 1462B en date du 15.06.1946, à la Chambre de Métiers de Tarbes.

[30] Passé à la classe 1929 le 3 mars 1953 en qualité de père de 2 enfants.

[31] Titulaire de la Médaille d'honneur régionale, départementale et communale, 2e échelon, 30 années, vermeil.

Les principaux protagonistes du récit

Léon Noguéro[32], 26 ans en septembre 1939, originaire du village de Cadéac-les-Bains situé en vallée d'Aure, département des Hautes-Pyrénées. Célibataire. Ouvrier électricien, réside lors de la mobilisation générale chez son beau-frère Louis et sa sœur Léonie au : 63 rue Alsace-Lorraine à Tarbes.

Raymonde Noguéro, mère de Léon, 68 ans en 1939, née Ramona Bielsa Bernad[33], veuve de Santiago Noguéro[34] Escalona décédé le 28 février 1938 à Cadéac-les-Bains.

Résidence : Cadéac-les-Bains (Hautes-Pyrénées).

Léonie Noguéro[35], 41 ans. Sœur cadette de la fratrie. Épouse de Louis Durrieu. Employée de maison, femme au foyer.

Résidence : Tarbes (Hautes-Pyrénées).

Louis Durrieu[36], 45 ans. Époux de Léonie et beau-frère de Léon. Agent de sécurité à la Compagnie des Chemins de fer du Midi (S.N.C.F. Gare de Tarbes). Ancien « poilu » de 14-18. Résidence : Tarbes (Hautes-Pyrénées).

---

[32] Né le 16 août 1913 à Cadéac-les-Bains (65 Hautes-Pyrénées).

[33] Née le 27 février 1871 à San Juan de Plan (casa Serena), vallée de Gistain, Haut-Aragon, Province de Huesca, Espagne.

[34] Née le 5 mars 1958 à Gistain (casa Mercader), vallée de Gistain, Haut-Aragon, Province de Huesca, Espagne. Domestique 8 années chez Anglade Désiré à Vielle-Louron. Fermier 9 années chez Jean-Marie Navarre à Avajan. Métayer auprès de la famille Soulé Philadelphe de Cadéac (de 1900 à 1904).

[35] Née le 28 janvier 1898 à Avajan, vallée du Louron (65 Hautes-Pyrénées).

[36] De son vrai prénom « Jean-Louis », né le 9 février 1894 à Bourisp, vallée d'Aure (65 Hautes-Pyrénées), fils de Laurent Durrieu et de Marie-Louise Fréchou. Incorporé au 49e RI le 21/09/1914, passé au 5e RI Coloniale le 21/02/1918 et le 17/08/1918 au 201e RI. Dès 1920, affecté spécial des Chemins de fer du Midi, homme d'équipe à Hendaye puis gardien en gare de Tarbes. Réintégré le 01/12/1944.

Cadéac-les-Bains (65 – Vallée d'Aure – Hautes-Pyrénées)
Carte postale Tito n°1037 (DR) - M. Berjaud, 68 Cours de la Martinique, 33 Bordeaux.

Cadéac-les-Bains. Vue générale (65 – Vallée d'Aure – Hautes-Pyrénées)
Carte postale Tito n°1007 (DR) - M. Berjaud, 68 Cours de la Martinique, 33 Bordeaux.

Tome I

Soldat en Alsace-Lorraine
Récits de guerre 1939-1940

1939

RAPPEL HISTORIQUE

Jeudi 12 janvier 1939 : *« Arrivée en Belgique des premiers enfants israélites fuyant l'Allemagne. »* [37]
Lundi 30 janvier 1939 : *« Dans un discours à la Diète, Hitler annonce « une solution au problème des juifs en Allemagne. »* [38]
Vendredi 10 février 1939 : *« Rome, décès du pape Pie XI, alors qu'il s'apprêtait à condamner le fascisme. »* [39]
Mardi 14 mars 1939 : *« Monseigneur Tiso, chef du gouvernement autonome slovaque, destitué, proclame l'indépendance de la Slovaquie et se place sous la protection du Reich allemand. »* [40]
Mercredi 15 mars 1939 : *« Création du protectorat de Bohême-Moravie par l'Allemagne. Les troupes allemandes entrent en Bohême. »* [41]
Samedi 18 mars 1939 : *« France, devant le coup de force allemand en Bohême, les pleins pouvoirs sont votés à Daladier. »* [42]
Mardi 28 mars 1939 : *« L'entrée des troupes de Franco à Madrid met fin à la guerre civile. »* [43]
Jeudi 6 avril 1939 : *« Londres, signature d'un accord anglo-polonais de défense mutuelle. »* [44]
Vendredi 7 avril 1939 : *« Les troupes italiennes envahissent l'Albanie. »* [45]
Mardi 11 avril 1939 : *« La Hongrie quitte la Société des Nations. »* [46]
Dimanche 7 mai 1939 : *« L'Espagne se retire de la SDN. »* [47]

---

[37] *« Chronique du 20ème siècle »*, Larousse (1990), p. 536 / ISBN : 203-503-269-5.
[38] *Idem*, p. 536.
[39] *Idem*, p. 537.
[40] *Idem*, p. 538.
[41] *Idem*, p. 538.
[42] *« Chronique du 20ème siècle », op. cit.*, p. 538.
[43] *Idem*, p. 538.
[44] *Idem*, p. 540.
[45] *Idem*, p. 540.
[46] *Idem*, p. 540.
[47] *Idem*, p. 541 (SDN : Société des Nations).

Vendredi 12 mai 1939 : « *Madrid, la légion allemande « Condor » participe au défilé de la victoire.* » [48]
Lundi 22 mai 1939 : « *Berlin, signature du pacte d'Acier, accord d'assistance mutuelle signé par l'Allemagne et l'Italie.* » [49]
Mercredi 31 mai 1939 : « *Berlin, signature d'un pacte de non-agression entre le Danemark et l'Allemagne.* » [50]
Mardi 6 juin 1939 : « *le général Gamelin, nommé chef d'état-major de la Défense nationale, se rend à Londres pour mettre au point la coopération militaire entre les deux pays.* »
Mercredi 7 juin 1939 : « *l'Allemagne, la Lettonie, la Lituanie et l'Estonie signent des pactes de non-agression.* »
Jeudi 22 juin 1939 : « *la Slovaquie est intégrée économiquement au Reich.* »
Samedi 1er juillet 1939 : « États-Unis : *La Chambre vote le maintien de l'embargo sur les armes en cas de guerre et se prononce pour la neutralité.* » [51] (1) p. 93
Vendredi 7 juillet 1939 : « Grande-Bretagne : *Sir Neville Chamberlain déclare aux Communes que son gouvernement est prêt à garantir l'indépendance polonaise.* » (1) p. 93
Mercredi 19 juillet 193j9 : « États-Unis : *L'examen du projet de révision de la loi de neutralité est ajourné et reporté à janvier 1940 par le Sénat.* » (1) p. 93
Dimanche 30 juillet 1939 : « *Dantzig, crise ouverte entre la Pologne et l'Allemagne à propos du « corridor ». Le danger de guerre se précise.* » [52]
Jeudi 3 août 1939 : « *Le Japon adhère à l'alliance militaire Italo-Allemande.* » (1) p. 95
Samedi 19 août 1939 : « *L'Allemagne lance un ultimatum à la Pologne.* » [53]
Mercredi 23 août 1939 : « *Un pacte de non-agression est conclu entre l'Allemagne et l'U.R.S.S.* » (1) p. 95 « *Le gouvernement français décide le rappel d'un contingent de réservistes, dont le fascicule de mobilisation porte les chiffres 3 et 4. Le droit de réquisition par l'autorité militaire est ouvert à Paris.* » (1) p. 102. - **Jeudi 24 août 1939 :** « Allemagne : *Les sujets britanniques sont invités à quitter le territoire du Reich.* » « Dantzig : « *La Constitution de la Ville Libre est abolie par le Sénat. M. Forster se proclame chef de l'État. Le Consul général de Grande-Bretagne quitte la ville.* » (1) p. 93 « *Réquisition des établissements français travaillant pour la Défense nationale.* » (1) p. 100
« *La Pologne lance de nombreux appels aux réservistes. En France, rappel des réservistes des régions frontières.* » (1) p. 102

---

[48] *Idem,* p. 541.
[49] *Idem,* p. 541.
[50] *Idem,* p. 541.
[51] (1) « Almanach Hachette 1941 »
[52] *Idem,* p. 543.
[53] *Idem,* p. 544.

« Le Président Roosevelt fait appel au Roi d'Italie par message télégraphique, pour proposer la réunion d'une conférence générale en vue d'éviter la guerre. Le Souverain Pontife lance un appel radiodiffusé en faveur de la paix. » (1) p. 95

Vendredi 25 août 1939 : « Pologne : *L'état d'alarme est décrété à Poznan. »*

« Hollande : *Le gouvernement se prononce pour la neutralité absolue. »*[54] *(1) p. 93*

Samedi 26 août 1939 : « Allemagne : *Tous les Allemands résidant en Angleterre sont priés par leur ambassade de rentrer dans le Reich. » (1) p. 93*

« Les réservistes français, dont les fascicules portent les numéros 1, 5, 6, sont rappelés. Le droit de réquisition est étendu à toute la France. L'Allemagne intensifie sa mobilisation. » (1) p. 102

Dimanche 27 août 1939 : *« La censure est décrétée par le gouvernement français. Les Parisiens, dont la présence n'est pas indispensable, sont invités à quitter la capitale. » (1) p. 102*

Lundi 28 août 1939 : *« La Hollande décrète la mobilisation générale ; la Suisse et la Belgique rappellent de nombreuses classes de réservistes. » (1) p. 102* - **Mardi 29 août 1939 :** *« L'autorité militaire prend le contrôle de la radio française. » (1) p. 102* – **Jeudi 31 août 1939 :** *« La Pologne appelle sous les drapeaux tous les hommes jusqu'à quarante ans. La Grande-Bretagne mobilise ses réserves de terre et de mer. » (1) p. 102*

Septembre 1939

RAPPEL HISTORIQUE :

Vendredi 1er septembre 1939 : *« La Suisse, la Belgique, la Suède, le Danemark, la Norvège, la Finlande, les Pays-Bas et le Grand-Duché du Luxembourg se prononcent en faveur de la neutralité. »* (1) p. 93

« Dantzig : *M. Forster proclame le rattachement à l'Allemagne.*

« Allemagne : *Devant le Reichstag, le chancelier Hitler annonce qu'il déclare la guerre à la Pologne ; il prend acte du rattachement de Dantzig au Reich. »*

Samedi 2 septembre 1939 : « Grande-Bretagne : *Sir Neville Chamberlain et lord Halifax déclarent aux Communes qu'aucune conférence avec l'Allemagne ne peut être envisagée. » - « Le Portugal et la Lituanie annoncent qu'ils resteront neutres. »* (1) p. 93

Dimanche 3 septembre 1939 : *Après l'invasion de la Pologne le vendredi 1er septembre par les troupes allemandes, la Grande-Bretagne se déclare en guerre avec l'Allemagne à 12 heures. La France fait de même à 17 heures.*

Lundi 4 septembre 1939 : *« Le Brésil, l'Argentine, le Chili, le Venezuela, le Mexique, l'Iran, l'Espagne, l'Italie, la Bulgarie, la Yougoslavie, la Roumanie et la République d'Haïti restent neutres. » (1) p. 93*

---

[54] (1) « Almanach Hachette 1941 »

Mobilisation générale

Mardi 5 septembre 1939 : « *Les États-Unis proclament leur neutralité.* » [55]

CARNET
Mardi, 5 septembre 1939

[Le troisième jour de la mobilisation était là : grande affluence d'hommes sur les quais de la gare de Tarbes d'où le convoi qui devait quitter la gare à huit heures quarante-cinq part avec une petite demi-heure de retard. Après de longs arrêts à Lourdes, Pau, Puyoo, nous arrivons à Dax à 13h30. « *Tout le monde descend* ». Nous dit-on ! Nous nous mettons à la recherche du convoi qui doit nous mener à Bayonne après avoir interpellé bon nombre d'agents sans succès. Nous apprenons enfin que notre train est en formation et ne quittera Dax qu'à seize heures vingt. Chacun prend sa valise et, voyant les portes extérieures de la gare s'ouvrir, s'élance vers la ville tout comme ferait une nichée d'oiseaux en cage se voyant la porte ouverte.

Il n'y avait pourtant que quelques heures que nous étions prisonniers et l'occasion de sortir de la gare était une chose inespérée, mais fort bien accueillie.

À la sortie de la gare, une immense prairie verdoyante où la majeure partie des « touristes » se met en devoir de déballer le contenu des valises : poulets, *vin dé caso heit*, conserves, fromages, fruits, etc. Les quelques autres - qui comme moi - en attendant les décisions sur l'heure du départ, en avaient profité pour manger sur les bancs qui se trouvent plantés un peu par-ci par-là sur les quais se sont dirigés sur le centre de la ville. J'entre au premier débit de tabac que je trouve sur mon chemin ; je commande un café et en profite pour envoyer un bonjour de Dax sur une vue de cette ville. De là, je fais une visite très sommaire de la ville boueuse et reboucle mon circuit par l'avenue de la gare.

---

[55] « *Chronique du 20ème siècle* », *op. cit.*, p. 545.

Pause repas sur les quais de la gare de Dax

Dans cette première partie du voyage, était monté en gare de Pau, un brave père de famille âgé de soixante-deux ans. Je crois qu'il n'avait pas pris le train tout à fait à jeun, ses discours répétés et son programme peu varié nous le laissaient supposer. Parfois, son verbe était un peu élevé, ses mouvements brusques, mais la gourde qu'on lui présentait avait tôt raison de son énervement et ramenait un grand sourire sur ce visage de Béarnais. Combien de fois nous a-t-il dit en patois : *« moi, à soixante-deux ans, après cinquante-deux mois de guerre, encore rappelé, au milieu de cette jeunesse,* ***aquo quei trop !*** *J'y vais en français, puisqu'on m'appelle, mais je ne ferai rien. »* Certainement qu'il aura changé d'autant plus, qu'il n'était pas dirigé, vu son âge, sur le front mais sur une usine quelconque. Toujours est-il, quoique bien serrés dans notre wagon, sa petite comédie nous a fait paraître le voyage moins long. À seize heures vingt, donc, nous quittons Dax pour arriver à Bayonne à dix-huit heures trente. Il était temps, car les treize wagons métalliques qui composaient le train formé à Dax étaient légèrement surchargés. Nous sortons de la gare, canalisés par des soldats vêtus de tenues plus ou moins disparates. J'avais voyagé depuis Dax avec un Tarbais qui avait fait son service en Afrique du Nord. À la sortie, il aperçoit un camarade de régiment qui habite Lourdes. Après avoir échangé quelques impressions, nous nous dirigeons tous trois sur la caserne Château-Neuf où devait se faire notre affectation. Nous traversons le pont Saint-Esprit, ensuite une étroite rue qui débouche sur l'ancien hôpital, une église, une place que nous coupons en diagonale, une petite côte nous conduit face au bâtiment d'aspect forteresse dont les murs très épais étaient percés de quelques petites fenêtres protégées de gros barreaux de fer et d'une grande ouverture sur les côtés de laquelle se repliait un non moins important portail. Au rez-de-chaussée du bâtiment de droite, derrière une fenêtre, un agent militaire avait installé son bureau. Après quelques minutes d'attente, sous les derniers rayons d'un soleil de feu, notre tour arrive. Nous passons tous trois de file. Il prend nos livrets, consulte son fichier. Sur les trois, un était dirigé sur un casernement différent. C'était l'autre Tarbais. Je restais donc seul avec le Lourdais et nous fumes dirigés sur l'ancien collège de jeunes filles où était en formation la compagnie de commandement (CDC) du 49ᵉ régiment d'infanterie. Après avoir traversé un pont sur la Nive, nous nous dirigeons sur cet établissement ayant pour point de repère les flèches de la cathédrale qui en est toute proche. Ce ne fut pas long.

À l'entrée d'un grand porche se trouvait déjà un poste de garde. Nous nous présentons. Le planton nous répond : *« Il est trop tard, revenez demain matin ! »* Nous n'en étions pas fâchés et, sans nous faire tirer l'oreille, trop heureux de cette liberté inespérée, nous partons à la recherche d'un restaurant et d'une chambre pour la nuit. Ce n'est que difficilement que nous y parvenons. Les rues, les cafés sont débordés d'hommes ; des milliers doivent être affectés dans plusieurs unités en formation.

Le lendemain matin, vers sept heures, nous regagnons le bureau de la compagnie. Nous sommes inscrits tous deux dans l'ordre et nous arrivons à l'étage supérieur où était la salle de visite. Le Lourdais passe, je le suis et malgré moi, je souris. Le lieutenant-major me regarde et dit : avec un sourire pareil, inutile de demander si ça va, et je passe un étage de plus et nous arrivons à l'habillement. 1ʳᵉ chambre : essayage du casque et bonnet de police ; 2ᵉ salle : capote et culotte ; 3ᵉ salle enfin : godillots et dans la toile de tente tout le reste du paquetage. Nous prenons place dans une chambre sur les côtés de laquelle était étalée de la paille laissant un petit sentier sur le milieu. Quelques heures après, nous apprenons, mon copain et moi, que nous sommes au groupe de transmissions en qualité de téléphonistes. Ensuite, nous avons été classés, faisant partie du même atelier téléphonique, et depuis ce moment, nous étions à peu près certains de rester ensemble. C'est tellement plus agréable, étant du même pays, surtout s'il faut s'éloigner de ce dernier, de tous ceux qui y vivent, que nous y aimons. Entre camarades, on peut échanger ses idées, se réconforter moralement, s'entraider, partager durant notre campagne nos petites provisions, tant conserves que boissons, tabac, etc. Durant notre séjour à Bayonne, et jouissant d'une assez grande liberté, nous en avons profité pour visiter la ville, et non contents de cela, pour aller à Biarritz par le petit tortillard, à Saint-Jean-de-Luz en car. Les journées passaient plus vite quand nous ne rentrions pas sans avoir fait un assez long arrêt dans quelque restaurant.

Notre stage à Bayonne devait prendre fin ; les régiments qui y cantonnaient partaient un à un et nous étions certains que nous n'étions pas là pour y rester. Où vont-ils ? Nous n'en savons rien ! Où irons-nous ? Pas davantage !]

✉ **Mardi 5 septembre 1939** *carte postale* **01**

Léon Noguéro à Mme et Mr Louis Durrieu,
63 rue Alsace-Lorraine, Tarbes,
65 Hautes-Pyrénées

Dax, mardi 2 h. Rejoignons Bayonne par Dax. Partons à 4 h.10, tout va bien. Bons baisers. Léon

✉ **Mercredi 6 septembre 1939** *carte postale* **02**

Chère sœur et cher beau-frère,

Après avoir passé la première nuit à l'hôtel en compagnie d'un jeune copain, avec qui je suis en ce moment, nous avons rejoint l'ex-collège de jeunes filles où nous cantonnons dans les pièces sur la paille. Tout va bien. Je vais porter la valise. Suis à l'État-Major du 49e d'infanterie. Ne sais pour combien sommes là. Depuis ce matin, nous faisons la sieste. Tout va bien. Léon

✉ **Jeudi 7 septembre 1939** *carte postale* **03**

Chère sœur et cher beau-frère,

Un bonjour de Biarritz où je suis en promenade avec mon copain. Étant assez libres, nous nous sommes permis d'aller respirer un peu. Tout va bien. J'attends de vos nouvelles à l'adresse indiquée hier. Bons baisers. Léon

Samedi 9 septembre 1939 : *Les Allemands sont devant Varsovie.*[56]

✉ *Tarbes,* ***lundi 11 septembre 1939*** ***03-1***

Carte de Léonie Noguéro, épouse Durrieu, expédiée
à sa mère, Ramona, domiciliée à Cadéac (Vallée d'Aure – Hautes-Pyrénées)

Bien chère maman,

Deux mots pour vous dire que nous avons eu de bonnes nouvelles de Léon qui est à Bayonne depuis 8 jours.

Sitôt que les trains seront rétablis, nous irons vous voir. Ne vous en faites pas, si vous avez besoin de quelque chose faites-nous faire deux mots de suite. La correspondance marche au ralenti. Louis fait toujours la nuit à la gare. Nous sommes en bonne santé et vous en souhaitons de même. Un de ces jours, je pense aller voir Léon avec une voisine et prendre sa mallette.

Recevez nos bons baisers. À bientôt de vous voir.

Louis et Léonie

---

[56] « *Chronique du 20ème siècle* », *op. cit.*, p. 545.

Jeudi 14 septembre 1939 *carte postale* **04**

Chère sœur et cher beau-frère, deux simples mots pour vous dire que tout va bien. La santé est bonne. Tout va bien. Léon

<u>Ma nouvelle adresse</u> : 1re Classe Léon Noguéro
49e Régiment d'Infanterie - Compagnie de Commandement Secteur Postal 30

CARNET
Jeudi 14 septembre 1939

[Au rapport, notre commandant de compagnie, le capitaine Pambrun, curé de Salies-de-Béarn, commence à nous donner notre future adresse : Secteur postal 30. Tout cela est bien vague et c'est vainement que nous fatiguons nos méninges pour savoir dans quelle direction ce secteur sera. Ensuite, c'est l'ordre de départ pour notre section qui est la troisième. Réveil : trois heures ; rassemblement à quatre heures trente ; embarquement et départ de la gare maritime à huit heures trente. Là, nous apprenons que nous sommes dirigés sur Bordeaux puis Juvisy, gare de triage de la banlieue parisienne. Nous prenons place dans un des confortables wagons : chevaux 8, hommes 40.

Hélas, nous étions déjà en surnombre de quelques hommes. Une botte de paille à étaler et nous voilà assis chacun devant son matériel sur le pourtour du wagon. Quelques-uns, amateurs de paysages, et je comptais pour un prenant place à l'ouverture les jambes ballantes en dehors, accoudés sur une planche transversale qui nous servait de garde-fou. Notre voyage fut plus long que nous l'aurions cru. Tout d'abord, les Landes et leur immense tapis vert de pins. Le train marche pourtant vite, mais il nous semble qu'il fait du sur place vu que le paysage n'est guère varié. Nous traversons cependant des étendues complètement nues, les forêts ayant été dévastées par de violents incendies voici à peine quelques années. Nous traversons Dax, Morcenx et nous arrivons à Bordeaux où quelques minutes seulement nous sont accordées.]

Vendredi 15 septembre 1939 *carte postale* **05**

Un bonjour de Morcenx où nous passons. Tout va bien. Bons baisers. Léon

CARNET

[Chacun écrit quelques cartes, fait provision de carburant (vin) et, soudain, le clairon retentit. Nous bondissons au passage souterrain et les retardataires arrivent encore alors que le train démarre lentement.

Nous traversons les quais bordelais où sont amarrées bon nombre d'embarcations. Nous apercevons des unités navales en construction et plus loin, à quai, le Massalia, des grues, des ponts roulants.]

✉ **Vendredi 15 septembre 1939** *carte postale* **06**

Réponse le 21/09

Chère sœur et cher beau-frère,

Je vous ai envoyé un mot de Morcenx, mais tellement précipitamment que j'ai omis de mettre FM et mon adresse. Sommes pour un court arrêt à Bordeaux. Tout va bien. Bons baisers. Votre frère et beau-frère. Léon

CARNET

[Ensuite, des vignes, toujours des vignes et piqués, par-ci par-là, des panneaux portant l'origine, le cru de la propriété.

Voici Libourne où la Croix-Rouge et les scouts nous ravitaillent gracieusement en café chaud, en pêches. Les scouts s'occupent plus particulièrement de recueillir la correspondance tout le long du convoi et d'offrir des cigarettes, mais, pas à titre gracieux. Nous continuons notre route sur Périgueux où les paysans nous apportent de pleins paniers de pêches. Après quelques minutes d'arrêt, nous repartons pour arriver dans la nuit à Limoges. Là, est venu trouver la mort un civil, venu au passage du train militaire dans l'espoir d'y trouver quelques Pyrénéens. Il avait eu cette satisfaction et était perché sur le marchepied lorsque sur une brusque et inattendue manœuvre de la motrice, il perdit l'équilibre et le wagon le coupa en deux. Notre arrêt fut légèrement prolongé pour permettre l'enquête d'usage et nous repartions sur Vierzon, Orléans. Sur notre passage, nous apercevons sa cathédrale, ensuite la plaine de la Beauce où d'immenses hangars regorgent de paille. Dans chaque petite ville, des silos renferment le blé. Nous approchons de Paris que nous évitons pour passer par la banlieue. De grosses cheminées percent au loin, semblables à celles d'un gros navire. Plus à droite, et qui pointe par-dessus les coteaux, le sommet de la Tour Eiffel. Continuant toujours notre route, nous arrivons à Juvisy. Mais hélas, là n'était pas le but de notre voyage. Après un court arrêt, nous repartons. Dès ce moment, nous avions compris. Cela ne nous empêchait pas de chanter *« Bet ceü de Paü »* et *« les Montagnards »* - dans toutes les agglomérations qui se trouvaient sur notre passage – nous rendions des bonjours à tous ceux qui nous en envoyaient et encouragions toutes les femmes qui avaient des larmes aux yeux : *« Nous repassons dans quelques semaines »* leur disions-nous. Glissant toujours sur les rubans d'acier, nous continuons notre beau voyage en passant par Meaux, Château-Thierry, Épernay, Reims, Châlons-sur-Marne, traversant ainsi la Champagne pouilleuse. Nous arrivons à Vitry-le-François, Bar-le-Duc, Neufchâteau, Épinal (dans les Vosges, dit-on), ensuite Lunéville et enfin Saverne, but momentané de notre voyage.

Avec les kilomètres, le temps avait passé et nous atteignions cette dernière station le samedi soir, 16 septembre, à sept heures et demie. Sitôt débarqués, sac au dos et nous prenons une route qui monte, qui monte toujours et après avoir parcouru sept kilomètres, nous arrivons à Danne-et-Quatre-Vents où nous devions nous installer. Il était dix heures du soir, nous étions en Alsace, dans la Moselle. Nous cantonnons chez l'habitant. Toutes les granges sont réquisitionnées, cependant que les attelages agricoles sont mis dehors camouflés et dispersés sous des arbres. Hier, la compagnie a travaillé à creuser des abris en cas d'alerte d'avions.

Mon copain et moi sommes téléphonistes de garde au P.C. du régiment le 19 septembre 1939.]

Lundi 18 septembre 1939 *carte F.M.* **07**

Reçue le 16/10

Chère maman,

De ton fils, les meilleurs baisers. La santé est bonne. Tout va bien. J'ai vu André Artigue. Nous sommes pour ainsi dire ensemble. Léon

Lundi 18 septembre 1939 *carte postale* **08**

Réponse le 25/09

Chère sœur et cher beau-frère,

Suis arrivé au but de notre voyage. Tout va bien. Ici, la température est un peu fraîche et te prierai de m'envoyer un pull et un petit cache-nez. Tu pourras y joindre quelques boîtes de sardines. Car ici, pas moyen d'en trouver. Bons baisers et à bientôt de vous lire. Léon

Vendredi 22 septembre 1939 *lettre* **09**

Reçue le 27/09, réponse le 27/09 (lettre) + carte le 29/09

Bien chère sœur et cher beau-frère,

Ce soir, au rapport, on vient de nous annoncer que toutes les lettres expédiées par nous et portant notre adresse au dos de l'enveloppe étaient arrêtées.

Toutes celles que j'ai envoyées jusqu'à ce jour étaient ainsi. C'est pourquoi, dans le cas où elles ne vous seraient point parvenues, je m'empresse de vous écrire la présente. Je vous ai également envoyé quelques cartes durant notre voyage ainsi qu'une vue du village où nous sommes, mais je doute qu'elles vous soient parvenues car on nous a également interdit d'envoyer des cartes. Hier, je vous ai envoyé dans une carte lettre un certificat de présence au corps pouvant faciliter à maman l'obtention d'une allocation. Si vous ne l'avez reçu, faites me le savoir afin que je m'en fasse faire un autre.

Chère sœur, dans ma précédente lettre, je te demandais de m'envoyer un pull, un cache-nez, une paire de chaussettes, la pipe, un briquet à mèches avec un tube de pierre et quelques boîtes de sardines. J'ai reçu, seulement aujourd'hui, la lettre que tu m'avais envoyée à Bayonne. Tout va bien, j'attends de vos nouvelles. Bons baisers à vous deux. Léon[57]

Vendredi 22 septembre 1939 *carte-lettre F.M.* **10**
Reçue le 26/09, réponse le 30/09

Chère sœur et cher beau-frère,

Voilà quelques jours, je vous ai envoyé quelques cartes, mais je doute fort qu'avec toutes ces censures elles vous soient parvenues. C'est pourquoi je m'empresse de vous faire parvenir la présente. Tout va bien, la santé va toujours bien, tout est calme, la nourriture est bonne. Cependant, je dois dire que la région est un peu fraîche. C'est pourquoi, dans la précédente lettre, je t'ai demandé un pull et diverses petites choses. De crainte que la lettre n'arrive, j'ai prié Hélène[58] de te renouveler la petite liste. Sur trois, une arrivera bien sans doute. Je vous quitte pour ce soir en vous embrassant bien fort. Votre frère et beau-frère qui pense à vous. Léon

Ci-joint un certificat de présence au corps qui peut faciliter à obtenir une allocation. Peu de formalités à remplir, renseigne-toi puisque maman est maintenant seule. Je crois bien qu'elle aura satisfaction.

Vendredi 22 septembre 1939 *carte-lettre F.M.* **11**

Chère maman,

Je t'envoie deux mots pour te dire que je suis toujours en parfaite santé. Je t'ai écrit à plusieurs reprises des cartes postales, mais je crains qu'avec toutes ces censures tu n'en aies pas rempagnçues de quelques jours. C'est pourquoi, afin de te tranquilliser, je m'empresse de t'envoyer ces quelques. Enfin, rassure-toi, tout va bien, nous sommes très bien, et bien nourris. Dans la région, il fait seulement un peu frais. J'ai également écrit à Léonie. Chère maman, je quitte la plume pour aujourd'hui en t'embrassant bien fort. Ton fils. Léon

CARNET
Lundi 25 septembre 1939

[Huit jours ont passé, depuis notre arrivée à Danne-et-Quatre-Vents. À nouveau et pour la deuxième fois, nous voilà tous deux plantons téléphonistes, mais cette fois au central. Oui, huit jours ont passé durant lesquels nous avons fait de petits exercices de téléphonie – tout comme pendant l'active – moins importants même. Nous sommes là. Nous attendons sans rien savoir. Durant

[57] Soldat Noguéro Léon, Compagnie de Commandement du 49e RI – Secteur Postal 30.
[58] Hélène Dilhan, résidente de Souyeaux, amie de Léon.

la semaine écoulée, un régiment d'artillerie lourde est passé, venant de la direction de Phalsbourg et allant sur Saverne. Pendant quelques jours, le trafic des voitures de santé était intense. Les blessés, parait-il, n'étaient pas gravement atteints. En dehors de ça, tout est calme. De temps à autre, le canon lointain tonne et quelques avions-amis, j'ose le croire, nous survolent. La température est fraîche, surtout la nuit. Je m'arrête pour aujourd'hui et, les jambes roulées dans la couverture, assis, je vais tâcher de dormir un peu, mais si possible, sans ronfler comme le font nos deux camarades secrétaire et téléphoniste du bureau que j'occupe et appartenant au canton routier n°1.]

Lundi 25 septembre 1939 *carte-lettre F.M.* **12**
(à 1 heure du matin)
Reçue le 29/09, réponse le 30/09

Chère sœur et cher beau-frère,

Je viens de prendre mon poste de planton téléphoniste que je dois garder pendant 6 heures consécutives. J'en profite donc, la nuit passera plus vite, pour vous écrire.

J'ai reçu hier votre deuxième lettre du 15 courant, dirigée sur Bayonne. C'est depuis ce jour que nous avons quitté cette dernière ville. Depuis, je vous ai envoyé bon nombre de cartes ou lettres. J'espère que malgré les incidents qui les immobilisent sur leurs parcours, vous les aurez toutes reçues.

Pour le moment, tout va bien. Nous faisons quelques petits exercices, comme pendant l'active. Nous creusons des tranchées, nous cantonnons chez l'habitant. Hier dimanche, nous avions repos. Nous sommes allés à la messe, dite en l'église du village par notre capitaine. Tout l'état-major était présent et la petite église était comble. Le temps est au beau, mais un peu frais. J'écris également à maman et aussi à Hélène. J'espère que tu auras reçu la lettre contenant le certificat de présence au corps ainsi que celle qui lui fait suite.

Bons baisers. Votre frère et beau-frère. Léon

Lundi 25 septembre 1939 *carte-lettre F.M.* **13**
à 2 heures du matin

Chère maman,

Me voilà de service comme planton téléphoniste jusqu'au matin 7 heures. J'en profite pour faire ma correspondance. Pour le moment, tout va bien. Nous sommes à plusieurs dizaines de kilomètres du front. Nous nous occupons à faire des exercices comme pendant l'active et à nous creuser des tranchées en cas d'attaque éventuelle de l'aviation.

Nous cantonnons dans un petit village ; chez l'habitant. La santé est bonne, la température un peu fraîche. Je viens de recevoir des nouvelles de Louis et Léonie.

Je te quitte de plume pour aujourd'hui dans l'espoir que la présente ira te trouver en parfaite santé. Pour m'écrire, pas de timbres, simplement FM sur l'enveloppe. Baisers. Ton fils. Léon

CARNET
Vendredi 30 septembre 1939

[Je suis à nouveau à mon poste de planton téléphoniste au P.C. du régiment. Il est trois heures et demie du matin, les deux secrétaires couchent ici, au bureau, sur la paille à demi habillés, roulés dans leur couverture et capote. Leur sommeil ma parait assez profond, il est parfois entrecoupé par quelques soupirs ou quelqu'une de ces respirations un peu trop bruyantes qui rappellent le sommeil de nos producteurs de saucisson et jambon. Cela me fait songer à un petit article relevé sur Paris-Soir d'hier : *« Les Français nous jouent des tours de cochon pourraient dire les Allemands, car, parait-il, en France, en ce moment, on fait grande consommation de cochons, mais rares sont les saucissons et jambons que l'on pend au plafond. Ces quadrupèdes ont en ce moment un rôle très important. Lâchés sur le terrain abandonné par l'ennemi et miné pendant leur repli afin que nos troupes sautent sur leur passage, ces quadrupèdes, devenus chercheurs de truffes criminelles, déclenchent les dispositifs et sautent avec ; laissant la route libre et sûre aux soldats qui les suivront, à la grande déception de l'ennemi qui voit tous ses efforts détruits par de vulgaires animaux sans causer la moindre brèche dans nos troupes. »* Ils ne s'attendaient certainement pas à une idée si géniale. Changeons de sujet et reprenons notre emploi du temps durant ces quelques derniers jours. Toujours exercices journaliers très assimilables. Durant la semaine, un petit exercice de nuit et un tir au mousqueton. Le champ de tir, assez éloigné, se trouve à environ six kilomètres de Danne-et-Quatre-Vents, en passant par Phalsbourg et obliquant aussitôt à droite. Il est situé au sein d'une vaste forêt de hêtres et sapins. Mardi matin, le cinquième bataillon d'ouvriers d'Orléans a traversé le village, en direction de Phalsbourg. Nous avons aux alentours le 123e R.I., le 11e R.I., le 214e R.A. et le 14e R.A. Passent aussi des hommes du 28e Génie, du 6e Génie et des aviateurs qui sont dans un camp proche en direction de Phalsbourg. Passent parfois quelques véhicules automobiles modèle 14 -18.]

Samedi 30 septembre 1939 *lettre* **14**
(à 2 heures 30 du matin)
Reçue le 04/10, réponse le 04/10

Chère sœur et cher beau-frère,

J'ai reçu hier après-midi votre lettre partie de Tarbes le 21 dans laquelle vous me dites que, depuis la carte de Bordeaux, vous êtes sans nouvelles. Dans sa lettre d'aujourd'hui, Hélène me dit la même chose.

Tous les copains dans leurs lettres qu'ils reçoivent lisent ces quelques mots : *« Que fais-tu pour ne point m'écrire ?»* : ils le font pourtant, tout comme moi, mais songez que les lettres mettent huit jours pour faire le parcours simple, ajoutez-y trois jours de voyage, ainsi partis de Bayonne le 15, vous ne pouviez guère recevoir une lettre d'ici avant le 25. Je crois ne pas me tromper de beaucoup. Et pourtant, plus vite, je ne pouvais faire. C'est avec grand plaisir que j'ai appris que vous aviez été à Cadéac. Cela a dû faire bien plaisir à maman, car elle devait se sentir bien seule et devait peut-être se faire bien des idées. Je lui ai écrit quelques fois et vais par la même occasion lui envoyer une carte. Mon tour de planton au téléphone est revenu, c'est ce qui explique une correspondance si matinale. J'ai relevé à 1 heure mon copain le Lourdais. Nous nous partageons la nuit : il a pris de 19 heures à 1 heure et moi de 1 heure à 7 heures. Ensuite, il reprendra jusqu'à 9 heures et je terminerai nos 24 heures à 11 heures. Ensuite, nous serons relevés par deux d'un autre atelier téléphonique et notre tour reviendra dans 5 jours. Ci-joint une photo prise au cours d'un court arrêt en gare de Dax. Je m'y suis glissé un peu en vitesse.[59] Ici tout va bien, durant la semaine écoulée, nous avons fait une manœuvre de nuit, sommes allés au tir, et chaque jour faisons de petits exercices. Dans l'espoir que la présente aille vous trouver en bonne santé et qu'elle ne soit pas la première venant d'ici, je vous embrasse. Votre frère et beau-frère. Léon

Samedi 30 septembre 1939 **15**

(à 3 heures du matin)

Chère maman,

Ne t'étonne pas si je t'écris à cette heure si matinale, je suis planton téléphoniste de service, d'une heure à sept heures. Ayant dormi jusqu'à ce moment, j'en profite maintenant que je suis tranquille pour écrire. J'ai reçu, hier, une lettre de Louis et Léonie me disant qu'ils avaient été te voir. Cela m'a fait plaisir, car j'étais sans nouvelles de toi depuis mon départ. Chère maman, ne t'en fais pas et surtout soigne-toi bien. Quant à moi, je suis toujours en très bonne santé. Le travail que nous faisons ne nous fatigue pas de trop. Ici, les paysans finissent de rentrer le regain et ramassent les pommes de terre. Si durant notre exercice nous nous trouvons à proximité, nous leur donnons la main. Cela leur fait plaisir et ils sont gentils pour nous. La température est fraîche et durant toute la journée un vent froid souffle. Il en résulte que la peau de notre visage s'écaille. C'est une habitude à prendre, comme tant d'autres.

---

[59] Cliché photo, page 25.

Maman, si tu as l'occasion, tu donneras le bonjour à la famille Soulé[60] ainsi que chez M. Estrade. Je quitte la plume en t'embrassant bien fort. Ton fils. Léon

Octobre 1939

CARNET
Dimanche 1er octobre 1939

[Le matin au réveil, la pluie : sombre dimanche en perspective. À neuf heures, nous avons assisté à la messe ; à onze heures, la soupe. Aussitôt après, malgré les caprices de monsieur le temps, bon nombre prennent la route de Phalsbourg dans l'intention d'aller se payer un copieux repas dans un bon restaurant. Quant à moi qui ne suis pas trop partisan de parcourir des kilomètres sous la pluie, je me fourre dans la cabine d'un camion de la compagnie qui stationnait devant notre cantonnement et là, je me suis mis à recoudre quelques boutons. J'étais trop tranquille, au sec, au chaud, lorsque tout à coup le chauffeur s'amène en me disant : descends vite, on charge et on part ! J'obéis, gagne notre chambre – si on peut parler ainsi – où par l'intermédiaire d'un copain je prends connaissance du message reçu de la DI[61] : À partir de ce moment, quartier consigné, montage des sacs, soupe à quinze heures, en tenue pour seize heures. Les copains qui faisaient route vers les environs, rattrapés par les plantons cyclistes ou motocyclistes, rebroussèrent chemin afin de préparer leur barda. À la nuit tombante, nous quittons Danne en direction de Saverne. Après avoir marché et parcouru deux kilomètres, nous nous arrêtons en plein brouillard suivi d'une forte pluie fine et là, nous avons attendu durant deux heures la caravane composée de quatre-vingts autobus parisiens réquisitionnés qui devaient nous transporter non loin de la ligne Maginot. Le voyage fut assez long, car de onze heures à quatre heures du matin, nous avons circulé tous feux éteints. À la descente des bus, nous nous trouvons en pleine lande. Toujours sous la pluie, nous mettons sac au dos, faisons environ deux kilomètres et arrivons à Rohrbach-Lès-Bitche. Le village ayant été évacué, nous cantonnons dans des maisons désertes de leurs habitants, mais ayant gardé leur mobilier, leurs bibelots. D'autres soldats nous avaient précédés ; ils avaient, à coup sûr bien fêté leur départ de ce cantonnement, car, dès que nous avons passé les grandes portes de la grange que nous devions occuper, à nos yeux est apparue une table de fortune faite avec des futs sur lesquels étaient posées de grandes planches, de longueur respectable, environ douze mètres, sur lesquelles se dressaient, pour le moins, soixante bouteilles de mousseux, vides naturellement.

[60] La famille Soulé s'est toujours montrée bienveillante envers notre famille, car elle avait eu pour métayer Santiago Noguéro, le père de Léon, durant de nombreuses années.
[61] D.I. : Division d'infanterie.

Tout y était passé, peu leur importait qui les remplacerait. Après avoir roupillé à poing fermé jusqu'à sept heures et demie, nous nous sommes mis en devoir d'aménager un peu notre cantonnement, nos lits.]

CARNET
Lundi 2 octobre 1939

[Ce matin, ayant trouvé de l'eau à discrétion, j'ai fait grande toilette et ensuite la lessive. Maintenant, ayant reçu l'ordre de se tenir prêt, nous attendons, regrettant d'avoir si bien aménagé notre cantonnement pour en jouir si peu. J'attendrai, nous attendrons, il est quatre heures moins cinq dit un copain.]

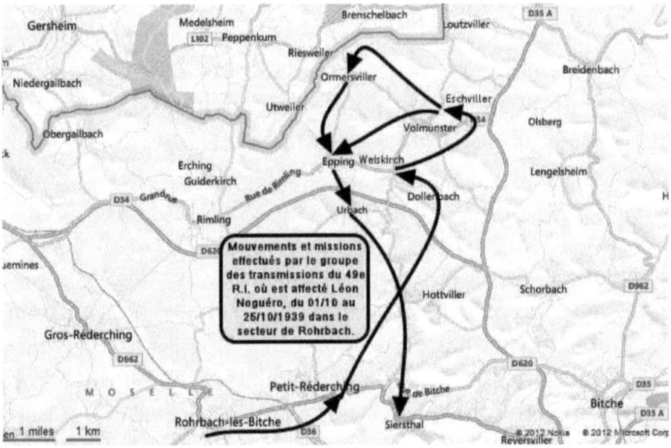

Carte des mouvements et missions effectués sur le secteur de Rohrbach

Lundi 2 octobre 1939 *carte-lettre F.M.* **16**
Reçue le 07/10, réponse de suite

Chère sœur et cher beau-frère,

Hier après-midi, sitôt avoir reçu votre lettre et votre colis, et aussi après y avoir répondu, un ordre est arrivé ; être prêts à partir d'un moment à l'autre ; soupe à 16 heures. Nous avons quitté notre cantonnement à la nuit tombante et nous sommes éloignés d'environ deux kilomètres du village. Là, après avoir attendu avec tout notre barda pendant plus de deux heures sous une pluie battante, des autobus parisiens réquisitionnés sont venus nous prendre. Depuis onze heures, nous avons voyagé jusqu'à 4 heures du matin. À nouveau arrêtés en pleine brousse, nous avons eu à marcher un peu plus pour rejoindre nos nouveaux cantonnements dans un village évacué. Je ne sais pour combien nous sommes là, pour très peu de temps sans doute, après une étape de plus.

Tout est calme, tout va bien, la santé aussi. J'ai commencé à déguster le jambon avec Marsales. Aujourd'hui, j'ai fait la lessive et me suis fait inscrire au bureau pour le remboursement des lainages, ils n'étaient pas neufs, mais, système D. Je termine pour aujourd'hui – vous embrasse bien fort. Léon

À mesure que vous m'écrivez, indiquez-moi la date d'expédition des lettres que je vous ai envoyées afin que je sache si elles arrivent toutes.

CARNET
Mercredi 4 octobre 1939

[Nous sommes toujours là. Il est treize heures, nous venons de manger. Les uns écrivent, les autres jouent aux cartes, d'autres surveillent une marmite où cuisent des pommes pour faire de la compote. À midi, nous avons mangé des pommes cuites au four. Tout le groupe téléphoniste y prenait part. Hier, sont descendus au repos plusieurs régiments : le 126e RI de Brive, le 32e RI de Tours, le 107e RI d'Angoulême, le 214e d'artillerie. Pendant la majeure partie du temps passé en ligne, ils ont eu à supporter la pluie. Aussi, étaient-ils crottés jusqu'au haut du casque, de circuler et stationner dans les boyaux. L'épaisseur de la couche de boue sur leurs jambes était telle qu'on était à se demander s'ils avaient ou des guêtres ou des bandes molletières. Leur fusil eut pu se confondre avec une bûche de bois qu'on aurait roulée dans la boue. En outre, leur visage disparaissait sous une barbe de trois semaines. L'un d'eux portait un casque percé par un éclat d'obus : un autre, un casque allemand. Quelques-uns racontaient leurs aventures, leurs chances. Beaucoup ramenaient des fétiches récoltés là-haut : un ours (jouet d'enfant) au bout du fusil, des bérets, bonnets de laine de couleurs variées ainsi que cache-nez, foulards et tricots. D'autres avaient attaché aux attelages chiens, vaches et chèvres qui suivaient difficilement la cadence des chevaux. Alors que nous étions au salon, transformé par nous en salon de correspondance, mes camarades me quittent pour aller installer une ligne téléphonique.]

Mercredi 4 octobre 1939 *lettre F.M.* **17**
Reçue le 09/10, réponse de suite (Louis)

Chère sœur et cher beau-frère,

Je vous ai écrit hier d'ici, Rohrbach-lès-Bitche, en Moselle, croyant que nous partirions hier soir. Le départ a été retardé de 24 heures. Nous partirons certainement ce soir, mais ne sais nullement dans quelle direction ni par quel genre de locomotion ; à pied si nous montons en ligne ou tout autrement si nous avons à gagner un autre point. Hier, sont descendus au repos plusieurs régiments qui étaient en ligne depuis environ trois semaines : le 126e RI de Brive, le 32e RI de Tours, le 107e RI d'Angoulême et le 214e d'artillerie de Toulouse. J'écris de la salle à manger de la maison dont nous occupons les dépendances. À la cuisine, le fourneau ronfle, car une grosse bassine cuit des pommes pour faire de la marmelade. À midi, chacun des 25 téléphonistes a mangé une pomme au four, c'est pour améliorer l'ordinaire, qui est heureusement bon. Au salon, quelques camarades jouent aux cartes.

Je termine pour aujourd'hui en vous embrassant bien fort. Au même moment, notre sergent qui a fait cuire les pommes demande si on lui a gardé sa part : heureusement que oui. Baisers. Léon

✉ *Toulouse,* ***mercredi 4 octobre 1939*** ***18***

Carte postale d'Anna Tissinier, cousine germaine de Léon.

Bien cher cousin,

Nous avons reçu la jolie carte que tu nous as adressée de Bayonne ainsi que la carte lettre et avons vu avec plaisir que ta santé était bonne.
Je puis t'en dire de même de nous quoique nous ayons été fortement grippées, Juliette et moi, mais ça va mieux. Nous avons eu des nouvelles de Léonie à qui je dois répondre tout à l'heure.
Je t'adresse une carte espérant que tu la recevras plus vite qu'une lettre ; je t'écrirai plus longuement la prochaine fois.

Cher Léon, écris-nous souvent, ça nous fera plaisir et surtout ne t'en fais pas ; ce malheur ne durera pas, ne peut pas durer.

Toute la famille, sans oublier Marcelle, se joint à moi, pour t'adresser nos plus affectueux baisers.

Ta cousine.
Anna

Vendredi 6 octobre 1939 : « *10 572 soldats ont été tués depuis le début des offensives sur le front occidental.* » [62]

CARNET
Vendredi 6 octobre 1939

[Que de choses se sont passées depuis deux jours. Mercredi après-midi, nous nous sommes régalés avec des frites préparées par nous-mêmes ; nous avons également dégusté un bon café maison, il y en avait eu peu mais il était fameux. Quelques instants après, il nous fallait partir. Peu nous importait, nous avions bien mangé, nous pouvions supporter une marche de quelques kilomètres. Nous en avions quatre à faire, nous les avons faits comme une promenade, car nous avions trouvé un petit charreton à quatre roues, très employé dans cette région, sur lequel nous avons chargé nos sacs. Deux tiraient, deux autres suivaient derrière. En ce moment, nous sommes dans un petit village. Petit-Réderching, aux abords immédiats des lignes fortifiées.

62 *« Chronique du 20ème siècle », op. cit.*, p. 548.

Dans l'après-midi, avec deux copains, nous sommes montés sur un coteau. Devant nous, des barbelés, des casemates surmontées de tourelles d'acier. Derrière nous, des pionniers qui creusaient abris, boyaux.]

Vendredi 6 octobre 1939 *Carte F.M.* **19**

Chère maman,

J'ai reçu aujourd'hui ta lettre du 26 septembre. Je l'attendais avec impatience, car c'était la première qui devait m'arriver de toi. Chère maman, je sais très bien que tu ne peux répondre à toutes mes lettres : je ne te le demande pas non plus, car Léonie me donne assez souvent de tes nouvelles. Cela ne m'empêchera pas de t'envoyer quelques lignes chaque fois que je le pourrai. J'ai reçu un colis de Léonie. Pour le moment, je n'ai besoin de rien. De l'argent, il ne m'en faut pas non plus, car on ne trouve rien à acheter - tout étant fermé - à l'exception d'une boulangerie. Je termine pour aujourd'hui. Le bonjour à la famille Soulé. Bons baisers de ton fils. Léon

CARNET
Samedi 7 octobre 1939

[Il est huit heures du soir, après avoir passé deux jours dans ce village, nous le quittons toujours en direction inconnue. Après avoir chargé nos charretons, nous partons et après avoir parcouru de sept à huit kilomètres, nous traversons le petit village, je dis petit – c'est une façon de parler –, car dans la nuit, nous ne pouvons juger de son importance : ce village s'appelait Frohmuhl. À la sortie du village, une bifurcation, une route suivant le bas de la vallée ; la deuxième, celle de droite porte un panneau sur lequel, sous le faisceau d'une lampe de poche, nous pouvons lire Bitche, côte 12 %. Nous redoutions cette côte, heureusement qu'après un instant de halte, nous prenons la route de gauche et après avoir parcouru quelques centaines de mètres, nous faisons cette fois une halte de plusieurs minutes. Nous repartons sous un léger brouillard, traversons une zone soi-disant dangereuse. Donc, colonne par un, pas de bruit, pas de cigarettes. Quelques instants après, insensiblement, la pagaille recommence, car à deux ou trois de front, on marche mieux, on marche mieux, on cause. Nous traversons un petit pont laissant à notre rive droite une autre route et faisons une deuxième halte. Encore quatre kilomètres et nous arrivons à Weiskirch. Il était temps, car nos pieds étaient légèrement échauffés : qu'avaient dû prendre nos camarades qui se sont appuyés les quatorze kilomètres le sac au dos. Après avoir attendu des ordres, nous rentrons à l'intérieur de la maison devant laquelle nous étions en stationnement. Après avoir fait la reconnaissance des lieux, nous prenons place dans un grenier à fourrage. Nous répandons ce dernier aussi uniformément que possible et chacun prend place. Sitôt après, à la lueur d'une bougie, nous éventrons une boîte de pâté et, à quatre, nous cassons la croûte. Là-dessus, on se couche et vu notre fatigue, ne tardons pas à nous endormir. Le lendemain, à la pointe du jour, notre lieutenant vient faire le réveil en donnant l'ordre à un atelier de se préparer. Comme c'était le tour du mien, du nôtre ; nous nous préparons. Nous avions à relier le P.C. du colonel au central PPC exploité par le génie et installé par ce dernier dans d'excellentes conditions : un abri creusé dans un petit bois de sapins. Cet abri fait de tôles d'acier cintrées était entouré de sacs remplis de terre et encore recouverts de plus d'un mètre d'épaisseur de terre et cailloux. Bref, très bien dissimulé et capable de résister aux bombardements. Le PC du régiment était installé à quelques dizaines de mètres de là dans un moulin.]

CARNET
Dimanche 8 octobre 1939

[Vers huit heures, nous avons assisté à la petite chapelle du village à une messe. Notre capitaine était servant et nous expliquait les différentes phases, parties dont est composée une messe. L'après-midi, en compagnie d'un caporal téléphoniste, nous nous sommes rendus à travers champs au village voisin à Epping rendre une visite au champ de repos des trente-deux héros du 126e RI qui nous avait précédés dans nos positions. Parmi eux, quelques sergents, les autres simples soldats. Ensuite, derrière une maison, nous avons découvert ce qui avait été leurs armes. Une d'entre elles avait la crosse traversée de deux balles et était fortement écaillée par deux ou trois autres et à coup sûr le pauvre gars qui la tenait dans ses mains n'a pas dû souffrir longtemps.

De retour au cantonnement, nous nous mettons en devoir d'améliorer un peu nos positions, et pour ce, transférons notre dortoir dans une étable assez spacieuse aux murs blanchis de chaux. Il y avait suffisamment de place pour nous tous, car nous sommes vingt-cinq téléphonistes. Ensuite, avec des tables de fortune, nous transformons la cuisine en réfectoire. Le fourneau ronfle et nous faisons quelque peu de cuisine dans la mesure de nos moyens. En ce moment, les copains font les charcutiers. Ils viennent de tuer trois petits porcelets d'environ deux mois et demi qu'ils sont allés quérir ce matin, tout près des premières lignes, à six kilomètres d'ici. Ils ont également porté quatre têtes de volaille, ce qui porte notre basse-cour à onze têtes. Hier, nous avons eu une fausse alerte au début de l'après-midi. Nous avons monté nos sacs prêts à partir. Un tir d'artillerie a suivi, car on présumait une attaque de chars allemands. Nos éléments avaient déjà pris des dispositions pour leur repli lorsque nous apprîmes que c'était un bruit mal fondé et les cantonnements reprirent leur calme habituel et nous partions armés de nos outils creuser des tranchées de résistance. Si nous avions eu à reculer, c'est bien à regret que nous aurions quitté cette demeure, car il nous aurait fallu abandonner les fayots que nous avions sur le feu et que nous ne voulions pas préparer pour les boches. Nous avions eu chaud.]

Dimanche 8 octobre 1939 *lettre F.M.* **20**

Reçue le 13/10, réponse le 14 au soir

Chère sœur et cher beau-frère,

J'ai reçu ce matin votre carte du 1er écrite de Cadéac. J'étais à ce moment avec les copains occupés à améliorer un abri souterrain. La plus grosse partie avait été aménagée par nos prédécesseurs, des copains passés avant nous, qui sont certainement en arrière au repos. Je vous écris d'un tout petit village appelé Weiskirch.

Village de Weiskirch (Clichés transmis par Rémy Seiwert, DR)

Dans l'après-midi, nous sommes allés au village voisin où reposent déjà une trentaine de gars du 126e RI qui est descendue au repos il y a quelques jours. Parmi eux, deux lieutenants, quelques sergents et des soldats. Je reviens dans notre cantonnement où nous sommes très bien.

Nous couchons tous, les 25 téléphonistes, dans une grange sur une épaisse couche de paille portant encore le grain, car rien n'a pu être dépiqué et une grosse partie des gerbes sont encore sur les pentes en train de pourrir. Nous nous sommes installés dans la petite cuisine (4mx4m). C'est là que nous prenons nos repas. Nous avons aménagé des tables sur des tréteaux et tous les 25 nous mangeons là. Le fourneau ronfle, nous faisons quelques petits extras. Hier soir du café, des patates, des pommes au four, des pommes en compote. Nous avons même à la grange, dans une petite cage, 6 petits poulets que nous ferons un jour en sauce avec des pommes de terre, ainsi il y en aura pour tous. Du fruit, il n'en manque pas : prunes, pommes, noix, poires. Les bataillons de notre régiment sont en ligne, mais ça va tout doucement, au ralenti. Je vois que nous sommes là pour quelques jours, sauf attaques brusques de l'ennemi. Tout va bien, tout est calme. Bons baisers. Léon

CARNET
Mardi 10 octobre 1939

[Je termine par ces quelques mots les deux pages qui précèdent pendant que se dépècent les trois petits cochons. Il était trois petits cochons qui ne sont plus.]

Mardi 10 octobre 1939 *lettre F.M.* **21**
Reçue le 16/10

Bien chère maman,

Deux mots pour te dire que j'ai reçu voilà deux jours la carte que Léonie m'avait envoyée de Cadéac le 30 septembre. Nous sommes cantonnés dans le village de Weiskirch à quelques kilomètres des premières lignes où se trouvent le gros du régiment ainsi que l'artillerie. Tout est très calme – quelques canonnades seulement sans réponse de l'ennemi. Nous sommes dans une maison abandonnée. Nous couchons sur la paille et avons aménagé la cuisine en réfectoire. Nous avons un fourneau où nous faisons quelques extras suivant nos moyens et qualités culinaires. En ce moment, nous faisons cuire trois porcelets d'environ deux mois ½. Nous avons dans une cage de fortune 11 têtes de volaille. Du blé, nous en trouvons suffisamment pour leur donner à manger. Pour nous, nous ramassons des patates, des choux, des fruits. En plus de ça, nous avons les repas de la roulante. Vous pouvez en déduire que nous ne sommes pas à plaindre, loin de là. Chère maman, ne t'en fais pas pour moi. Ton fils qui t'aime et ne t'oublie pas. Léon

Tarbes, ***Mardi 10 octobre 1939*** ***21-1***
Lettre-carte (1re) de Madame Raymond Chalmandrier de Tarbes où Léon était employé comme monteur électricien au moment de la Mobilisation.

Cher Noguéro,

J'arrive un peu tard pour vous remercier de votre aimable carte. Excusez-moi, car vous devez savoir que sans Jean nous sommes un peu désorientées ma belle-mère et moi. Nous avons eu de vos nouvelles par votre sœur qui d'ailleurs nous a donné votre adresse. Daucla nous a envoyé une carte de Champagne, il paraît qu'il se plaint de la faim et du froid, nous a dit sa femme, il est vrai qu'il est resté quelques jours dans un bois, et le ravitaillement était très difficile. Vous parlez s'il devait rouspéter, ça ne devait pas être le dernier. Jourdes est encore ici, je crois qu'il a trouvé la bonne gâche étant seul électricien au 24e, on le garde pour l'entretien. Quant à Généraux, je ne sais rien, sa femme attend un bébé, d'un moment à l'autre, mais il y a quelques jours que je ne l'ai vue.

Jean est toujours au Parc, il boulonne comme un nègre, enfin tant qu'il sera ici il ne faut pas se plaindre. Vous êtes au même secteur que le neveu Raoul Carmouze, il fait partie de la 13e compagnie de pionniers.

Depuis quelques jours, il fait un froid de loup, le Pic-du-Midi est couvert de neige. Il faut souhaiter que l'hiver ne soit pas trop rude et que vous ne souffriez pas trop du froid.

Donnez-nous quelques fois de vos nouvelles, cela nous fera plaisir.

Amical souvenir de nous tous.

Marcelle

Mardi 11 octobre 1939 : « *France, Édouard Daladier repousse les propositions de paix d'Adolf Hitler.* » [63]

Moulin Eschviller (Cliché Rémy Seiwert, DR)

✉ **Jeudi 12 octobre 1939** *lettre F.M.* **22**

Reçue le 17/10, réponse le soir

Chère sœur et cher beau-frère,

Je reçois à l'instant votre carte du 4 courant. J'ai également reçu votre carte de Cadéac à laquelle j'ai d'ailleurs déjà répondu.

[63] « *Chronique du 20ème siècle* », *op. cit.*, p. 548.

J'ai passé plusieurs jours sans nouvelles d'Hélène. Depuis, j'en ai reçu deux dont une ce matin. Je m'étonne qu'elle ne reçoive plus de lettres de moi, car je lui écris assez régulièrement.

Voilà deux jours, j'ai écrit à Toulouse. Si vous écrivez à Élie et Hortense, donnez-leur le bonjour de ma part. Ici, nous avons le temps à la pluie et ce n'est guère intéressant pour les hommes des bataillons qui sont en ligne, dans la boue. André Artigue doit être parmi le nombre, car je ne l'ai pas revu depuis Bayonne. Le Lourdais n'est pas celui de la photo, c'est un garçon de café parisien très gentil d'ailleurs et qui fait partie du même atelier téléphonique que moi. Nous sommes toujours au même endroit. Nous couchons toujours sur la paille et faisons toujours quelque jeu de cuisine : les trois porcelets sont presque mangés. Nous avons douze têtes de volailles. Nous tendons des lacets pour les lièvres. Tout va bien, je n'ai besoin de rien.

Chère sœur et cher beau-frère, je termine pour aujourd'hui en vous embrassant bien fort. Dans la prochaine, je vous enverrai une autre photo. Le bonjour, si vous le jugez utile, aux voisins de Cadéac ainsi que chez Bordenave et L. Sabathier. Léon

CARNET
Vendredi 13 octobre 1939

[Achetez un dixième. Hélas, ici, pas moyen d'en trouver. Ce serait une occasion pour soulager notre porte-monnaie, car si cela continue, il ne va guère se vider.

Village de Volmunster (DR)

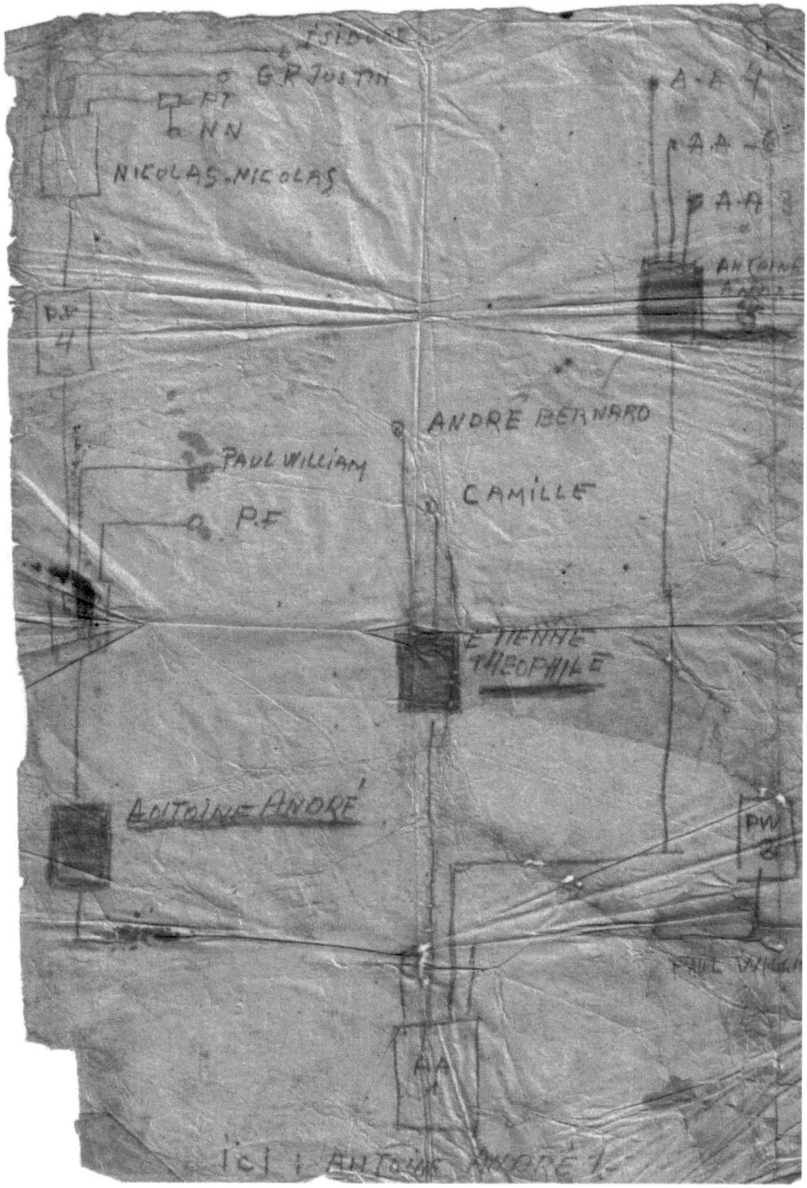

Depuis mardi, secteur calme jusqu'à hier soir. Avant-hier soir, seulement un atelier est parti relier GR Justin : 28e groupe de reconnaissance d'infanterie au central Nicolas. Nicolas, en première ligne, à quatre cents mètres seulement de l'ennemi. Cet atelier, parti à dix-huit heures jusqu'à minuit : ils étaient légèrement crottés et exténués. Hier, jeudi, dans l'après-midi, mon copain le Lourdais Massaly et moi, recevons l'ordre de notre sergent téléphoniste de nous mettre en tenue. Il nous fallait partir relever deux camarades qui exploitaient le central Antoine André 1 qui desservait le PC du deuxième bataillon. Vers seize heures trente, la voiture de transmissions nous prend et nous y mène. Nos collègues nous passent les consignes et nous nous installons. Nous sommes au-delà du village de Volmunster, à deux kilomètres de la frontière. Nous logeons dans un abri naturel au plafond en voûte de maçonnerie en sous-sol d'une habitation. Nous n'avons rien à craindre des bombardements tant d'artillerie que d'aviation. Nous couchons sur la paille à proximité du central. Le plus ennuyeux, c'est que nous nous éclairons à l'aide de bougies et que durant toute la nuit la sonnerie du central nous arrache à notre sommeil, malgré que nous ne soyons pas en retard de sommeil, les aiguilles ayant le temps de faire le tour complet. De l'autre côté de la route, le PC du bataillon ainsi qu'un poste de secours aux blessés sont installés dans un moulin et ses dépendances : le moulin d'Eschviller, face à notre abri, à cent mètres à vol d'oiseau un blockhaus[64] : avant-poste de la ligne Maginot (ouvrage en ciment armé duquel on garde la route. Cet ouvrage comme bien d'autres, afin de le dissimuler, est surmonté d'une maisonnette et de ce fait passe inaperçu. Tous les matins, vers dix heures, je descends à Weiskirch quérir notre courrier et par là même occasion faire un petit tour à la cuisine des téléphonistes, notre cuisine. Aujourd'hui, j'en ai rapporté deux côtes de porc, des frites, tout çà, ajouté à l'ordinaire, sera le bienvenu.]

CARNET
Dimanche 15 octobre 1939

[Hier samedi, je suis également descendu à Weiskirch, j'ai pris notre courrier ainsi que celui de nos camarades détachés au PC du 1er bataillon à Ormersviller. J'ai été bien reçu. Sitôt débarrassé des lettres et colis, on m'a invité à me joindre à leur table. Il y avait à peine une heure que j'avais mangé ; mais, un repas de régiment se laisse facilement suivre d'un deuxième. Ici, nous avons toujours faim. Le repas terminé par un bon café, j'ai visité leur central téléphonique au sous-sol d'une maison qui me paraît n'avoir pas été épargnée par les balles à en juger de l'état des dalles de zinc par où s'écoulent les eaux de pluie. Dans le verger, plusieurs trous d'obus, des arbres décapités et même un obus d'assez gros calibre non éclaté gisant à plat. À le voir, on le jugerait inoffensif, mais chacun se garde bien d'en approcher même la pointe du soulier. Vers trois heures, j'ai enfourché le vélo et regagné mon poste satisfait de ma promenade qui m'a permis de connaître un coin de France de plus. Aujourd'hui dimanche, je n'ai pu descendre au cantonnement, car il pleuvait

[64] Rémy Seiwert de Volmunster, membre de la section du Pays de Bitche de la SHAL (Société d'Histoire et d'Archéologie de Lorraine) me confirme la présence d'un blockhaus à quelques centaines de mètres de ce moulin. Son voisin Jean Claude Ober y a trouvé la mort accidentellement à l'âge de 13 ans, le 21 avril 1966. Il raconte ce drame dans le tome 2 page 171 (v. bibliographie) consacré au village de Volmunster.

et de plus, je n'avais pas de vélo à ma disposition. Dans l'après-midi, je suis monté avec la camionnette de transmissions au central Etienne-Théophile qui dessert les 6e et 7e compagnies. Ainsi, pour la première fois, j'ai pénétré au-delà de la frontière. Dans l'après-midi d'hier est passé un troupeau d'environ quinze vaches venant d'Allemagne. Aujourd'hui, trois soldats allemands faits prisonniers par deux gars de la 7e compagnie. Le colonel les a fait descendre de première ligne à son PC où le général a tenu à leur serrer la main et les féliciter.]

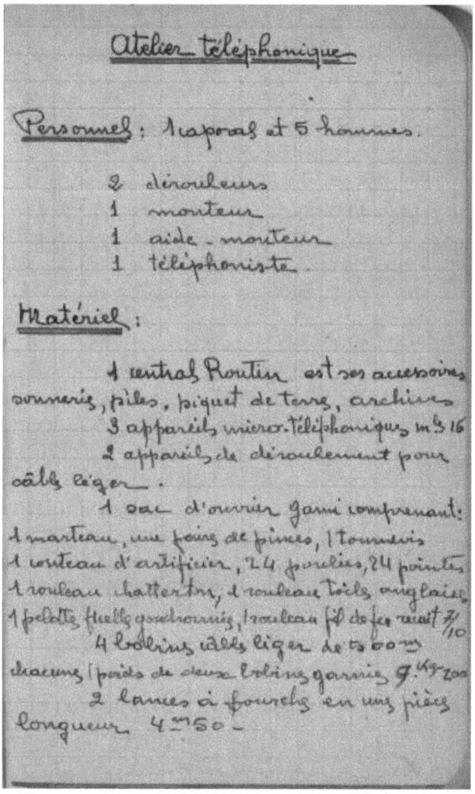
Atelier téléphonique

Personnel : 1 caporal et 5 hommes.

2 dérouleurs
1 monteur
1 aide-monteur
1 téléphoniste.

Matériel :

1 central Routier et ses accessoires
sonnerie, piles, piquet de terre, archives
3 appareils micro-téléphoniques m^le 16
2 appareils de déroulement pour
câble léger.
1 sac d'ouvrier garni comprenant :
1 marteau, une paire de pinces, 1 tournevis
1 couteau d'artificier, 24 poulies, 24 pointes
1 rouleau chatterton, 1 rouleau toile anglaise
1 pelotte ficelle goudronnée, 1 rouleau fil de fer recuit 7/10
4 bobines câble léger de 500m
chacune (poids de deux bobines garnies 9 kg 200)
2 lances à fourche en une pièce
longueur 4m50.

Personnel et matériel d'un atelier téléphonique

✉ Dimanche 15 octobre 1939 *lettre F.M.* 23

Reçue le 19/10, réponse le 20/10

Chère sœur et cher beau-frère,

Étant à environ cinq kilomètres en avant de la compagnie avec le Lourdais pour exploiter un central téléphonique, hier matin, à l'aide d'un vélo je suis descendu à Weiskirch chercher notre courrier afin de l'avoir le plus tôt possible, car pour nous, vous le devinez bien, le courrier est attendu, pour si régulier qu'il soit, avec impatience. J'en ai rapporté la présente lettre et une pour Massaly, de sa femme. Je me suis – vous dirai-je – rapproché des premières lignes. Nous sommes à Eschviller, à environ un kilomètre de la frontière et à quelques kilomètres de nos premières lignes qui sont en territoire allemand. Nous sommes dans un abri de choix : dans une ..., en voûte de maçonnerie capable de résister à tout bombardement tant d'artillerie qu'aérien. J'espère être relevé sous peu et remplacé par deux collègues ; sitôt après nous regagnerons la compagnie. Le front n'est pas trop mouvementé. Toujours des bourrasques de…, dans la soirée. Pour le moment, je n'ai besoin de rien. J'ai numéroté cette lettre (7). Dès maintenant, j'en ferai d'autant pour toutes. Ainsi, vous saurez si elles vous parviennent toutes. Ci-joint une deuxième photo. Le bonjour chez Mme et M. Mounard. Bons baisers à tous deux. Votre frère et beau -frère. Léon

Lundi 16 octobre 1939 : « *Alsace, l'armée française doit évacuer Forbach.* »[65]

🖂 **Lundi 16 octobre 1939** *carte F.M.* **24**

Chère maman,

Voilà deux jours, j'ai reçu des nouvelles de Louis et Léonie à qui j'ai répondu aussitôt. De mon côté, il en est de même. Tout va pour le mieux. Parfois, nous trouvons, errant par-ci par-là, des volailles. Nous leur courrons après et dès que nous pouvons leur tordre le cou, nous les passons à la cocotte. Nous avons fait rôtir aussi quelques petits cochons d'environ trois mois. Tout ça, ainsi que les légumes que nous ramassons, nous permet, ajouté à la cuisine des roulantes, de faire de bons repas. Nous avons eu la pluie jusqu'à hier. Ce soir, le ciel est étoilé. André Artigue, je ne l'ai pas vu depuis Bayonne. Il est dans une unité, mais je ne sais pas dans quels bataillon et compagnie. Chère maman, j'espère que la présente ira te trouver en bonne santé. Je termine pour aujourd'hui en t'embrassant bien fort. Aujourd'hui, j'ai reçu une carte de Tante de Toulouse ; toutes quatre vont bien. Ton fils. Léon

CARNET
Mardi 17 octobre 1939

[Vers dix-sept heures, une offensive ennemie est déclenchée sur notre front. Dès ce moment, nous n'arrêtons de donner des communications, toutes les directions nous étaient demandées, soit par le PC du régiment, les PC des bataillons, les postes des compagnies, voire même par le général. Parfois,

[65] « *Chronique du 20ème siècle* », *op. cit.*, p. 548.

quelques saucissons, tombant sur nos fils ou à proximité, rendaient nos lignes inutilisables. Les dépanneurs, tant de nuit que de jour, par temps calme ou orageux, étaient tenus à suivre les lignes afin de trouver les coupures et rétablir le circuit. Ils n'avaient pas la vie belle. Quant à nous, durant toute la nuit de mardi à mercredi et jusqu'à dix-sept heures de ce dernier jour, nous n'avons pas eu un instant de trêve. Vers dix-sept heures trente, un certain mouvement régnait : bon nombre de camarades descendant des lignes, épuisés, crottés jusqu'au casque, trempés jusqu'aux os, se repliaient sous la poussée massive de l'ennemi. Depuis déjà plusieurs minutes, un coup de téléphone venant du PC du régiment avait fait savoir au PC du 2e bataillon qu'il devait se replier immédiatement. Étant au central, nous avions intercepté cette communication qui ne nous était pas destinée et en attendant l'ordre de repli, les minutes d'attente que nous traversions nous paraissaient sans fin. Malgré cela, nous roulions nos couvertures, les musettes étaient remplies, les équipements mis et le couteau était même ouvert pour qu'au coup de téléphone il ne nous reste qu'à sectionner les lignes et décrocher les appareils. Avant l'ordre envoyé au bataillon, un autre coup de téléphone du colonel s'adressant aux commandants de compagnie se trouvant sous la poussée ennemie disait de tenir encore pour permettre aux détachements des ailes de se replier en sûreté. Le haut commandement encourageait les chefs de section, leur disant : *« La ligne d'attaque ennemie n'est formée que de quelques groupes d'hommes, ces attaques peuvent et doivent être facilement contenues. »* Quelques minutes seulement s'étaient écoulées et nous recevons, cette fois-ci, officiellement, le message attendu si fiévreusement accompagné de l'ordre suivant : *« Récupérez tout le matériel, détruisez les lignes et réinstallez-vous six cents mètres en arrière »*. Sitôt dits sitôt faits et trois quarts d'heure après, à la nuit tombante, nous arrêtons notre course effrénée en bordure de la route menant d'Eschviller à Volmunster, à environ deux cents mètres de ce dernier village. Nous installons nos appareils et lignes, établissons les communications et ensuite, nous nous mettons en devoir de camoufler notre poste. Nous établissons un petit camping dans une tranchée à l'aide de nos deux toiles de tente et couvertures, celles de Massaly et de moi. Bien nous en a su, car nous avons eu une nuit de pluie. Étant à l'entrée d'un abri, l'eau de pluie nous passait sous les pieds ; nous piétinions dans la boue jusqu'à la cheville. Nous étions tellement à l'étroit qu'il nous fallait prendre le service l'un après l'autre. Celui qui n'assurait pas le service faisait les cent pas sur la route pour se réchauffer. Vers minuit, les hommes du PC remontaient à leur emplacement, porteurs de paille et de pain. Nous leur en avons mendié un bout, car depuis midi rien ne nous était passé entre les dents. Ici, nous sommes tous frères, nous disent-ils, en nous tendant une boule de pain et le bidon de pinard pour remplir notre quart. Après leur avoir offert une cigarette, nous ouvrons une boîte de pâté, tout ce qui nous restait comme vivres et, ce petit repas terminé, nous fumons une cigarette et attendons le jour, tenus en éveil par les grondements de canons, les sifflements des obus qui se croisaient dans le ciel et les crépitements lointains et répétés des armes automatiques. À six heures, alors que le jour pointait à peine, nous avons replié pour remonter à Volmunster. Là, n'ayant qu'une ligne à desservir, nous avons demandé au commandant du 2e bataillon si nous pouvions rejoindre la compagnie. Satisfaction nous ayant été donnée, et toujours sous la pluie, matériel à dos, nous nous dirigeons sur Weiskirch. À la sortie du village de Volmunster, nous apercevons un petit chariot à quatre roues, abandonné par nos prédécesseurs. Son timon étant démoli, nous rentrons dans la maison à la recherche de quelques pointes pour le réparer. Nous nous trouvons en présence d'une table encore mise. Le 29e GRDI avait certainement quitté précipitamment les lieux et tout était resté tel quel. Voyant du pain, nous avons cassé la croûte, récupéré quatre litres de café fait, un demi-paquet de chicorée, du café en grains et un petit souvenir pour chacun. Nous prenons la route et environ un kilomètre plus loin, j'aperçois à l'entrée d'une grange, dans l'encoignure d'une porte, un fusil mitrailleur abandonné. Pendant ce temps, mon copain capture un petit chat gris que j'emporte sur ma poitrine à l'intérieur de ma capote. Sitôt arrivés, nous le lâchons dans notre cantonnement où il parait très bien s'adapter. Nous étions mercredi, le restant de la journée, nous avons été tranquilles. On avait certainement jugé qu'un peu de repos serait le bienvenu.]

Mercredi 18 octobre 1939 *lettre F.M.* (8) **25**

Reçue le 23/10, réponse le soir

Chère sœur et cher beau-frère,

Ce matin, mercredi, au retour d'une mission au service du poste de commandement du bataillon étant en ligne et ayant pour but d'assurer la liaison téléphonique avec les compagnies, j'ai eu l'agréable surprise de rentrer en possession de votre carte du 4 courant, deux d'Hélène et une de la maison Chalmandrier. Depuis près d'une semaine, avec Massaly, j'avais été envoyé pour assurer le fonctionnement du central téléphonique. Nous étions à quelques kilomètres des premières lignes, et un kilomètre de la frontière. Malgré cela, j'ai été faire un petit tour chez les « Fritz ». Hier après-midi, nous avons reçu l'ordre de replier devant l'avance de l'ennemi. Nous avons été, tous deux, nous replacer à six cents mètres en arrière et là, durant toute la nuit, à la belle étoile, sous la pluie, nous avons dû assurer la liaison. À l'aube, nous avons fait un dernier déplacement qui nous a menés au village de Volmunster.

De là, n'ayant plus qu'une seule ligne à exploiter, et de ce fait ne nécessitant pas l'emploi d'un central (appareil à plusieurs directions), nous avons regagné à pied notre cantonnement. Tout va bien, la pluie seule nous est réfractaire. Ce matin, j'ai vu André Artigue, qui avec son bataillon montait à la relève des compagnies ayant opéré. Il est conducteur d'une voiture de transmissions et je puis dire à peu près planqué. Donc, dans la nuit d'hier à aujourd'hui, nos appareils dans une tranchée, Massaly et moi avons pris

contact avec ce qui s'appelle la guerre – En dehors de cela, tout va bien ; je n'ai toujours besoin de rien. Ci-joint une deuxième photo. Accusez m'en réception. Bons baisers à tous deux. Votre frère et beau-frère. Léon
J'oubliais de vous dire que le repli de l'ennemi était attendu de nous ; nous lui avions préparé le repas : terrains inondables et minés – Bon appétit !

CARNET
Jeudi 19 octobre 1939

[À onze heures, à table. Départ à midi pour établir une ligne de la 9e compagnie au moulin d'Eschviller et une deuxième de ce dernier emplacement au blockhaus. Retour à sept heures, et soixante minutes après, nous repartons dans la nuit profonde, en vélo, direction Ormersviller, pour établir une ligne du central Nicolas-Nicolas au blockhaus du village. Retour au cantonnement à trois heures du matin après avoir reçu quelques averses, et pour certains d'entre nous quelques billets de parterre, car comme vous pouvez bien le penser, nous circulions sans le moindre éclairage.]

Vendredi 20 octobre 1939

[Six heures trente, réveil par le lieutenant : direction Epping, central PPG. De là, nous lançons une ligne jusqu'au sommet de la colline opposée où était installé le PC de la 3e compagnie. Nous marchons de huit heures du matin à midi sous une pluie fournie et continuelle traversant fossés, marécages. Le soir, à sept heures, après manger, en piste de nouveau pour aller dépanner la ligne installée quelques heures avant.]

✉ **Vendredi 20 octobre 1939** *lettre F.M.* (9) **26**
Reçue le 25/10, réponse le 26/10

Chère sœur et cher beau-frère,

Hier 19, j'ai reçu votre carte du 11 et ce matin celle du 14 – Je n'ai pu répondre à celle d'hier, car je n'en ai pas eu le temps. Hier 19, à midi, toujours avec Massaly, et d'autres copains, nous sommes revenus à l'endroit où nous étions deux jours avant pour établir une nouvelle ligne téléphonique. Nous sommes rentrés à 19 heures après avoir installé deux kilomètres de lignes. Sitôt arrivés, nous nous sommes mis à table et une heure plus tard, à vingt heures, nous repartions en installer une deuxième à six kilomètres du cantonnement. Nous avons enfourché des vélos et sans lanternes, naturellement, nous nous sommes rendus au lieu-dit. Sous la pluie, nous avons déroulé, dans l'obscurité la plus complète - nous étions seulement à quelques centaines de mètres de l'ennemi – nous sommes rentrés à trois heures du matin, le travail terminé.

Ce matin, à sept heures, le lieutenant est venu frapper à la porte et s'adressant à notre sergent : *« Deux ateliers téléphoniques prêts de suite »*. Nous avions une ligne de 2 km 500 à établir d'un central à un poste d'observation. Nous sommes rentrés à 13 heures, littéralement trempés, car la pluie nous avait accompagnés toute la matinée. Ayant eu à traverser des terrains de toutes sortes, nous avons les souliers pleins d'eau et les pantalons mouillés jusqu'au-dessus des genoux. Tout cela est passé et a été pris avec le sourire, car nous savons tous que nos copains de 1re ligne restent jour et nuit sous la pluie et par conséquent sont encore bien moins favorisés que nous et bien plus à plaindre que nous. Nous nous sommes changés et suppose que maintenant nous serons tranquilles jusqu'à demain matin.

En dehors de cela, tout va bien. Peut-être, descendrons-nous au repos d'ici la fin du mois. Hier, j'ai reçu une lettre d'Hélène et une d'Élise. Ce matin, une d'Hélène. À part cela, tout va bien. N'ai besoin de rien. Vous embrasse bien fort à tous les deux. Léon

CARNET
Samedi 21 octobre 1939

[Il est onze heures, nous allons manger pour partir sitôt après. Ayant formé deux équipes, nous partons, une sur Urbach, l'autre sur Epping au central PPG que nous devions relier à Urbach. À mi-parcours, nous nous rencontrons et après avoir raccordé les deux tronçons de ligne, nous reprenons le chemin d'Epping et regagnons Weiskirch à pied. Au début de l'après-midi, l'artillerie allemande avait déclenché un tir sur Ormersviller et son bois où était en position la 2e compagnie. Parmi les pertes, peu importantes heureusement, car la majorité des projectiles étaient tombés en dehors du bois, dans les champs, un planton motocycliste assurant la liaison de cette compagnie avec le PC trouva la mort, criblé d'éclats d'obus. Son camarade, couché également à deux mètres de lui, s'en tira seulement avec grande peur. Durant cette même après-midi, nous fûmes à maintes reprises survolés par des avions de reconnaissance ennemis qui eurent leur mission gênée par notre DCA. Un éclat de ces pièces vint même nous siffler aux oreilles et tomba sur l'un des nombreux pommiers sous lesquels nous nous étions dissimulés.]

✉ Samedi 21 octobre 1939, *carte F.M.* **27**
Reçue le 16/10

Chère maman,

Voilà déjà plusieurs jours que je ne t'ai pas donné de mes nouvelles. Il est des jours où nous ne faisons pas grand-chose, mais en revanche, il en est d'autres durant lesquels la semaine de quarante heures ne durerait guère plus de deux jours. Je me tranquillise quand même un peu à la pensée que Léonie, soit par ses lettres ou sa présence, te rassure d'après les nouvelles qu'elle reçoit assez souvent de moi. Jusqu'à ce jour, nous avons eu à supporter beaucoup de pluie.

Depuis ce matin, le temps est au beau. Ce n'est guère meilleur pour nous, car les avions tourbillonnent à chaque instant. J'espère que, d'ici à peu de jours, nous descendrons au repos. Il sera le bienvenu, malgré que pour ma part je n'ai guère souffert. La santé est tout à fait bonne et je souhaite qu'il en soit de même de toi. Hier, j'ai reçu une lettre de Léonie : ils vont bien. Voici deux jours, j'ai aperçu André Artigue qui montait. Tout va bien. Je n'ai besoin de rien. Je t'embrasse bien fort. Ton fils. Léon

CARNET
Dimanche 22 octobre 1939

[Après le réveil et le déjeuner, je pourrais dire le jus tout court, mais je mentirais puisque notre petit déjeuner est composé de café au lait et pain grillé ; après, disais-je, nous partions sur Volmunster monter une ligne du central Antoine-André au poste d'observation portant l'indicatif Zéphirin. Nous rentrons pour la soupe et, l'après-midi, nous nous préparons à quitter Weiskirch. Vers cinq heures, la caravane se forme : cinq charretons, deux chèvres, une vache et notre petit chat « la quille ». Nous arrivons à Urbach à la nuit tombante. Nous nous installons dans un ancien moulin où avaient déjà cantonné d'autres troupes. Entre parenthèses, les lieux étaient passablement salles et comme disposition loin de valoir celui que nous venions de quitter.]

Lundi 23 octobre 1939

[Après avoir passé une bonne nuit de repos sur un sommier doublé d'une bonne épaisseur de paille ; au réveil, Massaly et moi sommes désignés pour prendre le service au central PN2, dans une cave obscure nécessitant de nuit comme de jour l'éclairage d'une bougie. Le PC du colonel occupait le rez-de-chaussée de la même maison. Pendant deux jours, lundi et mardi, nous avons exploité ce central.]

Mardi 24 octobre 1939 *lettre F.M.* (10) **28**
Reçue le 30/10 et réponse tout de suite

Chère sœur et cher beau-frère,

Je viens de recevoir voilà déjà quelques heures votre carte-lettre du 17 courant. Je vous écris depuis une cave, où, nuit et jour, nous exploitons un central téléphonique à la lueur d'une bougie ! Je suis avec le copain et deux autres. Nous prenons la garde à tour de rôle. Je crois que demain nous descendons au petit repos ; l'unité qui doit nous remplacer commence à prendre position. André Artigue - que j'ai vu il y a deux jours - m'a dit que Joseph Mur était parmi cette unité. C'est avec plaisir que j'ai appris que vous aviez rentré les patates. Je ne doute pas que vous en ayez été fatigués, maman aussi devait l'être. Ici, les patates sont toutes dans les champs, c'est nous qui nous chargeons de les arracher pour notre besoin personnel. Hier était de garde avec nous, comme radio, un employé d'octroi de Tarbes : il est au poste de la PV et s'appelle Fumat. Avec nous, en ce moment, se trouve également un camarade d'Odos. Chère sœur, tu me dis d'écrire à Luchon, mais je ne me rappelle pas du n°. En ce qui concerne l'électricité, je ne puis te donner de tuyaux, ce serait un peu difficile. Pour le grenier, le plomb est sur la fenêtre de la cuisine. À la cuisine, s'il n'y a pas deux lampes de même force en 110 volts. ; enlevez le bouchon buis et mettre directement sur la douille une lampe en 220 volts. Je vais envoyer une carte chez Estrade. Ici, tout va bien. Hier, j'ai reçu des nouvelles d'Hélène, demain certainement, en aurai-je à nouveau. Elles comptent rentrer sous peu. Voilà quelques jours, j'ai reçu une lettre d'André, il est à vol d'oiseau, à environ 10 km de moi, plus au Nord. Dans ma lettre d'hier, j'ai demandé à Hélène de me procurer une carte Michelin qu'elle te portera. Tu la joindras dans le prochain colis. Pour le moment, je n'ai besoin de rien. Il pleut toujours et commence à faire froid. Je termine pour aujourd'hui, en vous embrassant à tous deux. Votre frère et beau-frère. Léon

CARNET
Mercredi 25 octobre 1939

[Dans la matinée, les transmissions du 123e RI viennent nous relever. Dès qu'ils eurent installé leurs appareils, nous reprenons les nôtres, leur donnons quelques renseignements sur le réseau et préparons nos sacs. Nos consignes étant passées, quelques instants plus tard, nous prenons place sur le camion affecté au service des transmissions. Nous traversons des paysages inconnus à nos yeux, car nous étions montés pendant la nuit. Nous apercevons des ouvrages fortifiés surmontés de tourelles. D'autres, mieux dissimulés servaient de fondations à des maisonnettes. Seuls, peu au-dessus du niveau du sol, quelques créneaux fermés à l'intérieur ainsi que la porte d'entrée par d'épaisses tôles d'acier. À l'intérieur de ces ouvrages, l'eau, l'électricité et le téléphone. Les murs en béton ne font pas moins de soixante-quinze centimètres d'épaisseur. Ensuite, nous traversons Frohmuhl, tournons à droite et à moins de deux kilomètres apercevons Siersthal, dans une cuvette entourée de bois de pins et peupliers qui finissent par leurs teintes d'assombrir le village déjà assez enclavé. Nous sommes installés au café de la Victoire, malgré que nous ne soyons encore victorieux. Hélas, nous occupons deux chambres comme dortoirs au premier étage. Au rez-de-chaussée, la salle de café est transformée en salle de cours. Nous avons, en outre au premier étage, un réfectoire où nous avons installé un fourneau sur lequel nous faisons nos extras de cuisine. C'est de là, de dos au fourneau qui ronfle, que j'écris ces quelques lignes. Je m'arrête pour aujourd'hui...]

Mercredi 25 octobre 1939 *lettre F.M.* **29**

Bien chère maman,

J'ai appris, dans une lettre de Léonie, reçue il y a deux jours, que vous aviez ramassé les pommes de terre. C'est un grand plaisir que j'ai éprouvé de savoir que la récolte a été bonne. Je ne regrettais qu'une chose, ne pouvoir être parmi vous pour vous seconder un peu. Ici, elles restent dans les champs : c'est nous qui les arrachons, quand nous en avons besoin. Dimanche, j'ai vu André Artigue, Joseph Mur est dans le régiment qui monte nous remplacer ; je n'ai pu le voir. Nous sommes descendus, ce matin, d'environ dix kilomètres. Je vois que nous sommes au petit repos. Tout va bien. La santé est bonne et espère que la présente aille te trouver de même. Je n'ai besoin de rien. Reçois de ton fils les plus tendres baisers. Mon meilleur souvenir à la famille Soulé.
Léon

CARNET
Jeudi 26 octobre 1939

[... Car je dois faire ma toilette et la lessive. Un copain écrit, un autre prépare le café et, sur la table, vingt côtes de veau attendent le moment de passer sur le feu.]

Siersthal, **jeudi 26 octobre 1939** *lettre F.M.* (11) **30**
Reçue le 31/10, réponse carte de Cadéac

Chère sœur et cher beau-frère,

Il est midi et demi. Nous avons mangé et comme nous avons installé un fourneau à notre réfectoire de fortune, j'y viens pour vous écrire. Nous sommes là depuis hier ; nous avons été relevés par un autre régiment dans lequel se trouve Joseph Mur ; je n'ai pu le voir, car au moment de son passage j'étais dans une cave pour exploiter un central téléphonique. En ce moment, nous sommes loin des saucissons et pruneaux. Tout au moins, nous ne les entendons pas. Nous sommes en position de résistance pendant que l'autre régiment de la division est en ligne. Nous avons reculé d'environ dix kilomètres et sommes à hauteur de la ligne Maginot. Hier, j'ai écrit à maman et à Hélène ; avant-hier, une à M. et Mme Estrade. Nous cantonnons au café de la Victoire. Nous sommes toujours vingt-cinq et nous occupons deux chambres comme dortoir, une troisième pièce comme réfectoire, la salle de café nous sert de salle de cours. Nous avons l'électricité, ce qui est très appréciable. Le chauffeur de la camionnette de transmissions est allé dans un patelin voisin (15 km) habité d'où il a rapporté du pain frais et une vingtaine de côtes de veau. Le prix coûtant sera divisé entre tous et ainsi nous ferons un petit extra. La vache et les deux chèvres nous permettent de faire du café au lait. Le petit chat gris que nous faisons suivre dans un panier s'adapte bien à tous nos domiciles passagers ; il nous distrait à tous. Un des nôtres nous annonce qu'il vient de commander, à un de ses camarades qui circule, une provision d'huile et de sucre. Ici, toujours la pluie, heureusement que maintenant nous pouvons rester à l'abri. Je crois que nous sommes là pour une quinzaine de jours. Ensuite, je crois que nous descendrons au grand repos. Si cousine de Luchon est encore là, embrasse-la bien de ma part et remercie-la pour les chaussettes.

En ce moment, j'ai un seau d'eau sur le feu. Dès que j'aurai fait la digestion, je ferai grande toilette et ensuite la lessive, car depuis quelques jours je n'ai eu l'occasion ni le temps de laver, car nous ne savions au juste quel jour nous allions descendre. Donne le bonjour aux voisins qui te demandent de mes nouvelles. Je ne me souviens pas exactement quelle photo je t'ai envoyée. J'en joins une deuxième. Si tu l'as en double, tu la passeras à cousine de Luchon. Je termine en vous embrassant bien fort. Votre frère et beau-frère. Léon

Tarbes, ***vendredi 27 octobre 1939*** ***31***

Lettre-carte (n°2) de Madame Raymond Chalmandrier de Tarbes

Bien cher Noguéro,

Excusez-moi de vous écrire au crayon, vu le travail que nous avons, je profite de quelques instants au magasin pour écrire entre deux clients. J'écris par ce même courrier à Généraux, il est papa d'un superbe garçon ; il a été tout heureux de nous l'apprendre. Dancla est rentré à Tarbes, voilà dix jours, il a été rappelé par l'arsenal. Il nous disait l'autre jour qu'il ne se plaindrait plus, qu'il avait goûté de la dure. Il est vrai qu'il est en sursis de trois mois, peut-être repartira-t-il. Vous avez de la chance que votre lettre n'ait pas été censurée, car vous ne vous cachez pas au moins vous. Jean est toujours à Tarbes. On lui a fait repasser deux visites sérieuses. Il a été maintenu à l'auxiliaire, inapte aux armées. Quoique malgré cela, on pourrait l'envoyer à Bordeaux. Enfin, nous l'avons là et nous voudrions le garder le plus longtemps possible. Nous nous défendons le plus que nous pouvons avec ma belle-mère. Le travail ne manque pas. Nous en avons beaucoup plus que nous ne pouvons en faire. Réglat et Mauvezin sont passés chefs de chantiers. Jourdes est toujours à Tarbes. Ici, il fait un froid de loupet ; il pleut voilà deux jours. Vous devez avoir votre compte pour le mauvais temps. Raymond a repris sa classe le 20 octobre avec la moitié des professeurs. Il travaille beaucoup et nous donne des satisfactions. Il vous fait dire de ne pas vous en faire et qu'il vous envoie bien le bonjour. Tout le monde se joint à moi pour vous dire bien des choses et j'espère que vous nous donnerez de temps en temps de vos nouvelles, cela nous fera plaisir. Poignées de mains. Marcelle

CARNET
Dimanche 29 octobre 1939

[Depuis jeudi, rien de sensationnel. Secteur tout à fait calme. Ce matin, à 9 h, j'ai assisté dans la riche et à la fois assez récente église de Siersthal à la messe solennelle d'un nouveau prêtre qui compte parmi les soldats du 49e. Après cette messe, ont été présents environ six cents hommes. Nous avons assisté à la cérémonie d'imposition des mains du nouveau prélat. Une chose qui m'a touché, à l'entrée de l'église, dans la cour, un monument assez important reproduisant fidèlement la Grotte de Lourdes telle qu'on la vend dans cette ville, sculptée dans un bloc de plâtre. Ici, ce n'est pas du plâtre, mais du ciment. À l'intérieur de cette grotte, tout comme à Lourdes, est dressé un autel. Seuls manquent, le grand chandelier où brûlent sans arrêt d'innombrables cierges et les appareils et béquilles des croyants guéris durant leurs courts séjours à Lourdes. Quelques mètres en avant, la petite Bernadette, statue de grandeur naturelle, les mains jointes, les yeux fixés sur la niche où lui apparaît la Vierge resplendissante, prie et l'implore. Quittant cette vision si inattendue, à plus de mille kilomètres de son lieu réel, me voici à l'après-midi de ce dimanche d'octobre. En compagnie de quelques copains, nous avons fait une petite promenade sur les coteaux environnants. Le point de vue était admirable. Du village de Siersthal, de nombreuses routes, pareilles aux tentacules d'une pieuvre dont l'agglomération serait le corps, se déploient et franchissent les coteaux menant aux ouvrages fortifiés, aux villages voisins, aux chantiers militaires en cours. La plupart sont à l'état neuf ce qui explique qu'elles ont été construites pour contenir le trafic intense que nécessite cette région en raison de sa situation géographique, afin de la libérer de la griffe hitlérienne toujours menaçante. Nous sommes sur un plateau, du côté de Weiskirch. Nous apercevons un ruisseau qui serpente paresseusement, nous donnant l'impression de s'attarder et quitter à regret ce charmant paysage plus haut face à nous de grandes forêts, vastes quadrilatères, les uns d'un vert foncé (ce sont des pins et sapins), d'autres de teinte rougeâtre et or, ceux-là, ces arbres, moins privilégiés que leurs frères s'apprêtent à quitter leur parure qui, elle aussi, a été d'un joli vert. L'automne leur arrache, avec le vent pour complice, lambeau par lambeau, le feuillage où faisaient leurs nids les oiseaux, où scintillaient sous les rayons de soleil les gouttelettes de rosées, où on venait respirer la fraîcheur des sous-bois ombreux. Plus à gauche, par-ci, par-là, sortant de terre, tels des champignons naissants, nous apercevons plusieurs pièces contre avions. Le canon braqué sur l'azur du ciel, tourelles d'acier, terrains bouleversés sillonnés de tranchées abritant des sapes. Derrière nous, le clocher à la forme bizarre de Petit-Réderching et pour cela très facile à distinguer. Une épaisse trainée de fumée blanche que laisse derrière lui le train venant de quitter la gare de ce village. Cette fumée et le cri strident du sifflet de la locomotive nous réconfortent, nous donnent l'impression que nous sommes moins seuls. Hélas, ses appels désespérés ne parviendront pas à nous mener à lui, ce n'est pas notre tour, la permission si attendue, seule, nous le permettra.]

✉ **Lundi 30 octobre 1939** *lettre F.M.* (12) **32**

Reçue le 03/11 à 5 h 30, expédié mandat[66]*-carte 100 F. (sans frais) de suite et carte le soir*

Chère sœur et cher beau-frère,

J'ai reçu ce matin votre carte du 23 portant le n° 8. J'ai reçu en même temps une lettre d'André Artigue qui me donne l'adresse de Raymond Mur. Il me dit que son père a arraché les patates : son père lui apprend également que son cousin Bertrand arrive en France avec la Légion (il l'a écrit chez lui). J'ai eu par le même courrier deux lettres d'Hélène. Dans la première ainsi que dans les deux ou trois qui la précédaient, elle se plaignait de n'avoir pas de lettre de moi. Elle est restée huit jours sans nouvelles. Cela s'explique : depuis le 17, j'ai envoyé toutes les lettres vers Tarbes, car en principe elles auraient dû rentrer le 18. Dans la deuxième, elle me disait avoir reçu celles des 17 et 19 qu'on avait fait suivre de Tarbes. Maintenant que j'ai l'adresse de cousine de Luchon et que je sais qu'elle est rentrée, je vais lui envoyer deux mots. Vendredi, j'ai reçu une lettre d'Anna qui s'est offerte à me faire soit cache-nez, pull ou passe-montagne. Pour ne pas faire le fier, je lui ai dit qu'un passe-montagne serait bien accueilli. Deux jours après, répondant à une autre lettre et à la réception d'une de mes photos, c'est la petite Marcelle qui m'a fait une gentille lettre. Elles sont toutes quatre bien : Anna, toujours à l'usine – confectionne des chemises[67] militaires – Juliette travaille comme cuisinière au lycée des jeunes filles, transformé en hôpital militaire – Marinette, de retour de Bourisp est passée leur pousser une pointe – elle rentrait à Paris chez ses anciens patrons, croit-elle – Roger n'était pas encore parti. Je connais très bien Adolphe Buerba, je l'ai rencontré plusieurs fois. Nous sommes le 30 et depuis le 4 j'ai reçu huit lettres de vous. J'ose croire qu'elles me parviennent toutes.

Depuis quelques jours, nous sommes - au moins, tout le laisse supposer - au petit repos. Nous ne faisons absolument rien. Dans l'après-midi d'hier et d'aujourd'hui, avec quelques copains, nous avons fait de petites promenades sur les coteaux et à travers les forêts avoisinantes. Nous cherchions des champignons, nous en avons trouvé un seul. Avant-hier, nous avons eu la

---

[66] **Note :** Le 5 septembre 1939, il restait 21.150 F. sur le compte de Léon (2.490 F. de disponibles et 18.660 F. sur le carnet d'épargne). On peut évaluer avec exactitude le salaire d'électricien perçu par Léon autour de 1.000 F. par mois, ce qui correspond à la grille du salaire moyen départemental des Hautes-Pyrénées attribué en zone urbaine pour l'année 1939 et majoré de 20 %. Rien d'étonnant quand on sait à quel point Léon était apprécié par ses patrons pour son travail et sa disponibilité.

[67] Manufacture de chemises Jules Sabatié S.A., 25-27, rue St-Thomas d'Aquin, Toulouse.

neige, qui d'ailleurs n'est pas restée. Hier matin, j'ai été à la messe : première messe solennelle dite par un prêtre du régiment. Après la messe, cérémonie de l'imposition des mains du nouveau prêtre, à laquelle je me suis prêté. Chère sœur, je suis au courant, rapport aux permissions, mais c'est tellement loin que je ne voulais en faire allusion. Je te demanderai de m'envoyer sous peu un petit mandat, dans le cas où sous peu nous descendions au grand repos. Ne m'envoie pas le gros cache-nez, je n'en vois pas la nécessité. Dans le prochain que tu pourras m'envoyer sitôt que tu pourras je te demanderai de mettre du chocolat, un couteau (j'ai perdu l'autre et dois en avoir un dans la pharmacie), des cartes postales, quelques plumes, car celle-ci n'en veut plus. Notre chauffeur ayant été à la localité habitée la plus proche en a rapporté des côtes de veau et de porc. Chacun en a mangé une, ensuite des frites et pour terminer un quart de café. Nous avions tout d'abord mangé notre assiette de soupe des cuisines. Comme vous pouvez en juger, tout se passe pour le mieux. Je termine en vous embrassant bien fort. Surtout, ne m'envoie pas des cartes lettres comme celle-ci, car elles se collent entre elles et deviennent inutilisables. Léon

Lundi 30 octobre 1939 *carte F.M.* **33**

Chère maman,

Deux mots simplement pour te dire que tout va bien, la santé est toujours bonne, très bonne même. Depuis quelques jours, nous sommes descendus d'environ dix kilomètres. Nous jouissons en ce moment de la plus grande liberté : pas d'exercices, au lit à l'heure qu'il nous plait jusqu'au matin sept heures. Dans la journée, pour faire passer le temps, nous faisons de petites promenades sur les coteaux environnants. Avant-hier, nous avions la neige qui n'a été que de passage. Hier, j'ai été à la messe où assistaient environ six cents soldats. Nous sommes dans un petit village de Moselle à Siersthal qui possède une très riche et assez récente église. Mercredi, il y aura plusieurs messes, j'y assisterai, c'est en ce jour, mon devoir. Ainsi quoique loin de toi, de vous, par la pensée je m'en rapprocherai. J'ai reçu des nouvelles de Toulouse et de Léonie. Aujourd'hui, j'ai vu André Artigue – il va bien lui aussi. Joseph Mur est dans la région, mais je ne l'ai pas vu. Ayant un copain de la section qui a les facilités de se déplacer ; nous lui faisons porter de la viande que nous faisons cuire. Nous faisons des frites, du café. Notre vache et nos chèvres nous donnent toujours assez de lait pour nous permettre de déguster chaque matin deux quarts de café au lait auxquels nous ajoutons deux tartines de pain grillées. Comme tu le vois, nous améliorons l'ordinaire dans la mesure du possible. Suffisamment il faut le croire puisque mon visage s'arrondit, ainsi que celui de plusieurs copains. Le bonjour à la famille Soulé. Ton fils qui ne t'oublie pas et t'embrasse bien fort. Léon

CARNET
Mardi 31 octobre 1939

[Tout allait trop bien, nous étions trop tranquilles. Quelques téléphonistes sont repartis sur l'avant, j'attends mon tour.]

De repos au cantonnement, Léon de profil à l'arrière-plan

Novembre 1939

✉ **Mercredi 1er novembre 1939** *lettre* (13) **34**

Reçue le 06/11 au matin, réponse le soir ainsi qu'à André – après envoi colis

Chère sœur et cher beau-frère,

À onze heures et demie, au retour de la grand-messe, j'ai pu prendre connaissance de votre lettre du 26. Je constate avec satisfaction que notre courrier nous parvient avec assez de régularité. Hier, j'ai reçu une lettre d'Hélène, toujours d'Hendaye et une d'André qui est toujours en ligne. Aujourd'hui, sitôt après la soupe, j'ai été, histoire de faire la digestion et une petite balade, rendre une petite visite à André Artigue qui cantonne au village voisin. À la grand-messe assistaient trois généraux qui, pour marquer leur passage, nous ont fait terminer le repas de midi par de la confiture et un quart de café. Au village voisin, j'ai également trouvé un nommé Puertolas de Bourisp. Par « *Le Semeur* » que reçoit mon voisin de lit, de paille pour mieux dire, j'ai appris que le gérant de l'Épargne du quartier, Cadeilhan de Vignec, ex-électricien, avait été blessé et se trouvait dans un hôpital. Gabas, sergent au 18e l'a été également. Ce dernier a un frère à ma compagnie. Ainsi, maman va avoir une occupation de plus. Tu peux croire que par ici, il s'en perd des betteraves et elles sont belles – je t'assure – aussi belles que des miches d'un kilo et demi. Les pommes de terre sont moins grosses que chez nous. Avant-hier, j'ai écrit à cousine de Luchon et à maman. Pour le moment, tout est calme. Nous ne savons quand nous serons relevés. Aujourd'hui il fait beau, un peu de soleil, le temps est clair mais un peu frais.

Cher Louis et chère Léonie, je termine pour aujourd'hui en vous embrassant bien fort. Votre frère et beau-frère. Léon

CARNET
Jeudi 2 novembre 1939

[Rien de saillant à signaler. Dans l'après-midi, montage d'une ligne à Nemuhl, de la 6e compagnie au central du génie.]

Vendredi 3 novembre 1939

[Secteur très calme, toujours au petit village de Siersthal. Dans l'après-midi, petite promenade à Lambach. Journée ensoleillée.]

Vendredi 3 novembre 1939, *carte F.M.* **35**

Chère maman,

Je suis toujours au même village où règne le calme le plus complet. Voilà déjà dix jours que nous y sommes, n'ayant absolument rien à faire. Après la soupe, avec un copain, nous sommes partis à pied au village voisin d'où nous revenons à l'instant. Cela nous fait faire un peu d'exercice : nous avons fait des frondes et comme des enfants de huit ans, nous tirons sur les oiseaux. Avant-hier, jour de Toussaint, j'ai été à la grande messe qui a été suivie d'un service funèbre : étaient présents trois généraux, des officiers et, pour le moins, six cents soldats.

Dans l'après-midi, j'ai été voir André Artigue qui est toujours dans un village voisin. Il n'avait reçu depuis quelques jours des nouvelles de son père. Il était bien et jouait à la balle avec trois de ses copains. Il faut bien faire quelque chose pour se distraire et faire passer le temps. Pour le moment, tout va pour le mieux : nous mangeons bien, nous dormons bien, nous travaillons très peu. Hier après-midi, nous avons cependant installé une petite ligne téléphonique.

J'ai appris par Léonie que tu avais le cochon depuis quelques jours. Elle m'a également fait part de la gentille attention d'Oncle de Marseille. Elle s'est d'ailleurs empressée de le remercier. Je termine pour aujourd'hui. Bonjour à la famille Soulé. Ton fils qui pense à toi. Léon

CARNET
Dimanche 5 novembre 1939

[Le matin, comme tous les dimanches, j'assiste à la messe. Sitôt après déjeuner, je reçois la visite d'un copain d'enfance, natif du même village que moi : André Artigue, pour le nommer, est également au 49e, mais fait partie d'un bataillon stationné à Frohmuhl et Holbach. Je prends ma capote, mon masque en bandoulière et ma canne et partons tous deux sur la route de Bitche afin d'atteindre le camp du Légeret où est caserné notre 3e bataillon et où il croit trouver d'autres copains. Là, j'ai vu des casernes modernes, bien moins austères que toutes celles que j'ai vues à ce jour. Construits très récemment, ces pavillons tout en ciment armé abritent de vastes chambres de troupe largement éclairées, munies du chauffage central. Water et lavabos à chaque palier, couloirs chauffés également. Tous ces innombrables bâtiments agrémentés d'un grand parc. Le tout clôturé d'une murette surmontée d'un grillage : ceci doit donner l'impression que l'on est moins prisonnier, moins à l'écart de la vie civile que derrière les murs massifs et très élevés de nos anciennes prisons. Notre visite terminée, n'ayant trouvé de connaissances, nous redescendons l'un sur Frohmuhl l'autre sur Siersthal contents, tous deux, d'avoir fait cette balade tout en causant un peu de nos lointaines Pyrénées.]

Dimanche 5 novembre 1939 *lettre* (14) **36**
Reçue le 10/11 à 11 h, réponse à 1 h 30

Chère sœur et cher beau-frère,

Avec votre lettre du 30, dont j'ai pris connaissance ce matin au retour de la messe, j'ai également reçu la première d'Hélène depuis leur retour à Tarbes. Elles n'avaient pas eu le temps d'aller vous voir, mais certainement qu'à ce jour il n'en est pas de même, et, l'une par l'autre, pour les nouvelles que vous avez reçues, les causettes engagées, vous avez certainement mieux situé ma nouvelle existence. D'André, j'ai reçu des nouvelles, il me fait quelquefois allusion à ce dimanche que nous avons passé ensemble et qu'il voudrait voir revenir ; il n'est pas le seul, je crois. À l'instant, je viens d'écrire à Hélène et à Marseille. J'ai joint comme tu me l'avais dit, mon adresse et à mon tour lui ai fait sentir que j'avais été sensible à son geste. Chère sœur, jetant un coup d'œil sur le carnet où j'inscris ma correspondance, je vois en effet que ma dernière lettre a dû se faire attendre, car j'avais passé quatre jours sans vous écrire : la raison, je ne l'ai pas en mémoire. Quoique dans le même secteur, J.M. Rumeau n'est pas aux environs immédiats, car je n'ai vu qu'un seul représentant de son unité. Pour le moment tout est calme. Nous ne savons encore rien au sujet du grand repos. Quand partirons-nous, où le passerons-nous, je n'en sais rien. On commence à nous parler, mais bien vaguement des permissions. Partiront d'abord les anciens combattants (Officiers), ensuite les pères de famille et ensuite les mariés et les célibataires naturellement les derniers. Cela ne m'empêche pas de vivre avec l'espoir de passer la Noël parmi vous. Peut-être, aurons-nous l'occasion de nous retrouver avant, mais, j'en doute. Aussitôt après manger, j'ai reçu la visite d'André Artigue qui m'a donné des nouvelles de Cadéac. Blaisine lui avait aussi écrit. Donc, pas grand-chose de nouveau. Le temps quoique maussade n'est pas très froid. Je termine pour aujourd'hui en vous embrassant. Votre frère et beau-frère. Léon

CARNET
Lundi 6 novembre 1939

[Le calme le plus parfait règne parmi nous et aux alentours. Par moment, nous sommes à nous demander si vraiment nous sommes en guerre. Nous roupillons à volonté, nous mangeons bien et travaillons bien peu à tel point que, de nous-mêmes, nous jugeons qu'un peu d'exercice nous manque. C'est pourquoi, bien des fois, nous partons par petits groupes faire de petites promenades. Dans l'après-midi d'aujourd'hui, en compagnie de mon copain le Lourdais Massaly, nous sommes partis sur la route de Frohmuhl. Dans cette agglomération, j'ai trouvé André Artigue. Ensuite, nous avons entrepris la fameuse côte de 17 % : la route de Bitche. À mi-côte, je m'arrête. Nous étions à Holbach où se trouvent la CA3 et la 11e. Je me mets à la recherche du sergent Guinle que j'ai connu à Weischirch. Un de ses camarades de paille m'ayant appris qu'il était sur la crête. Nous continuons la montée et au sommet je tombe sur son groupe qui terminait un abri souterrain. Après une demi-heure de causette, nous avons rejoint notre cantonnement en traversant un bois de hêtres et chênes et un deuxième bois de pins et sapins. Une fois de plus, nous avons pu voir dans le ciel un avion ennemi qui, vu son altitude, se plaisait à défier les batteries de 75.]

Mardi 7 novembre 1939 *carte* **37**

Chère maman,

J'ai reçu ce matin ta carte du 1er novembre que Léonie avait écrite. J'ai appris avec plaisir que tu étais en bonne santé. Pour le moment, il en est de même de moi. Nous sommes toujours au même village pour encore une dizaine de jours. Ensuite, nous descendrons au grand repos, nous éloignant ainsi de plusieurs dizaines de kilomètres de nos positions actuelles. Hier, j'ai encore vu André Artigue. Il est lui aussi en bonne santé. J'ai aussi écrit à Marseille pour le remercier de son attention. Je dois également répondre à mes patronnes. Aujourd'hui, une ravissante journée, on se croirait en été, si nous n'avions la vision des forêts ayant revêtu leur parure d'automne ; les feuilles en grande partie sont tombées. Chère maman, je termine. Ne t'en fais donc pas pour moi. Tout va bien. La santé est très bonne. Le travail ne nous fatigue pas. Reçois de ton fils de gros baisers. Le bonjour à la famille Soulé. Léon

Mercredi 8 novembre 1939 : *«Attentat à l'explosif contre Adolf Hitler à Munich.*[68]

CARNET
Mercredi 8 novembre 1939

[Dans la journée d'hier, nouvelles incursions d'avions ennemis. Nous apprenons par un communiqué de radio que, sur notre front neuf avions français étaient entrés en chasse avec vingt-sept avions ennemis, neuf de ces derniers furent abattus, dont sept en territoire français ; tous les nôtres rentrant indemnes à leur base. Dans la nuit d'hier à aujourd'hui, important tir d'artillerie de part et d'autre. Ce matin, revue d'armes par le chef armurier. Au début de l'après-midi, la DCA ennemie encadre un de nos avions sans succès : quelque temps après, une lutte aérienne s'engage et après de multiples acrobaties, un gros avion laissant une épaisse trainée de fumée derrière lui pique pendant que de plus petits continuent de le pourchasser. Il avait certainement eu son compte, car quelques instants après, les autres, qui certainement étaient les nôtres évoluaient adroitement au-dessus de nous, témoignant ainsi leur satisfaction pour la victoire qu'ils venaient de remporter. Cela suffisait pour nous distraire.]

CARNET
Jeudi 9 novembre 1939

[Ce matin, la pluie nous est revenue croyant nous être indispensable alors que, bien volontiers nous nous en serions passés, car, nous avions à travailler. Dans la matinée, nous avons construit une ligne téléphonique qui, passant par un PC de régiment, prévu en cas de recul, devait relier le PC actuel au camp du Légeret. Dans l'après-midi, nous avons récupéré une ligne qui, installée dans de mauvaises conditions, assurait jusqu'à ce jour par un itinéraire différent cette même liaison. La journée fut un peu dure surtout par ce temps désagréable, mais toute l'équipe est rentrée satisfaite d'avoir pu détendre un peu ses nerfs, d'avoir fait un peu d'exercice après de si longs jours d'inactivité. Après, une bonne nuit de sommeil.]

✉ **Jeudi 9 novembre 1939** *lettre* (15) **38**
Reçue le 13/11 à 5 h, réponse le soir

---

[68] *« Chronique du 20ème siècle », op. cit.*, p. 549.

Chère sœur et cher beau-frère,

Hier et aujourd'hui, je suis sans nouvelles. Peu importe, car je sais que demain j'aurai plusieurs lettres. Je ne veux quand même pas laisser passer un jour de plus sans vous écrire, car consultant mon carnet de correspondance, je me rends compte que voilà plusieurs jours que je ne vous ai pas écrit. Ma dernière lettre était datée du 5. Depuis, j'ai écrit à Marseille, à M. & Mme Estrade, à Madame Chalmandrier. J'ai également répondu à maman ou plus justement à la carte que tu avais écrite à Cadéac le 1er novembre. À l'instant, je viens d'écrire à Hélène : j'espère que toutes deux – depuis leur retour – vous auront poussé une petite visite. Ce matin, au réveil, nous avons eu la surprise de revoir madame la pluie ; rien d'étonnant, car nous avions à sortir, à travailler. Dans la journée, nous avons en effet installé une ligne de plus de quatre kilomètres et en avons replié une deuxième aussi longue. Nous nous serions passés de la pluie, mais nous avons accueilli avec assez de plaisir cette assez rude tâche, car depuis de nombreux jours nous ne faisions absolument rien et les journées au cantonnement commençaient à nous paraitre longues, monotones. Il est vrai que voilà plus d'une quinzaine que nous sommes là. Le milieu, suffisamment connu, n'a plus de charme pour nous et volontiers, comme les bohémiens, nous voudrions circuler, changer de contrée. Je compte bien, malgré les prolongations aussi inattendues que désagréables, que nous serons relevés d'ici une semaine et alors nous descendrons un peu plus. Hier après-midi, nous avons assisté à un combat aérien qui n'a pas manqué de nous distraire. Un gros bombardier allemand cerné par une dizaine de nos rapides avions de chasse qui voulaient le contraindre à atterrir en territoire français et s'y étant refusé fut poursuivi et mitraillé. Tout à coup, il lâche une épaisse fumée tout en perdant fortement de l'altitude. Quelques instants après, les ailes se détachèrent, il s'enflamma et les deux occupants sautèrent en parachute tombant ainsi que l'appareil dans nos lignes aux environs de Bitche, à quelques kilomètres de nous. En dehors de ça, tout est calme, la santé est bonne, tout va bien. J'espère que la présente ira vous trouver en parfaite santé. Le bonjour à tous ceux qui vous demandent de mes nouvelles. J'espère que vous aurez fait le nécessaire pour colis et mandat. Je vous embrasse bien affectueusement. Votre frère et beau-frère. Léon

CARNET
Vendredi 10 novembre 1939

[Dans la matinée, en compagnie de mon chef d'atelier, nous avions suivi une ligne partant du central PG et allant à Lambach. La panne, après maintes vérifications de ligne, fut découverte dans un bois de sapins ; nos camarades pionniers l'avaient sectionnée en abattant des arbres. Durant l'après-midi, mon plus grand travail a été de répondre au courrier que j'avais reçu le matin et de faire la lessive.]

CARNET
Samedi 11 novembre 1939

[Après avoir dégusté notre petit café au lait, nos tartines de pain grillé, mais non beurré, car ici, impossible de se procurer du beurre. L'atelier dont je fais partie avait pour missions de relier par téléphone l'observatoire Rosalie au PC du régiment. Après avoir déroulé environ un kilomètre cinq cents mètres de ligne en traversant un bois de sapins, nous arrivons au lieu-dit, à proximité de la route menant de Frohmuhl au camp du Légeret. À onze heures un quart, tout terminé, nous prenons le chemin du retour et arrivons juste à l'heure de la soupe - du festin - je pourrais dire, car quelques échos gastronomiques étaient venus depuis la veille à nos oreilles, nous laissant entrevoir un repas succulent, abondant menu : potage, deux hors-d'œuvre (sardines et saumon bien présentés dans notre couvercle de bouteillon et décorés d'oignons taillés en couronne), mouton rôti, ragout de pois, deux desserts (confiture et gâteaux secs), vin blanc et rouge (un quart de chaque), café aromatisé et pour terminer, un beau cigare, un célèbre Voltigeur. L'après-midi, assez chargée, nous l'avons passée à tirer des lignes du central actuel au central à occuper en cas de bombardement. La nuit tombait lorsque nous passions la dernière ligne. Pour un 11 novembre, la journée était bien remplie.]

✉ **Samedi 11 novembre** 1939 *lettre* (16) **39**
Reçue le 16/11 h 30, réponse de suite

Chère sœur et cher beau-frère,

Hier matin, avec mon chef d'atelier téléphonique, un caporal-chef, qui est dans les indirectes à Versailles et connait très bien Jean Gouaux, j'ai eu pour mission d'aller réparer une ligne qui, par inattention, avait été coupée dans un bois par la hache d'un pionner. Nous ne l'avons su qu'après et, c'est pourquoi nous avons pendant plus d'une heure suivi la ligne avant de trouver la panne. À notre retour, presque à l'heure de la soupe, j'ai eu l'agréable surprise de trouver votre lettre ainsi qu'une d'Hélène dans laquelle elle me disait qu'elle irait vous voir le lendemain, c'est-à-dire le 4. Dans l'après-midi, j'ai fait chauffer de l'eau pour faire la lessive. La journée était belle, ensoleillée. Ce matin, 11 novembre, nous avons encore monté une ligne d'un kilomètre cinq cents. Pour marquer l'ancienne fête de la Victoire, nous avons bénéficié d'un repas hors classe = potage, hors-d'œuvre : sardines, saumon, rôti de mouton, ragoût de petit-pois, confiture, gâteaux secs, vins blanc et rouge (un quart de chaque), café, eau de vie. Depuis quelques jours, nous avons deux quarts de vin à midi ; un le soir. Dans l'après-midi, nous avons travaillé à ramener toutes les lignes téléphoniques du central actuel à un central à occuper – en cas de bombardement – et qui remplacerait évidemment celui qui est en service. Voilà notre emploi du temps, assez chargé ces deux jours. C'est pourquoi je n'ai pas répondu à votre lettre hier. De plus, je n'avais pas reçu le mandat : le comptable vient de me le porter à l'instant. Je reviens à ta dernière lettre où tu me demandes des nouvelles de « la quille ». C'est aussi une petite chatte, mais elle est tellement trapue et a une grosse tête ce qui au début nous portait à croire que c'était un chat. Ces jours derniers, en ayant trouvé un, elle joue avec – mais nous la surveillons –, car le lieutenant y tient autant que nous. Ces jours derniers, elle vadrouillait – le lieutenant fait appeler notre sergent qui, croyant aller recevoir un ordre quelconque se met en tenue (casque, masque, etc.) – arrivé là, le lieutenant lui dit : *« Vous avez perdu le chat ! le voilà et tâchez moyen d'y veiller, c'est bien la peine que je vous le confie »,* reprit-il pas trop méchamment quand même. Il me le montre tout heureux : Tiens, je ramène « la quille ». Je les regarde tour à tour : *« çà* « la quille *», une quille pareille, la queue coupée, vous n'y pensez pas ?* Il me regardait en rigolant et lorsque le lieutenant apprit l'histoire, il n'en revenait pas. Ce matin, lui ayant montré la vraie « quille », il était tout heureux et m'a encore recommandé d'y veiller.

Depuis quelques jours, peut-être l'ai-je déjà dit, nous sommes fournisseurs du lait du colonel (1 litre par jour). Tu me parles de Cambot[69]. Il doit être au service de santé divisionnaire et non régimentaire, car il serait au même régiment que moi. Il doit être à environ quinze kilomètres d'ici, c'est-à-dire à Montbronn. Pour le moment tout est calme. Je n'ai vu André Artigue depuis quelques jours : je crois que son bataillon est remonté en ligne ces jours derniers. Je ne sais quand nous descendrons pour de bon. Je termine, dans l'attente du colis en vous embrassant à tous deux. Votre frère et beau-frère qui pense à vous. Léon

Savez-vous quelque chose au sujet de l'allocation pour maman ?

Rassure-toi, en ce qui concerne les champignons, il n'y en a plus.

CARNET

Dimanche 12 novembre 1939

[Le matin, à la messe. L'après-midi, un atelier téléphonique était parti en camion jusqu'à Volmunster installer une ligne. Le lendemain, nous y remontions tous, car il y avait encore une ligne à installer ainsi qu'une à démonter.]

Lundi 13 novembre 1939

[Partis le matin après le réveil, nous sommes rentrés à Siersthal vers trois heures de l'après-midi. Il était temps, nous avions la dent. À Volmunster, nous avons visité les premières maisons éventrées par les obus allemands. Ce n'est

[69] Une note reprise sur un des feuillets de Léonie fait état d'un « Cambot 62055 stalag III D Berlin ».

guère beau à voir : des meubles enchevêtrés et démolis, les fenêtres arrachées, les murs recouverts d'une énorme couche de poussière dégagée des murs.]

Siersthal, **lundi 13 novembre 1939** *lettre* (17) **40**

Tampon du 15, reçue le 18/11 au matin, réponse à 1 heure

Chère sœur et cher beau-frère,

J'ai reçu ce matin votre lettre du 6 ainsi que le colis[70] qui m'est parvenu en parfait état. Son contenu était très varié, il ne me faut rien en plus. Quant à l'autre, je l'avais reçu dans un mauvais moment : c'était un dimanche, nous nous préparions à quitter précipitamment Danne et Quatre Vents. Arrivé au cantonnement suivant, je n'ai sans doute pas songé à t'en accuser réception. Toujours est-il, autant que je m'en souvienne, il était intact. D'ailleurs, j'ai touché quelque chose pour les effets qu'il contenait et qui auraient dû être neufs pour être remboursés : pull 30 francs, chemise 20 francs, 2 paires chaussettes 8 francs, soit en tout 58 francs. Par le même courrier, j'ai également reçu une lettre d'Hélène dans laquelle, se trouvant près de toi lorsque tu terminais le colis et ayant vu que tu m'envoyais un briquet, elle ne parait pas très satisfaite : elle me demande si je ne fume pas de trop et me dit : « *À ton retour, je te tirerai les oreilles ...* ». Un détail, n'arrivant pas à fumer celui auquel j'ai droit, je le stocke pour quand je reviendrai en permission (ne fais pas allusion à cette question !). Hier après-midi, avec Massaly et un autre copain, nous sommes allés à pied au premier village habité. Dans un restaurant, nous avons cassé la croûte convenablement et sommes rentrés vers huit heures satisfaits de notre virée, huit kilomètres aller et retour. Dans ce village, j'ai vu plusieurs ex-soldats et gradés du 24e qui font partie actuellement du 14e RA Je crois que parmi eux se trouve le commandant Palustran. J'ai demandé à des infirmiers de la division s'ils connaissaient Armand Cambot : ils m'ont dit que non, qu'il devait être à un autre secteur.

Aujourd'hui, tout est très calme. Nous ne faisons absolument rien. Le temps est au beau. Nous avons le soleil depuis quelques jours. Je ne sais encore pas jusqu'à quand nous sommes là. Quant aux permissions, nous ne savons rien non plus. J'ai quand même l'espoir d'y être pour la deuxième quinzaine de décembre. À l'instant, l'ordre est arrivé pour qu'un atelier téléphonique se tienne prêt : je suis tranquille, je puis écrire, ce n'est pas le tour du mien. Ayant apporté du gruyère du village, hier soir, nous allons faire pour dîner une soupe au fromage. Ce dernier est râpé, les oignons sont prêts. Je vais envoyer deux mots à maman et répondre à Hélène. Cher Louis, la montre marche très bien, certainement que la mienne n'aurait pas tenu le coup. Tu sais, nous avons de belles bottes et solides, marque « Dunlop » : maintenant, en installant les lignes, nous n'avons pas à craindre les bains de pieds.

---

[70] Colis composé de : chaussettes, Gibbs, fromage, couteau, plumes, jambon, briquet, papier et cartes, saucisson, 3 boites sardines, bonbons, chocolat, pierres à briquet.

J'écris du PC du colonel, je suis planton de service au téléphone. Je termine ce soir en vous embrassant bien fort à tous deux. Votre frère et beau-frère qui pense à vous. Léon

✉ Lundi 13 novembre 1939 *carte F.M.* 41

Bien chère maman,

Plusieurs jours ont passé depuis que je t'ai écrit la précédente lettre. Je m'empresse donc de te faire parvenir ces quelques mots pour te dire que tout va très bien. Nous sommes toujours au petit repos dans le même village. Le temps est au beau, le soleil brille. Ce matin, j'ai reçu une lettre de Léonie ainsi qu'un colis. Donc, maintenant, il ne me faut rien. La santé est très bonne et espère que la présente ira te trouver de même. Je n'ai pas vu André Artigue depuis quelques jours. Hier, avec deux copains, nous sommes allés manger au premier village habité, à quelques kilomètres d'ici, cela nous a fait une promenade et nous change un peu du reste. Je termine. Ton fils qui t'embrasse. Léon

En compagnie de Geyre, Remazeilles, Tilhous-Borde et Bur

CARNET
Mardi 14 novembre 1939

[Dans l'après-midi, en compagnie de deux copains, à travers champs, nous nous sommes rendus à Enchenberg, le plus proche village occupé par les civils. Là, après avoir bien cassé la croûte et bien bu, nous sommes rentrés satisfaits de notre sortie, en passant par Lambach.]

Jeudi 16 novembre 1939

[Ce même jour, nous devions quitter Siersthal. Vers dix heures du matin, nous recevons l'ordre de charger tout le matériel sur les voitures de transmissions et de nous tenir prêts pour après le repas du midi. Donc, toute l'après-midi, nous étions en état d'alerte. À trois heures de l'après-midi, nous avons perçu le repas du soir. La roulante ayant eu à prendre la route. Nous avons quitté Siersthal à huit heures et demie du soir pour rejoindre à pied Frohmuhl. Nous avions repris nos charretons sur lesquels nous avions mis nos sacs. Une pluie fine, assez serrée, nous accompagnait comme à tous nos déplacements. Arrivés au dit village, une caravane de plus de soixante autobus nous y attendait ainsi qu'au 123e. De dix heures à minuit, sous une pluie persistante, nous avons attendu notre tour d'embarquer. Après trois heures de route, c'est-à-dire vers trois heures du matin, nous arrivons dans un village du Bas-Rhin, Weiterswiller.]

CARNET
Vendredi 17 novembre 1939

[Vers dix heures, je reçois l'ordre de me rendre au bureau du colonel pour exploiter le central téléphonique.]

17 novembre ***1939*** *lettre* (18) **42**

Reçue le 22 à 11 h. Réponse de suite

Chère sœur et cher beau frère,

J'ai reçu hier matin votre lettre du 10. Je n'ai pu y répondre avant, car hier, nous nous sommes déplacés. Depuis dix heures - hier matin – donc, nous devions nous tenir prêts à partir. Finalement, nous avons quitté Weiskirch à neuf heures du soir et avons marché jusqu'à Frohmuhl, deux kilomètres. Là, environ quatre-vingts cars nous attendaient, à nous et au 123e. Après deux heures d'attente sous la pluie, nous avons embarqué et sommes arrivés à destination vers trois heures après avoir parcouru environ soixante kilomètres.

En ce moment nous sommes dans le département du Bas-Rhin.

Chère sœur, comme je te l'ai déjà dit, j'ai bien reçu le colis et le mandat. En outre, tu parles de m'envoyer un poulet. Ne t'amuse pas à ça, car les colis arrivent encore moins vite que les lettres et tu peux juger dans quel état il arriverait. Où sommes-nous actuellement ? Dans un village d'environ sept cents habitants. Il y a boulangeries, restaurants, donc, ne t'en fais pas.

J'ai reçu des nouvelles de Luchon, d'André, et régulièrement d'Hélène qui, ces jours-ci, n'a pas dû manquer de travail. Léon

CARNET
Dimanche 19 novembre 1939

[Le matin, j'ai été à la messe, c'est la première fois que depuis le début de la guerre, j'ai vu deux enfants de chœur, si charmants, dans leur tunique rouge, leur robe blanche. Notre capitaine, remplaçant l'aumônier du régiment, nous a lu l'Évangile. Les enfants de chœur firent une quête. Ici, dans les églises, pas de chaises, des bancs. Pour la quête, le premier assistant prend le plat et le fait passer au suivant arrivé au bout de la rangée, il passe au rang de derrière et la chaîne continue. L'enfant de chœur le prend au dernier, la donne au premier du rang suivant, joint ses mains et fait une révérence. À mon retour de la messe, je reprends mon service de planton téléphoniste, mais cette fois, au central civil du bureau de poste de la localité. Je profite de ce confort et de cette solitude pour répondre à mon courrier.]

Dimanche 19 novembre 1939 *lettre F.M.* **43**

Bien chère maman,

Ces jours derniers, j'ai été occupé, car dans la nuit du 16 au 17, nous avons voyagé en autobus pour descendre au repos. Nous nous sommes éloignés de nos positions d'environ soixante kilomètres. Actuellement, j'écris du bureau de poste de Weiterswiller (département du Bas-Rhin) où j'exploite le central téléphonique. Le village compte environ sept cents habitants et n'a pas été évacué. Nous avons donc toute facilité de trouver à manger et acheter ce qu'il nous faut. Chère maman, tout va bien, la santé est très bonne et je souhaite que la présente aille te trouver de même. Je reçois de bonnes nouvelles de partout. Les premiers permissionnaires partent demain, mais, en très petit nombre et selon leur situation de famille et leur classe. Peut-être, mon tour viendra à l'approche du 1er de l'an, toujours pas avant. Je termine pour aujourd'hui en t'embrassant bien tendrement. Bonjour à la famille Soulé. Ton fils qui ne t'oublie pas. Léon

Lundi 20 novembre 1939 *lettre* (19) **44**
Reçue le 25 à 11 h. Réponse le soir

Chère sœur et cher beau-frère,

Ces jours derniers, avec notre changement de résidence, le courrier nous a été distribué un peu irrégulièrement. Hier dimanche, à mon retour de la messe, j'ai reçu une lettre d'Hélène, l'après-midi une deuxième distribution, exceptionnelle celle-là, car habituellement nous n'en avons qu'une le matin, qui m'a apporté votre longue lettre du 13. Chère sœur, tu t'inquiètes sur le sort du colis et du mandat : j'espère qu'au moment où tu recevras la présente lettre tu auras reçu celle dans laquelle je t'ai accusé réception ; sitôt reçus de l'un et de l'autre, il faut pour le moins compter cinq à six jours pour le parcours d'ici Tarbes et autant en sens inverse. Donc, il est très compréhensible que le 13 tu ne pouvais pas savoir si je l'avais reçu puisqu'il n'était parti que le 6. Tu aurais reçu certainement confirmation vers le 18. Aujourd'hui, j'ai reçu une lettre de Blaisine et une d'Hélène. De la journée, je n'ai pas eu le temps d'écrire. Dans l'après-midi, nous avons passé une visite médicale et la nuit tombait lorsque nous avons été libres. Avec ce changement d'heure, les après-midis sont courtes. Depuis hier soir, Massaly, moi et un troisième copain d'Oloron ne couchons plus avec les camarades. Nous avons trouvé mieux : chez un boulanger dans un deuxième étage où nous occupons une pièce, avec une fenêtre, une table au milieu sur laquelle j'écris. Ce soir, j'ai installé une baladeuse qu'il avait. Il est très gentil, mais cause assez difficilement le français. Nous nous comprenons quand même. Il m'a fait comprendre qu'il nous accueillait avec plaisir : « *soldatts français camarades* ». Il avait hésité, hier soir, à nous donner la baladeuse, car d'autres soldats qui étaient passés avant nous lui avaient enlevé toute l'installation. Nous avons pris un air désolé afin de le convaincre. La table sur laquelle j'écris, il nous l'a bien recommandée : c'est un souvenir de famille, elle date de 1810, de ne pas la malmener. Je suis persuadé qu'il est tranquille, nous sommes tous trois à peu près sympathiques. Nous sommes toujours sur la paille, mais mieux abrités que sous les tuiles et aussi mieux éclairés, et aussi, nous avons plus de place. Hier, j'ai écrit à maman, à Luchon, à Jourdes, à André Saint-Martin, et à Hélène. C'est avec grand plaisir que j'apprends que satisfaction a été donnée à maman pour l'allocation. Sois tranquille que dès que j'aurai quelque chose de la commune, je m'empresserai d'envoyer une lettre de remerciements. Depuis plusieurs jours déjà, en me promenant, je songeais à cette haie du champ que, étant inoccupé, je pourrais tailler. Je m'étais promis de le faire pendant la permission, mais je crains qu'elle soit encore lointaine et, qu'elle sera trop vite passée. Si c'est fait, tant mieux, je ferai autre chose. Je vais terminer, tout va bien. Ce soir, les cavaliers du 29e CRDI sont descendus, ils étaient là-haut avec nous. J'y ai reconnu un adjudant du 2e Hussards. Une batterie du 14e d'artillerie est aussi au repos parmi nous. Là, j'ai vu un ouvrier plombier qui travaillait chez Mur. Dans sa lettre, Blaisine me dit que J.M. Montaner est en permission agricole. Tant mieux pour lui, autant de pris. Je quitte la plume pour ce soir en vous embrassant à tous deux. Votre frère et beau-frère qui pense à vous. Léon

✉ ***Mercredi 22 novembre 1939*** ***45***

Lettre (3) de Madame Raymond Chalmandrier, Tarbes (Hautes-Pyrénées)

Bien cher Noguéro,

Je suis un peu en retard pour vous répondre. Il ne faut pas m'en vouloir, le travail en est cause. Nous avons eu Généraux pour l'apéritif dimanche. Il

a eu trois jours de perm, à l'occasion de son fils. Il a un peu maigri, il se plaint de la nourriture. D'ailleurs, je lui ai donné votre adresse. Il a promis de vous écrire. Vous ne le reconnaitrez pas, il a laissé pousser les moustaches. Nous-mêmes, nous ne l'avons pas reconnu tout d'abord. Mais, tranquillisez-vous, sa femme ne s'est pas trompée. C'est le principal.

Il fait un froid de loup depuis deux jours. Je vous plains sincèrement à vous poilus qui couchez sur la paille. Il faut espérer que cela finira bientôt.

Nous avons un travail fou et pas d'ouvriers. Réglat nous a quitté pour rentrer au Midi où est déjà son père. Heureusement que nous avons pu réquisitionner des militaires, cela nous arrange. Nous avons de très grands travaux à la Penarroya à Pierrefitte ainsi qu'à Lannemezan. Comme c'est pour la défense nationale, nous n'avons pas eu de difficulté. Jean s'est lui-même réquisitionné.

J'ai commencé votre lettre hier, la finirai-je aujourd'hui ?

Je suis sur la table au magasin et sers les clients en même temps. Ne faites pas trop attention au style, car si je ne m'y suis repris vingt fois...

Surprise, Jean vient d'avoir la visite d'un militaire lui apprenant qu'il devait se rendre au 24e pour être démobilisé. Il n'y comprend rien. Sur ma prochaine lettre, je vous dirai la raison.

J'ai eu la visite de votre fiancée hier, je lui ai dit que j'allais vous écrire. Elle est toujours bien gentille.

En attendant de vos nouvelles, veuillez agréer notre bon souvenir.

Bonjour de Raymond. Amitiés. Marcelle

CARNET
Jeudi 23 novembre 1939

[Huit jours se sont écoulés depuis notre arrivée dans ce village d'Alsace aux maisons dont les murs ornés de boiseries apparentes, aux prairies recouvertes d'arbres fruitiers et quelques coteaux plantés de vignes, quelques houblonnières. Depuis notre arrivée, nous en sommes au troisième cantonnement. En ce moment, nous sommes chez un boulanger du village qui a bien voulu nous céder une grande pièce que nous avons aménagée. Nous y avons installé un poêle qui ronfle du matin au soir. Pour nous permettre d'écrire et afin de meubler un peu plus la pièce. Il nous a surtout recommandé de la ménager, car dit-il c'est un souvenir de famille, elle date de 1810.]

Famille Albert Aron, boulanger et marchand de bois à Weiterswiller

Jeudi 23 novembre 1939 *lettre* (20) **46**

Reçue le 27 au soir, réponse 28 matin

Chère sœur et cher beau-frère,

Ce matin, j'ai eu l'agréable surprise de recevoir votre carte verte du 16 et la lettre du 18 dans laquelle tu avais joint un papillon de presse. Hier, j'avais reçu une carte d'Hélène qui était désolée de n'avoir pu aller vous pousser une pointe avant ce jour.

Chère sœur, je reçois régulièrement ton courrier en les numérotant. Ainsi, on peut très bien se rendre compte si elles arrivent toutes.

Nous sommes toujours au repos dans le même village. Étant chez des habitants très gentils ; ce matin, ils ont mis à notre disposition un poêle pour chauffer notre pièce, car depuis trois jours il fait très froid et la nuit il gèle dur. Obier, avec un copain, nous avons aidé le boulanger à charger quatre tombereaux de fumier. Il était heureux et le soir nous avons diné à leur table.

Ce matin, notre lieutenant nous a donné 50 francs pour acheter un ballon. Le capitaine nous en a donné autant. Avec peu de choses de plus par chacun de nous, nous aurons de quoi nous procurer un bon ballon. Ainsi, nous ferons de l'exercice en luttant contre le froid et le temps passera bien plus vite qu'en restant inactifs. Je vais envoyer deux mots à maman et d'ici quelques jours j'écrirai à M. et Mme Estrade. Depuis notre arrivée ici, je n'ai pas vu André Artigue. Il est vrai qu'il est descendu des derniers et doit cantonner au village voisin. Une batterie du 14e RA est parmi nous, mais je crois bien que le commandant Palustran n'y est pas. Tu me parles de la « quille », mais hélas ! ainsi que vache et chèvres, nous avons tout abandonné à Siersthal.

Chère sœur et cher beau-frère, je termine pour aujourd'hui. Votre frère et beau-frère qui ne vous oublie pas. Léon

J'avais interrompu ma lettre pour me rendre à la distribution de thé bien chaud. N'est-ce pas que nous sommes gâtés ?

Jeudi 23 novembre 1939 *lettre F.M.* **47**

Bien chère maman,

Je viens à l'instant de répondre à deux lettres de Léonie que j'ai reçues ce matin. Nous sommes toujours au repos au même village d'Alsace. Depuis trois jours, il fait un froid sec et il gèle beaucoup. Pour nous permettre de nous réchauffer et afin de nous distraire, notre lieutenant et notre capitaine nous ont acheté un ballon. Nous logeons chez un boulanger où nous avons aménagé une pièce qui servait de débarras. Dans cette pièce, nous avons installé un poêle. Ainsi, nous pouvons chauffer à volonté. Depuis que j'ai quitté l'autre village, je n'ai pas vu André Artigue, mais ces jours derniers Gabas de Vielle-Aure m'a dit qu'il l'avait aperçu : il cantonne au village voisin, à environ quatre kilomètres d'ici. Joseph Mur, également, est descendu au repos ces jours derniers, mais je ne sais où il est.

Chère maman, j'espère que la présente lettre ira te trouver en parfaite santé. Tout va bien, l'après-midi, au retour de promenade, nous buvons du thé bien chaud. Ton fils qui t'aime. Mon meilleur souvenir à la famille Soulé. Léon

CARNET
Samedi 25 novembre 1939

[Il est sept heures, il fait grand jour et voilà que l'on nous rassemble pour se rendre aux douches. À pied, nous gagnons Neuwiller[71] à quatre kilomètres d'ici. Là, les appareils de douches militaires démontables avaient été installés. Nous passons donc à la douche et ayant quelques instants devant nous, nous en profitons pour visiter un peu la petite ville sensiblement plus importante que notre Weiterswiller. Nous visitons l'église Saint-Pierre et Saint-Paul dont certaines parties datent du 11e siècle. Elle renferme, en outre, des orgues riches en bois sculptés et aussi des statues anciennes. Nous reprenons le chemin du retour vers neuf heures et demie et, à notre arrivée, nous avons l'agréable surprise de trouver de la correspondance, du travail pour l'après-midi. Après la soupe, j'ai fait la lessive et, ensuite, j'ai fait mon courrier. Il est sept heures du soir, je termine mes écritures ; les copains jouent aux cartes ; le poêle ronfle.]

---

71 Neuwiller-Lès-Saverne, Bas-Rhin.

Dimanche 26 novembre 1939

[Au dimanche 3 décembre, toujours à Weiterswiller. Les jours se passent en deux parties bien distinctes : réveil vers sept heures, surtout pas plus tôt. Ensuite, un peu de théorie en attendant le courrier. Viennent, ensuite, l'heure du rapport et, ensuite, la soupe. La matinée est passée. L'après-midi, nous sommes tout à fait libres et pouvons jouer au ballon. Ces jours derniers a eu lieu un match de foot opposant la CRE à notre compagnie, la CDT. La première nommée a remporté la victoire et naturellement les prix, car la partie était officielle et rétribuée : 50 francs et quelques autres lots. J'assistais à ce match disputé dans un terrain marécageux sur lequel les joueurs se déplaçaient très difficilement, glissant parfois sur la boue à tel point qu'on eût cru qu'ils étaient sur des patins. Gare à celui qui était proche et face au ballon lorsqu'un adversaire tapait ; il était sûr, aveuglé par les éclaboussures de boue et d'eau, de rester planté sur place pendant quelques instants : les jambes écartées, les bras ballants à demi levés, faisant un tas de grimaces avant de reprendre le sens du jeu. Les bandes molletières disparaissaient sous une épaisse couche de boue qui, à certains, atteignait même les cheveux. Presque tous durant les journées passées en première ligne étaient loin d'avoir été aussi crottés que durant ce match. Ce n'est pas peu dire, vous pouvez le croire.]

Dimanche 26 novembre 1939 *lettre* (21) **48**

Reçue le 30 à 5 h, réponse le soir

Chère sœur et cher beau-frère,

Voilà trois jours que je ne vous ai pas écrit et que je n'ai rien reçu de vous.

Ce matin, j'ai reçu deux lettres d'Hélène, une d'André qui me dit se préparer à changer de patelin. J'ai aussi reçu une lettre et un colis de Toulouse. Je suis très content du passe-montagne. Il me va très bien, est de teinte assortie à nos effets et très chaud. Dans le colis : chocolat, biscuits, sardines à la tomate, boîte de bonbons, un flacon alcool de menthe et sucre en morceaux. Je me suis empressé de répondre à leur lettre en les remerciant de leur gentil colis. J'ai également écrit à Hélène, j'espère qu'à ce jour elle aura été vous rendre une petite visite ; il est vrai que ces jours passés, elles ont été très occupées. Ces jours derniers, il a fait très froid. Hier matin, à sept heures, nous avons été nous doucher au village voisin distant de quatre kilomètres. Ayant effectué le trajet aller et retour à pied, il était dix heures et demie quand nous avons rejoint nos cantonnements. L'après-midi, j'ai fait chauffer de l'eau afin de faire la lessive (chemise, caleçon, chaussettes, deux serviettes et plusieurs mouchoirs), le tout est presque sec étendu au-dessus du poêle installé dans notre chambre qui ronfle toute la journée.

Ce matin, j'ai été à la messe. À midi, nous avons eu un menu amélioré. Potage au vermicelle, ragout de patate et viande, hors d'œuvre de saucisson, fromage et petit entremets au chocolat au lait. Le boulanger chez qui nous logeons nous a porté à midi un gâteau cuit au four. Hier matin, alors que nous n'étions pas encore réveillés, il est venu nous allumer le poêle. Il est très gentil et parfois nous lui donnons la main à faire quelques petits travaux.

Hier, j'ai écrit chez Estrade. Je termine pour aujourd'hui dans l'espoir que la présente ira vous trouver en parfaite santé.

Ce matin, la température était radoucie aussi a-t-il neigé, plu, et maintenant le vent souffle fort. L'hiver s'annonce. Votre frère et beau-frère qui vous embrasse. Léon

✉ **Lundi 27 novembre 1939** *carte postale* **49**

(Neuwiller-Lès-Saverne - L'ancienne prévôté - Ehemalige Abtei)

Reçue le 1er décembre, réponse le 02/12

Bien chère sœur et cher beau-frère,

Je viens de recevoir à l'instant votre carte lettre du 22. Je m'empresse d'y répondre afin qu'elle bénéficie d'une levée. Hier, je vous ai envoyé une longue lettre. Aujourd'hui, le temps est brumeux, mais beaucoup plus doux que les jours précédents. Chère sœur, tu me demandes où j'en suis avec les chaussettes. En ce moment, je porte les dernières chaussettes reçues. Hier soir, j'en ai reprisé deux paires. Ce qui fait que j'en ai quatre paires de bonnes. Je ne puis en mettre deux paires à la fois, car j'ai les souliers trop justes. Je crois d'ailleurs que c'est de la bêtise d'en mettre deux paires. Cette vue représente le village voisin où sont installées les douches militaires. Je termine pour aujourd'hui en vous embrassant bien fort. Le bonjour aux voisins. Léon

✉ **Lundi 27 novembre 1939** *carte postale* **50**

Bien chère maman,

Deux petits mots, simplement pour te dire que tout va bien. Nous sommes toujours au repos au même village voisin de celui dont porte le nom la carte. Après la pluie et un peu de neige, la température s'est radoucie. Je viens de recevoir des nouvelles de Tarbes et hier de Toulouse. La santé est bonne, il ne me manque rien. J'espère qu'il en est de même de toi. Chère maman, je termine pour aujourd'hui en t'embrassant. Ton fils qui ne t'oublie pas. Léon

Décembre 1939

✉ Vendredi 1er décembre 1939 *lettre* (23) 51

Reçue le 6 à 11 h, réponse le soir

Chère sœur et cher beau-frère,

J'ai reçu ce matin votre carte lettre du 25. Hier, je voulais vous écrire, mais, comme la levée était faite, j'ai préféré attendre à aujourd'hui, car je comptais en recevoir une de vous, ce qui n'a pas manqué. J'en ai également deux d'Hélène, des 25 et 26, dans laquelle elle m'apprend la visite qu'Élise a été vous pousser. Elle me dit également que vous êtes en bonne santé. Chère sœur, j'ai le plaisir de t'apprendre que je reçois toutes tes lettres. J'espère qu'il en est de même des miennes. Bons nombres d'Hélène parties d'Hendaye ne sont pas parvenues. Pour le moment, ça va mieux. Ces jours-ci, nous avons la pluie et quelques éclaircies, mais il fait moins froid, ce qui est très appréciable. Ce matin, nous avons monté un bout de ligne – le reste du temps – repos. Chère sœur, merci pour les coupures de presse. Je les reçois toutes vu que je reçois toutes les lettres. Ce matin, j'ai aperçu le jeune frère de Daucha. Il passait en camion. Il est au 123e RI, même division que nous. C'est là aussi qu'est Joseph Mur, mais à lui, je ne l'ai pas encore vu. Prenez-vous toujours *le Républicain*, y avez-vous trouvé l'article d'un adjudant de chez nous ? Il tient épicerie, avenue Joffre, face à la gare. J'ai vu ce journal ce matin. Avec les vaches, nous avons laissé « la quille » : il était encombrant à porter et puis nous ne savions exactement le parcours à faire à pied. Tu sais, quand nous avons tout sur le dos, il y en a presque de reste, c'est tout juste si les genoux ne fléchissent pas. Jusqu'à maintenant, nous avions les charretons, mais pour monter en car nous avons dû les abandonner et les sacs de guerres ne sont pas les sacs d'ac. Il faut tout faire suivre, car rien n'est inutile. Louis doit en savoir quelque chose. Dans sa dernière lettre, la patronne me disait qu'ils avaient beaucoup de travail et travaillant pour la défense nationale : Lannemezan, Pierrefitte. Monsieur Jean, tout en réquisitionnant des ouvriers militaires s'était lui-même réquisitionné. Réglat est rentré au Midi, il les a quittés. Chère sœur et cher Louis, je vous quitte pour aujourd'hui, car il est l'heure de la soupe. Je vais en profiter pour porter la lettre, car après il serait peut-être trop tard. Le bonjour aux voisins qui te demandent de mes nouvelles. Votre frère et beau-frère. Léon

✉ Samedi 2 décembre 1939 *lettre F.M.* 52

Chère maman,

Voici à peine quelques instants que j'ai reçu la lettre écrite par Léonie le 26. J'ai appris avec grand plaisir qu'elle t'avait trouvé en bonne santé. Il en est toujours de même pour moi. Le temps est à la pluie, il fait moins froid qu'il

y a huit jours. Nous sommes toujours au même village. Dans notre compagnie, sont déjà partis plus de vingt permissionnaires, mais je doute fort que mon tour arrive avant le 15 janvier, à moins qu'à partir de maintenant, on nous fasse partir en plus grand nombre. J'espère que le cochon attendra mon retour, car moi aussi, je voudrais bien y être. Hier, j'ai aperçu le fils Buerba d'Arreau ; ils faisaient une marche d'entraînement. Chère maman, dans la lettre, Léonie me demandait s'il me manquait quelque chose. Rassure-toi, j'ai tout ce qu'il me faut. Tante de Toulouse m'a envoyé un passe-montagne. Ici, on nous a distribué des gants tricotés. Je termine pour aujourd'hui en t'embrassant bien fort. Le bonjour à la famille Soulé. Ton fils. Léon
P.S. Le lieutenant Duffourc de Hèches est au 49e. Vous devez le connaître, lui m'a parlé de vous.

CARNET
Dimanche 3 décembre 1939

[Ce matin, j'ai assisté à la messe. Ensuite, j'ai écrit une lettre et quelques instants après, à onze heures, je me suis dirigé avec un copain sur Bouxwiller, petite ville située à six kilomètres cinq cents de notre patelin. Après une heure un quart de marche, nous voilà arrivés. Nous prenons un apéritif et prenons place dans un restaurant. Après un très bon repas qui se termine par du vin d'Alsace, du Sylvaner, nous quittons ce restaurant pour prendre un bon café près de la poste et aussi de la place où devait donner un concert la musique du 123e RI. En écoutant ce concert durant lequel l'un et l'autre, nous avions retrouvé des militaires connus, je perds de vue mon copain de promenade. Je me mets à sa recherche pendant une demi-heure, ce fut en vain et je pris seul la route du retour. À la sortie du village, venant face à moi, stoppe et me demande la route de Saverne. Sachant que deux kilomètres plus loin, dans ma direction, il pouvait la rattraper, je lui dis qu'il s'était trompé, car ainsi je comptais pouvoir parcourir plus de deux kilomètres à l'aise. Après l'avoir guidé à tourner son véhicule, je grimpe sur le marchepied et nous voilà partis. J'avais réussi mon coup. Tout en raccourcissant mon trajet que j'aurais dû parcourir à pied, je lui fis allonger le sien de trois kilomètres. Trop heureux d'être sur la bonne route et ne se croyant pas dupe, il me remercia en geste de la main et sourires et croyez-le je lui en rendis autant. Les quatre kilomètres qui restaient furent vite parcourus et à cinq heures un quart je regagnais le cantonnement où le seul copain qui était resté préparait le Banania. En ce moment, nous sommes trois, mais le troisième, le dernier arrivé, venant aussi de Bouxwiller, n'est hélas pas seul et malgré cela on ne peut le compter pour un. Après de longs mois de restriction, la boisson l'a trompé et maintenant il sanglote se croyant déshonoré et demandant pardon à sa femme qui pourtant est bien loin de lui. Son dialogue : *« Jeanne, si tu me voyais, tu ne mérites pas ça, tu penses tant à moi et je me saoule. »* Du sentiment, rien que du sentiment. Il est vingt heures trente et mon coéquipier n'est pas encore là, dans quel état rentrera-t-il ? Soixante minutes ont passé et le voilà qui parait à la porte, chaussé de feutres qu'on a dû lui prêter, les souliers liés ensemble sur son épaule, l'un sur le devant l'autre sur le dos, à la main une grosse canne, un bâton dont il s'est aidé pour soulager ses pieds meurtris par les chaussures neuves qu'il avait mises pour la première fois.]

✉ **Lundi 4 décembre 1939** *carte-lettre* (24) **53**

Reçue le 7 à 5 h, réponse le soir

Bien chère sœur et cher beau-frère,

Je viens de recevoir votre carte du 28 ainsi qu'une d'Hélène.

Je viens de manger la soupe et m'empresse d'y répondre pour qu'elle parte à la levée de midi et demi.

Hier dimanche, j'ai été dans un village voisin écouter la musique d'un régiment d'infanterie de notre division. J'ai fait un bon repas dans un restaurant de ce patelin où j'ai pu voir Buerba d'Arreau, le frère de Daucha, et André Artigue ainsi que quelques artilleurs de Tarbes. Pour me rendre là, j'avais fait 6 km 500 à pied pour aller et autant pour le retour. Nous étions deux, tout s'est bien passé. Nous ne savons nullement pour combien nous sommes là, nous n'y sommes pas trop mal, mais on est jamais content de notre sort, nous voudrions voir des pays nouveaux un peu en arrière naturellement.

Chère sœur et cher beau-frère, je ne connais pas l'adjudant en question. Il est peut-être dans un des trois bataillons, mais lequel ?

Quant au réchaud, pour bien faire, il faudrait quelque chose de solide. J'aimerais mieux le voir, mais tu sais je ne compte pas aller vous trouver avant le 15 janvier. Fais pour le mieux. Léon

✉ **Mercredi 6 décembre 1939** *carte F.M.* **54**

Aux armées

Bien chère maman

Un petit mot, pendant que dehors tombent quelques flocons de neige. Il ne fait pas très froid. J'espère que tu auras reçu ma lettre du 2. Ce matin, je viens de recevoir une lettre de chez Estrade dans laquelle on me donne beaucoup de détails sur bon nombre de soldats de Cadéac. André Artigue, je l'ai vu dimanche, il était bien. Quant à moi, ça va pour le mieux et j'espère, chère maman, que la présente ira aussi te trouver en parfaite santé. De partout, les nouvelles sont bonnes. Ton fils qui t'embrasse. Léon

✉ Aux armées, **jeudi 7 décembre 1939** *lettre* (25) **55**

Reçue le 12 au matin, réponse le soir et envoyé Républicain

Bien chère sœur et cher beau-frère,

J'ai reçu ce matin votre carte lettre du 30.11 et par le même courrier des nouvelles d'Hélène et d'André qui partit (soi-disant au grand repos) et vient d'atterrir en frontière belge. Il en sera certainement de même pour nous du jour où nous quitterons Weiterswiller, ce sera pour nous rapprocher du front, peut-être plus à droite sur les bords du Rhin. C'est du moins, d'après quelques camarades, ce que je suppose. Je dois aussi vous dire que j'ai reçu toutes vos lettres. Hier, j'ai reçu une longue lettre de Blaisine qui me donne des détails sur plusieurs autres mobilisés de Cadéac. À mon tour, je voudrais quelques détails sur l'allocation de maman. Combien touche-t-elle et à t-elle touché le retard ? C'est-à-dire depuis la mobilisation. Dans le cas contraire, elle y a droit et doit toucher environ sept francs par jour. Il y a une deuxième allocation, moins importante, mais celle-là ne s'applique qu'aux parents qui ont plusieurs enfants ou fils mobilisés, je ne sais au juste. J'espère que vous pourrez me donner des renseignements à ce sujet. Ici, le temps toujours sombre, quelques rayons de soleil le matin, mais peu vigoureux, un vent assez froid.

Chère sœur – rapport au linge – j'ai tout ce qu'il faut : du savon, on nous en donne suffisamment et le cas échéant, nous pouvons nous en procurer. Toujours est-il qu'avant de remonter, je prendrai mes précautions.

Hier pour la première fois, j'ai joué un peu au football, mais, manque d'entrainement, le souffle est vite à bout. Pourtant, un peu d'exercice ne peut pas faire de mal.

Voici deux jours, deux téléphonistes ainsi que notre lieutenant s'étaient rendus au village voisin où leur a été remise la Croix de guerre. Tout à l'heure, notre officier de transmissions, le lieutenant déjà cité, va nous offrir le champagne, car, nous avons participé à sa décoration. Quant aux deux copains, ils se trouvaient à réparer une ligne pendant une attaque, un bombardement. Beaucoup d'autres gars ont été récompensés : une quarantaine pour le 49e.

Chère sœur, tu me parles de la permission de Massaly, mais son tour arrive après le mien, car il est de la classe 34 et je compte par conséquent arriver avant lui, mais pas avant la première quinzaine de janvier. Chère sœur et cher beau-frère, je vais terminer pour aujourd'hui en vous embrassant de tout cœur. Votre frère et beau-frère qui ne vous oublie pas. Léon

Samedi, 9 décembre 1939 *lettre* (26) **56**

Reçue le 12 au soir, réponse le 14

Bien chère sœur et cher beau-frère,

Je viens à l'instant de recevoir votre gentille carte du 02/12 pour laquelle, cette fois, le secrétaire général a pris la plume. Je m'empresse de répondre pour donner la présente au vaguemestre, ainsi elle sera acheminée plus vite.

Cher Louis, tu me parles de Chollet. Eh bien, c'est lui qui était à Pau lors de ma période. Il était caporal-chef et aussi notre chef de chambre. Ici, il est sergent et fait fonction d'adjoint à notre officier de transmissions, le lieutenant décoré ces jours derniers. Ensuite, nous avons un sergent de réserve, appelé comme nous, qui est natif d'Hendaye - « Rispail » - qui s'occupe de tous les téléphonistes. Ensuite par atelier, par cinq hommes, un caporal. Moi, j'ai un caporal-chef, dans le civil aux indirects à Versailles, natif d'Oloron : il est très gentil, le plus parmi tous. Avant-hier, après le champagne, avec lui, Chollet, Massaly et le lieutenant, qui a bien voulu nous amener ; nous avons été faire une virée à la ville voisine. Tout s'est bien passé et sommes rentrés contents. Dans l'après-midi d'hier, j'ai assisté en spectateur à une partie de football. Ainsi, le temps passe. Le matin, je m'étais levé à huit heures et demie, c'est une heure qui commence à nous être familière. Profitons en tant que nous pouvons. Peut-être d'ici la fin du mois remonterons-nous. Voilà déjà trois semaines que nous sommes dans ce patelin. Cher Louis, aujourd'hui, c'est à toi que je m'adresse. As-tu déjà vu en gare de Tarbes des permissionnaires du 49e. Quelques-uns sont partis, un avant-hier, il s'appelle Castérot et habite – je crois – rue de Paix. À quelle heure arrive-t-il à Tarbes ? … si c'est la nuit ? Ce Castérot, quoique qu'étant de la cinquième couche avec moi, je ne l'ai vu avant son départ sans quoi je lui aurai donné quelques paquets de tabac à te porter, car le stock que j'ai commencé à être encombrant, surtout s'il faut déménager. Ces jours-ci le temps est au beau, le soleil parait, peu gaillard d'ailleurs et ensuite le vent est assez froid.

Hier, j'ai reçu une lettre d'Hélène ainsi que la première de Généraux qui sur l'adresse avait omis de mettre la compagnie et à l'intérieur l'adresse ainsi je ne puis lui répondre. Je demanderai l'adresse à la patronne qui m'écrit toujours bien longuement et aussi bien gentiment.

À part ça, tout va très bien… et je termine, chère sœur et cher beau-frère en vous embrassant. Et les huîtres… Sont-elles salées cette année ?

Votre frère et beau-frère qui ne vous oublie pas. Léon

✉ Mardi 12 décembre 1939 *lettre* (27) 57

Reçue le 16 au soir, réponse 14 au soir par Louis, envoyé mandat de 100 F. à 5h.30

Bien chère sœur et cher beau-frère,

Je quittais juste la paille lorsque Massaly est rentré avec notre courrier. Ce matin, votre carte du six, c'est tout ! En revanche, demain, je compte en recevoir quelques autres. Chose bizarre, en même temps que la vôtre, la lettre envoyée à Hélène a également été censurée. Si malgré cela elles arrivent, ce n'est qu'à moitié mal. Hier soir, j'ai envoyé une carte à Toulouse et une aussi à Marseille. Je crois que c'est la troisième et de lui, je n'ai encore rien reçu.

D'André, je reçois assez souvent des nouvelles. Je lui ai écrit ces jours derniers, il est sur la frontière belge.

D'Hélène et d'Élise, toujours de bonnes nouvelles, mais elles sont encore prises par leur aménagement et aussi le déménagement de la grande maison qui n'était encore terminé ces jours derniers.

Voilà deux jours, j'ai écrit à M. Estrade et à cousine de Luchon. Je suis donc à jour, question correspondance. Au train où les permissionnaires partent, je ne compte pas vous retrouver avant le 15 janvier ; donc Noël je le passerai en Alsace. À cette occasion, tu devrais m'envoyer un colis, quelque chose de substantiel, mais surtout, pas de denrées périssables. Fais pour le mieux. Dans ce colis, tu joindras un béret[72] – tour de tête 54 ou 53 – diamètre extérieur à plat (réglementaire) 28 cm. Ce béret sera celui que nous porterons en semaine. Celui que nous offre le capitaine sera la coiffure de sortie. Si celui que j'ai approche des dimensions, n'en achète pas, envois-me le. Hier, au rapport, on nous a dit qu'à l'occasion de la Noël et jusqu'au 1er janvier, on avait le droit à envoyer un colis (jusqu'à 5 kilos) à titre gratuit – mentionner sur le colis : « colis de Noël » - donc, tu l'enverras gratuitement et par la même occasion tu le feras accompagner d'un mandat comme d'habitude.

Chère sœur et cher beau-frère, je vais terminer pour aujourd'hui, l'heure de la soupe est là et il fait très froid. Le bonjour aux voisins et personnes qui s'intéressent à moi. Bons baisers à tous deux. Léon

Mercredi 13 décembre 1939 *lettre* (28) **58**

Reçue le 18 au matin, réponse 18 au soir par Louis

Bien chère sœur et cher beau-frère,

Ce matin, votre carte-lettre du 7 et une carte d'André qui, croit-il, va rejoindre un camp où jouissant d'un confort sensiblement supérieur à celui des cantonnements qu'ils occupent actuellement, il croit qu'ils seront briqués. En revanche, je crois qu'il n'en sera pas de même pour nous qui, ce matin, avons passé une visite afin de déterminer ceux qui n'ayant pas de maladie contraire aux effets des piqûres devront y passer. J'ai compris que nous resterions ici, et cela d'après les derniers canards qui circulent jusqu'au 10 janvier. Pourtant, dans certains cantonnements, il ne fait guère chaud, l'air passe un peu partout, impossible de faire du feu, pas de lumière. Tout cela n'est guère rassurant pour rester durant deux jours sous l'effet de la fièvre sur la paille. Nous, de ce côté, nous sommes assez privilégiés, car nous faisons du feu du matin au soir. Ce matin, un camarade de chambre, pris de rhumatismes articulaires au pied, nous a quittés pour rejoindre un hôpital. Il faisait partie d'une compagnie éprouvée et avait passé plusieurs jours aux avant-postes, dans l'eau jusqu'à la ceinture. En plus, il tenait une charge de rhumes pas ordinaire.

Chère sœur et cher beau-frère, je vois que vous vous êtes servis de la caricature de *Paris-Soir* pour me demander si les chaussettes n'étaient pas trop grandes. Je puis vous dire qu'elles vont bien tant par la pointure que par la tige. J'avais déjà vu çà, car tous les jours, les uns ou les autres, nous prenons

---

[72]*« Le 19 novembre 1939, à la demande du contingent Basco-béarnais, le haut commandement à la demande du chef de corps et pour récompenser le régiment de sa belle attitude au feu, autorise le port du béret, coiffure régionale du Pays basque. »* Source : Wikipedia.

le journal espérant y trouver quelque chose de décisif, mais toujours des menaces réitérées, jamais une franche décision. Peut-être, après avoir assez cherché, trouvera-t-il à qui répondre. Pour le réchaud, fais à ta guise, mais surtout, prend quelque chose qui chauffe assez rapidement, autant que possible à feu visible et au moins 500 watts et tu le sais, en 220 volts. Aujourd'hui, le temps est couvert et assez froid. Quelques poussières de neige tombent. Voici trois jours, j'ai écrit chez Estrade les priant de transmettre mes bonnes nouvelles à maman à qui je vais envoyer un mot immédiatement. Je termine pour aujourd'hui, en vous embrassant à tous deux. Léon

Mercredi 13 décembre 1939 *carte F.M.* **59**

Aux armées

Bien chère maman,

Deux mots simplement pour te dire que ça va toujours bien. La santé est excellente, je reçois très régulièrement des nouvelles de Léonie qui m'en donne aussi des tiennes. Aujourd'hui, le temps est couvert, il fait assez froid et la neige tombe, mais en très faible quantité. Je crois que nous sommes encore ici pour de nombreux jours durant lesquels nous subirons quelques piqûres. J'attends des nouvelles de Toulouse, de Luchon et Marseille. Quant à la permission, mon tour ne viendra certainement pas avant la première quinzaine de janvier. Chère maman, je termine pour aujourd'hui en t'embrassant. Meilleur souvenir à la famille Soulé. Ton fils qui ne t'oublie pas. Léon

Mercredi 13 décembre 1939 **60**

Lettre-carte (4) de Madame Raymond Chalmandrier, Tarbes (Hautes-Pyrénées).

Bien cher Noguéro,

Encore du changement pour Jean, il a été démobilisé et affecté à l'arsenal. Voilà à peine quinze jours qu'il y était, lorsque le service de santé qui est au lycée l'a réquisitionné pour un projet à faire pour la radiographie. Maintenant, c'est le génie qui l'a demandé pour visiter toutes les casernes et le camp de Ger. Malgré cela, il fait toujours partie de l'arsenal. Nous avons reçu des nouvelles de Généraux, qui nous dit qu'il viendra bientôt en permission de détente. Je lui ai renvoyé votre adresse, car il me l'a redemandée. Nous vous faisons ma belle-mère et moi un petit colis pour vous faire réveillonner, vous penserez à nous en dégustant le contenu. Nous avons également reçu des nouvelles de Jacob qui était encore à Bayonne, mais il s'attendait à partir à chaque instant pour une destination inconnue. Jourdes est prêt de moi en train de discuter avec Jean, il vous envoie bien le bonjour. Le régime de la caserne ne le fait pas maigrir. En espérant de vous revoir bientôt, recevez, cher Noguéro, notre meilleur souvenir. Bons baisers de Raymond. Marcelle

Samedi 16 décembre 1939 *lettre* (29) **61**

Tampon du 18. Reçue le 20 au soir, réponse de suite

Bien chère sœur et cher beau-frère,

J'ai reçu le *Républicain* et votre gentille lettre du 12. J'avais également reçu la longue lettre de Cadéac.

Je vois vraiment que la municipalité ne nous oublie pas, ça soulage et contribue à amoindrir les mauvais jugements qui naissent en nous durant nos entretiens et aussi d'après quelques impressions de permissionnaires qui nous rejoignent. J'apprends aussi avec plaisir le montant de l'allocation que touche maman, c'est bien çà. Vraiment la famille Estrade est très dévouée. Il est regrettable qu'ils ne soient pas nos premiers voisins.

J'espère qu'à ce jour, Élise ou Hélène, vous auront poussé une petite visite. Je crois qu'Hélène travaille pour moi à confectionner un pull. Le peu de neige tombée ces jours derniers recouvre encore les toits, car il n'a cessé de faire froid. Hier, j'ai touché des pantalons neufs, car les autres j'aurais dû y faire une couture – je les avais déchirés sur un arbre en montant une ligne à l'avant. Il fait froid, tout va bien, la santé est excellente, car, ici, il y a de quoi se caler les joues. Le plus ennuyeux : ce n'est pas à l'œil.

J'espère que vous aurez reçu ma lettre contenant l'appel et dans laquelle je demande aussi le béret.

Ici, pas de folles dépenses, pas de bêtises, tout pour le petit ventre, car, d'ici peu, il faudra y remonter et là-haut, nous ne trouverons rien. Je vous embrasse à tous deux. Léon

Vous joindrez si possible une boîte de pâté de foie de moineaux.

Samedi 16 décembre 1939 ***62***

D'Anna Tissinier, la cousine de Toulouse (Haute-Garonne).

Bien cher cousin,

Je mérite d'être grondée pour avoir tardé à répondre à ton aimable lettre, mais je craignais qu'étant parti en permission, tu ne reçoives pas notre lettre.

Pour me faire pardonner, je te raconterai beaucoup de choses. Nous te remercions de la jolie carte « Les Cigognes » que tu nous as adressée. C'est drôle, tout de même que ces oiseaux bâtissent leur nid si haut, mais quelquefois une étincelle venue du foyer doit communiquer le feu à ces brindilles de bois qui composent le nid, il me semble, non ?

Nous avons vu avec plaisir que la santé était bonne et que de temps en temps vous pouviez vous distraire un peu.

Tu nous dis que vous vous êtes offert de la vraie choucroute... D'après ce que tu dis, c'était très bon. J'avais souvent entendu parler de ce plat, mais je croyais que ce n'était pas fameux. Il est vrai que tout dépend de la façon dont cela est préparé.

Je pense que lorsque tu seras en permission, tu en auras des choses à raconter et puis on t'en posera des questions sur ce que tu auras vu ! Et cette fois, c'est pour bientôt, 3 semaines seront vite passées.

Nous te remercions de la photo du groupe. Tu y es très bien.

À Toulouse, le froid commence à se faire sentir, mais il n'a pas encore neigé : ce n'est rien, en comparaison des régions où vous vous trouvez. Nous attendons des nouvelles de Louis et Léonie qui nous l'espérons sont en bonne santé ainsi que Tante de Cadéac.

À l'atelier, le travail marche un peu au ralenti, car beaucoup d'ouvrières sont parties travailler dans les usines de guerre. Celles qui restent font tantôt du civil, tantôt du militaire (chemises kaki). Juliette, toujours cuisinière à l'hôpital militaire. Maman à son ménage et Marcelle à l'école.

Nous parlons souvent de toi à table et pensions bien nous trouver réunis pour la Noël ou le jour de l'An. Enfin cela viendra.

Maman, Juliette et Marcelle se joignent à moi pour t'adresser, cher cousin, nos plus affectueux baisers.

Ta cousine. Anna

Cousines Anna Tissinier, Juliette, Marcelle et tante Marie[73] (1943)

[73] Maria Bielsa Bernad, sœur de la mère de Léon, mariée à Marcellin Tissinier.

Tarbes, ***samedi 16 décembre 1939*** **63**

De Louis et Léonie Durrieu.

(Mandat postal présenté le 23 décembre et coupon réservé à la correspondance)

Bien cher frère,

À l'instant, je reçois ta lettre et m'empresse de t'envoyer 100 francs. Le paquet a dû partir ce matin, tu auras tout en même temps pour passer bon Noël, c'est ce que nous te souhaitons. Nous t'embrassons tous deux bien affectueusement. À bientôt de te lire. Bonne santé. Louis et Léonie Durrieu

Lettre (30) manquante.

CARNET
Dimanche 17 décembre 1939

[Toujours de ce petit village de Weiterswiller où les jours s'écoulent et contrairement à ce que l'on a pour habitude de dire, se suivent et se ressemblent. Le matin, nous quittons la paille vers huit heures et demie. Ensuite, un brin de toilette et nous attendons le courrier auquel nous répondons sitôt après, en partie du moins. À 10h.45, le rapport et ensuite la soupe. L'après-midi s'écoule en jouant au ballon ou en effectuant de petites promenades dans les environs : Neuwiller, Bouxwiller. Hier, nous sommes arrivés à Petite-Pierre, petite ville distante de huit kilomètres. Après avoir traversé de belles forêts de sapins et hêtres dans lesquelles la route s'était tracé un passage, le tout sous une légère cape de neige, nous arrivons sur une hauteur et quelques instants après arrivons à ladite ville. Nous nous dirigeons sur un vieux château du sommet duquel nous jouissons d'un point de vue admirable tant la colline sur laquelle était perché ce monument historique était élevée. La visite terminée, notre cher capitaine nous a offert un petit verre de schnaps, eau de vie du pays et quelques paquets de cigarettes que les trente excursionnistes que nous étions ont eus tôt fait de rendre en cendres et fumées. Ces chers cantonnements que nous avions quittés à midi et demi, nous les rejoignons à cinq heures et demie, satisfaits de notre promenade que nous avions terminée en chantant gaiement.]

Mardi 19 décembre 1939 *lettre* (31) **64**

Reçue le 25 au soir, réponse le 26

Bien chère sœur et cher beau-frère,

Il est huit heures, ce matin, j'ai fait un petit effort. Je me suis levé un peu plus tôt que d'habitude pour répondre à votre lettre du 14 reçue hier matin. Ainsi, la présente lettre partira par le premier courrier de la journée, mais, avant de la jeter à la boîte, j'attendrai la distribution afin de pouvoir vous dire si j'ai reçu le colis.

Avant-hier, j'ai répondu à une lettre de la patronne dans laquelle elle m'annonçait un petit colis pour le réveillon.

Hier après-midi, nous nous sommes rendus en promenade à une petite ville voisine distante de huit kilomètres. La route était très accidentée, traversait tour à tour des forêts de sapins et de hêtres, de beaux arbres aux futs lisses et hauts, les sous-bois étaient très propres, sans broussailles, sans arbustes, le sol était recouvert d'une légère couche de neige, qui sur la route, vu le roulage des voitures, était transformée en glace, les arbres qui longeaient la route étaient richement décorés d'ornements de givres. Arrivés au but de notre promenade, nous avons visité un vieux château d'où, si le temps avait été plus clair, nous aurions joui d'un point de vue admirable. Ensuite, avant de reprendre le chemin du retour, notre capitaine nous a offert un schnaps et quelques paquets de cigarettes. Partis à midi et demi, nous avons rejoint notre cantonnement, dans le soir, vers cinq heures et demie, satisfaits de cette promenade de seize bornes. Pour ma part, c'est plutôt par curiosité que je me suis rendu là, où, j'ai acheté quelques cartes que je vous montrerai lors de ma permission.

À cet instant, le courrier vient d'arriver n'apportant pour moi qu'une lettre d'Hélène. Ce sera sans doute pour demain. Je termine en vous embrassant. Votre frère et beau-frère. Léon

Mercredi 20 décembre 1939 *lettre F.M.* **65**

Reçue le 24, réponse le 25

Bien chère maman,

Je crois que plusieurs jours ont passé depuis la dernière lettre que je t'ai envoyée, c'est pourquoi, sans plus tarder, je m'empresse de te donner de mes nouvelles qui sont toujours aussi bonnes. Je crois bien que Noël passé, nous quitterons ce petit village de Weiterswiller pour nous rapprocher légèrement d'une autre partie du front qui celle-là sera moins dangereuse que la dernière !

Ces jours derniers, nous avons eu un peu de neige qui, malgré la faible quantité, n'est pas encore fondue vu le froid persistant. Pour nous réchauffer, et par entraînement, nous faisons quelques promenades pédestres, naturellement. Hier, nous nous sommes rendus à une petite ville distante de huit kilomètres où nous avons visité un vieux château d'où le point de vue était admirable. Ensuite, notre capitaine nous a offert un verre de schnaps, eau de vie du pays, et aussi quelques paquets de cigarettes que les trente excursionnistes ont eu tôt fait de liquider et, satisfaits, nous avons repris le chemin du retour en chantant. Demain, je crois, nous ferons une nouvelle excursion. Donc, chère maman, ne t'en fais pas pour moi, soigne-toi bien.

Hier, j'ai reçu une lettre de Léonie. Elle m'a envoyé un colis qui ne tardera pas à me parvenir. Tout va bien, il ne me manque rien. Je t'embrasse bien. Mon meilleur souvenir à la famille Soulé. Léon

✉ **Jeudi 21 décembre 1939** *lettre* (32) **66**

Reçue le 26 au matin, réponse à 2 h.

Bien chère sœur et cher beau-frère,

Voici quelques instants que j'ai reçu, en assez bon état, le colis[74] – seuls les biscuits étaient en miettes. Tout le reste était intact, y compris la petite fiole d'antigrippe.

Ce matin, également, j'ai reçu une lettre de Blaisine ainsi qu'une d'Hélène. Il fait toujours très froid. Ainsi, cette nuit, j'ai eu un peu froid, mais rassurez-vous, cette après-midi, je vais tâcher de remédier à cela.

Dans l'après-midi d'hier, en camion, nous avons été réparer une ligne téléphonique à environ douze kilomètres d'ici. Au retour, nous nous sommes arrêtés dans une petite ville se trouvant sur notre passage. Étant rentré dans le bistrot, le sergent, le Tarbais, nous a offert le café. Là, j'ai vu le frère au charcutier du quartier, Gourrat. Il sert au 14e d'artillerie et m'a dit que son frère était également sur le front et qu'ils avaient fermé leur magasin.

Dans sa lettre, Blaisine me dit que plusieurs Cadéacois sont déjà venus en permission. Raymond Mur en a profité pour se marier. Elle a reçu également une lettre d'André Artigue dans laquelle il lui dit avoir passé une visite au sujet des oreilles et avoir été réformé. Maintenant, il attend. Quant à Dominique Anglade, toujours au même endroit. Il vient d'être piqué.

Nous, nous n'avons encore subi ce petit supplice, car les cantonnements ne sont pas emménagés pour.

En ce moment, le soleil brille, mais ne chauffe guère à tel point que le peu de neige tombée, déjà depuis quelques jours, recouvre encore les toits.

J'attends tous les jours le colis que m'a annoncé la maison Chalmandrier.

Demain, nous avons douche et passons à la chambre à gaz pour s'assurer du bon état des masques, avant de remonter, car il n'est question que de quelques jours, mais, cette fois, d'après les canards, sur un secteur plus calme que le précédent.

Chère sœur et cher beau-frère, je termine pour aujourd'hui en vous envoyant mille gros baisers. Léon

---

[74] Colis expédié le 15/12/39 et contenant : chocolat, saucisson, pâté, dattes, bonbons, fromage, Cognac, sardines, sucre, journaux, gaufrettes, noix.

✉ *Jeudi 21 décembre 1939* *67*

Lettre (1) de Fernand Flochlay, l'oncle de Marseille (Bouches-du-Rhône).

Mon cher Léon,

J'ai reçu avec grand plaisir de tes nouvelles d'Alsace, comme j'avais reçu les précédentes auxquelles tu dois te penser que je ne suis pas bien pressé de répondre. Je m'excuse et répare ma négligence, aujourd'hui, car je ne veux pas voir arriver les fêtes de Noël et Jour de l'An sans vous envoyer une bonne pensée à mes poilus - qui hélas ! - ne sont pas dans leurs foyers et je commence par toi. Léonie m'avait donné de tes nouvelles et de tous aux environs de fin novembre. Mais, bousculé par le travail, qui par suite de compression de personnel, de changement d'heures de travail, et d'un emphysème qui me transforme en un soufflet de forge. Je n'ai pas pu encore lui répondre. Je le ferai ces jours-ci. Marseille a repris une partie de sa physionomie normale, surtout, depuis que nous ne faisons plus partie de la zone des Armées ; sans toutefois reprendre une grande activité, mais enfin, un peu plus tranquille, le moral de l'arrière tient bon. On se débrouille, quoi ! Il n'y a que de temps en temps quelques alertes, dont Marie a une véritable frayeur. Elle se calfeutre hermétiquement, mais se refuse à descendre à la cave qui dit-elle manque de confortable, quoique bien aménagée. Je t'avoue que je partage son opinion, et qu'une pareille excursion au milieu de la nuit, en chemise ou pyjama, n'a rien de bien agréable surtout à 65 ans ! Enfin, prenons patience, nous de l'arrière, et souhaitons bonne chance d'abord aux jeunes poilus de l'avant, convaincus que bientôt des jours meilleurs nous seront réservés au cours de l'année qui va commencer, en nous réunissant tous en famille dont on apprécie bien plus – maintenant – toutes les joies. Sur ce, je te laisse, en formulant pour toi personnellement mes vœux bien sincères de bonne santé, de bonnes fêtes, que tu arroseras à mon intention. Bon courage, je t'embrasse affectueusement.

Fernand Flochlay

Fernand Flochlay[75], l'oncle de Marseille dans son bureau de clerc d'Avoué

---

[75] Fernand Flochlay était employé comme clerc d'avoué chez Me Henri Rouland, successeur de Me Vidal-Naquet, 67, rue Paradis, à Marseille.

Samedi 23 décembre 1939 *lettre* (33) **68**

Reçue le 26 au soir, réponse 28

Bien chère sœur et cher beau-frère,

J'ai reçu ce matin votre gentille et longue lettre à laquelle vous aviez pris part tous les deux.

En ce moment, je n'ai pas encore été avisé du mandat, mais il ne saurait tarder à me parvenir. Je n'ai également pas reçu le colis que la maison Chalmandrier m'a annoncé depuis plusieurs jours. Quant à celui que vous m'avez envoyé, j'ai déjà goûté un peu à tout, même au trois étoiles dont je verse quelques gouttes sur un morceau de sucre afin que le niveau baisse le moins vite possible. En ce qui concerne les dattes, j'en ai offert à deux reprises à chacun des quelques copains qui occupent le même cantonnement, car nous formons une petite équipe bien homogène et ce qui est à un est à tous. Ne vous en faites pas pour le béret, c'est un détail. D'ici quelques jours et pour quarante-cinq jours de plus, nous n'en aurons pas besoin. Ce matin, nous sommes passés à la chambre à gaz, mon masque est en état et, ce n'est pas à dédaigner, c'est d'ailleurs l'objet auquel j'apporte le plus d'attention. Au moment où vous recevrez la présente, Noël sera passé et vous serez de retour de Cadéac où j'espère vous aurez trouvé maman en bonne santé.

Aujourd'hui, pas de lettre d'Hélène, ce sera pour demain certainement. D'André, j'ai encore reçu une lettre où il me dit qu'ils se déplacent à nouveau. Dans la lettre à laquelle vous venez de me répondre, je m'étais mal exprimé en vous disant qu'il changeait de secteur. J'ai simplement voulu dire de position. Pour la perme, toujours aussi éloignée, et je crois pouvoir vous dire que je ne serai là avant fin janvier donc surement trop tard pour participer au pèle-porc.

Chère sœur, je crois t'avoir déjà dit que j'avais reçu *le Républicain* que tu m'avais envoyé. Il était assez attrayant. Rassure-toi, en ce qui concerne les piqûres, on n'a pu nous vacciner vu le froid persistant et le manque de confort de la majeure partie des cantonnements que nous occupons.

Ce matin, j'ai également reçu une longue lettre d'Anna. Elles sont toutes les quatre en bonne santé et vaquent toujours aux mêmes occupations. La journée était belle, ciel clair, soleil doux, mais toujours froid intense et chaque nuit de fortes gelées. Dans la mesure du possible, nous restons autour du feu, comme des vieux.

Je termine pour aujourd'hui, chère sœur et cher beau-frère, en vous embrassant. Le bonjour à la famille Mounard et par-ci par-là. Bonne fin d'année et aussi bon début. Léon

✉ Dimanche 24 décembre 1939 *lettre* (34) 69

Reçue le 28 à 5 h. du soir, réponse à 7 h.

Bien chère sœur et cher beau-frère,

Je vais commencer cette lettre en vous disant qu'hier j'ai reçu le mandat que vous m'aviez envoyé. Ce matin, mon courrier se composait uniquement de votre lettre du 20. Ainsi, j'attends toujours le colis des patrons.

Ce soir, à quelques-uns, nous allons faire un petit repas dans notre cantonnement. Cela nous reviendra meilleur marché que partout ailleurs et nous ne serons pas bousculés et, plus libres.

Voici à peine quelques instants, j'ai reçu la visite d'André Artigue qui avait enfourché un vélo, car, son cantonnement est à plusieurs kilomètres. Lui, non plus, ne compte pas aller en permission de ces jours-ci. Ce matin, comme d'habitude, j'ai été à la messe et avec quelques copains je compte aller à celle de minuit.

Demain, en l'honneur de la Noël, nous aurons un menu renforcé : choucroute, oranges, vin blanc et rouge, champagne et cigare et, pour digérer tout ça, mardi probablement, nous quitterons ce patelin.

Dans sa dernière lettre, André Saint-Martin m'a appris qu'il avait avec lui Mur, le boulanger de Sarrancolin. Après avoir causé, ce dernier lui a dit : *« je connais sa mère, c'est une de mes clientes »*. Lorsque je lui ai répondu, je l'ai chargé de lui faire parvenir le bonjour.

J'ai également reçu les deux *Républicains*, et, en les lisant, je revis un peu l'atmosphère pyrénéenne.

Hier, j'ai reçu une lettre d'Hélène dans laquelle elle m'apprenait que son frère Roger était arrivé en permission. Je ne sais si elle ira vous le présenter.

Je crois que le temps devient de plus en plus froid. Heureusement que nous pouvons bien nous couvrir. Il gèle nuit et jour. Le peu de neige tombée depuis plusieurs jours n'est pas encore fondu.

Je termine pour aujourd'hui en vous transmettant mes meilleurs vœux pour la nouvelle année en espérant qu'avec elle viendra la victoire. Votre frère et beau-frère qui ne vous oublie pas. Léon

✉ Lundi 25 décembre 1939 *carte F.M.* 70

Chère maman,

Par ce froid matin de Noël, je viens par ces quelques lignes t'apporter tous mes meilleurs vœux pour l'année qui va commencer. Hier soir, j'étais à la messe de minuit. L'église était archicomble de militaires, à tel point que les habitants du village s'y frayaient assez difficilement une place. Il fait très froid, disais-je. Tout est couvert d'une épaisse couche de givre qui ressemble plutôt à de la neige et ces beaux décors restent du jour au lendemain, car il gèle nuit et jour. Hier après-midi, j'ai reçu la visite d'André Artigue. Il est, lui aussi, en bonne santé. Nous avons causé pendant quelques instants. Tout va bien. Je t'embrasse bien tendrement. Ton fils qui ne t'oublie pas. Léon

Mercredi 27 décembre 1939 *carte* (35) **71**

Reçue le 01/01, réponse le soir

Bien chère sœur et cher beau-frère,

Deux mots simplement pour vous dire que nous sommes toujours au même patelin. Malgré cela, nous attendons de jour en jour l'ordre de boucler nos sacs.

Aujourd'hui, avec deux copains, nous avons parcouru une quinzaine de kilomètres pour aller visiter un château situé au milieu des forêts sur une colline d'où par temps clair on a un admirable point de vue. On peut, parait-il, voir la cathédrale de Strasbourg à quelques dizaines de kilomètres. Hélas, aujourd'hui, le temps était brumeux et tout était recouvert de quelques centimètres de neige.

Ce matin, j'ai reçu une lettre de Marseille dans laquelle était joint un mandat de cinquante francs. J'ai aussi reçu le colis des patrons. Je me suis empressé de les remercier à tous deux.

Chère sœur, je te demanderai de m'envoyer dans une des prochaines lettres un petit calendrier.

En vous envoyant tous mes meilleurs vœux, je termine en vous embrassant de tout cœur à tous deux. Votre frère et beau-frère. Léon

Jeudi 28 décembre *1939 carte F.M.* **72**

Bien chère maman,

Deux petits mots, toujours du même village où se poursuit notre repos. Voilà déjà plus de quarante jours que nous sommes là. En ce moment, la neige recouvre le sol de quelques centimètres, mais la température est plus douce que ces jours derniers alors que tout n'était que givre et qu'il gelait tant le jour que la nuit. Heureusement que notre cantonnement est muni d'un fourneau qui brûle du bois du matin au soir. Hier, j'ai reçu un colis des patrons et aussi un mandat de cinquante francs de Marseille. Je me suis empressé de les remercier. Quelques jours avant, j'avais aussi reçu un colis de Léonie. Donc, comme tu peux en juger, pour le moment, il ne me faut rien. La santé est bonne et souhaite que la présente carte aille te trouver de même. Je termine pour aujourd'hui. Reçois de ton fils qui ne t'oublie pas les plus tendres baisers. Le bonjour et les meilleurs souhaits à la famille Soulé. Léon

✉ **Samedi 30 décembre 1939** *lettre* (36) **73**

Reçue le 4, réponse de suite

Bien chère sœur et cher beau-frère,

J'ai reçu ce matin vos deux lettres du 25 et 26. La première partie de Cadéac, la deuxième de Tarbes. Je suis content de vous savoir tous trois en bonne santé. Je ne puis en dire autant, mais, rassurez-vous, ce n'est rien de grave. Depuis déjà deux nuits, j'ai les genoux pris par une sorte de rhumatisme. Je ressens des douleurs au moindre changement de position et durant toute la nuit. Donc, ce matin, je me suis rendu à la visite. Un infirmier, après avoir fait des massages, m'a roulé les genoux dans du coton par-dessus lequel, pour le maintenir, il a passé des bandes de gaze. Par la même occasion, j'ai topé le dentiste pour me faire plomber une dent de devant. Le mastic était tombé ces jours-ci. Étant un peu enrhumé, j'ai pris aussi ma température qui était normale : 37°5. Tout cela, vous le comprendrez facilement, en vous apprenant que ce matin à six heures, le thermomètre marquait 22° au-dessous de zéro, naturellement. Ce matin, également, j'ai reçu une lettre d'Hélène et aussi une de cousine de Luchon qui m'annonce avoir envoyé en même temps un colis. Je l'aurai d'ici deux jours.

Un foyer du soldat nait. Nous y trouverons des boissons chaudes et petits objets d'usage courant. Pour le moment, quelques jeux : cartes, dominos, dames, loto et aussi, ce qui m'intéresse le plus, un poste *Radiola*, dernier cri, qui nous permet d'entendre la voix si familière de *Radio-Toulouse*. Je termine pour aujourd'hui en vous embrassant bien fort à tous deux. Votre frère et beau-frère qui ne vous oublie pas. Léon

✉ *Tarbes,* ***samedi 30 décembre 1939*** ***74***

Bien chère maman,

Deux mots, seulement, avant de terminer encore cette triste année pour vous faire part de nos meilleurs vœux de santé et l'espoir que le Nouvel An nous donnera la paix finale tant désirée pour abréger nos soucis.

Il y a 3 jours, j'ai eu des nouvelles de Léon qui a bien reçu le mandat et le colis à bon port, mais il attendait celui des patronnes qui le lui avaient annoncé pour la Noël. Il était en bonne santé, mais ne pense venir que vers la fin janvier.

Transmettez nos meilleurs vœux de Bonne Année à toute la famille Soulé. Louis se joint à moi pour vous embrasser. À dimanche.

Louis et Léonie

Dimanche 31 décembre 1939 *carte-lettre* **75**

Bien chère maman,

Au seuil de l'année nouvelle, je viens par ces quelques lignes t'apporter de mes nouvelles. Malgré la vague de grand froid qui sévit – 22°, tout va pour le mieux. Nous n'avons pas encore quitté ce village qui nous abrite depuis près d'un mois et demi. Les routes sont, paraît-il, trop mauvaises pour nous déplacer. Sur la glace, nous ne pourrions avancer et les chevaux encore moins. Tant que nous serons ici, tout ira bien. J'ai reçu ta dernière lettre du 25 ainsi qu'une de Léonie. De Luchon, j'ai également reçu un petit colis. Je l'ai remercié aussitôt. Il y a quelques jours, j'ai eu la visite d'André Artigue : il était bien. Je crois pouvoir t'annoncer que je ne partirai pas en permission avant la fin de janvier. Je termine en t'embrassant bien tendrement.

Ton fils. Léon

Fin de correspondance 1939

1940

Janvier 1940

Rappel historique : Lundi 1er janvier 1940 : *« Mobilisation générale en Grande-Bretagne. »* [76]

Lundi 1er janvier 1940 *lettre* (--) **76**
Reçue le 6, réponse le 7 à Cadéac

Chère sœur et cher beau-frère,

Merci à tous deux, à Louis pour le charmant minois que porte sa carte, mais hélas ! qui est loin de remplacer une poupée naturelle. Merci aussi à toi, chère sœur, pour ta longue lettre arrivée par le même courrier. Et pour ce matin, c'était tout.

Ce matin, la température est plus douce, le ciel est assez clair, mais le soleil ne réussit pas à percer.

Hélène m'avait écrit également que Roger était bien pris pour les quelques derniers jours qu'il avait à passer et qu'elle doutait de pouvoir vous emmener son frère.

Je recevrai, avec plaisir, les *Républicains* envoyés. Je les lis assez souvent, car je connais des Tarbais qui le reçoivent et, le soir, au foyer, nous nous le passons. Ceux du colis étaient amusants, je m'étonne de ne pas te l'avoir dit – l'idée est passée entre les lignes, sans doute.

Quant au colis des patronnes, je crois vous avoir dit déjà que je l'avais reçu. Il avait été expédié par la gare sous forme de colis agricole « conserves ».

Il nous est très agréable, maintenant, avec le poste, d'aller passer de bons moments au foyer – installé dans une salle de classe bien chauffée.

Je viens de transmettre vos vœux à Massaly qui écrit à sa femme. Il est à côté de moi et me charge, quoiqu'un peu tardivement, de vous transmettre les siens.

Quand partons-nous ? Je n'en sais rien.

La santé est excellente à l'exception de mes genoux qui ne me font plus de mal – mais quand même – je continue de me faire soigner, la chaleur ne peut m'y faire que du bien.

Je vous embrasse bien fort à tous deux. Votre frère et beau-frère. Léon

---

76 *« Chronique du 20ème siècle », op. cit.*, p. 552.

Mercredi 3 janvier 1940 *carte-lettre* 77

Bien chère maman,

Toujours du même village où notre repos se prolonge, je t'envoie ces quelques lignes pour te dire que tout va bien. La santé est bonne, malgré les grands froids qui persistent.

Voici deux jours, j'ai reçu une gentille lettre de la famille Estrade à laquelle je vais répondre sous peu. Je reçois de bonnes nouvelles de partout et espère que la présente ira te trouver en parfaite santé.

Quant à la permission, je ne crois pas l'obtenir avant les premiers jours de février. J'aurais pourtant voulu être là pour le cochon, mais je doute fort qu'il puisse attendre mon arrivée. Chère maman, je termine en t'embrassant bien fort. Ton fils. Léon

Jeudi 4 janvier 1940 *carte* (--) 78

Aux armées. Reçue le 9, réponse de suite.

Chère sœur et cher beau-frère,

Deux mots, toujours du même patelin, pour vous dire que ça va très bien. La petite crise de rhumatismes est tout à fait effacée. Je suis un peu enrhumé, comme tous d'ailleurs, mais rassurez-vous ce n'est rien, car ce matin, à la visite, j'ai pris la température : 37°5, tout ce qu'il y a de plus normal. J'en ai profité pour me faire mettre des ventouses et une bonne couche de teinture d'iode. Il m'est très difficile de me faire reconnaître par les toubibs, car j'ai une bonne paire de joues roses bien garnies et toujours le même sourire. J'essaie, tout de même, d'amoindrir ma belle mine en laissant pousser une barbe de plusieurs jours - (je ne me rase plus tous les 2 jours comme quand j'allais voir Hélène) – je me fais raser 1 fois par semaine seulement par le coiffeur de la compagnie. D'après un canard de ce matin, il paraîtrait que nous ne monterons plus avant le 15 janvier. Tant mieux, autant de pris.

J'ai reçu une longue lettre de chez Estrade. Par Hélène, j'ai appris que Jean était venu remplacer son frère Roger. Ils ont pu se voir avant que Roger ne soit parti. Quant à moi, par Massaly qui depuis quelques jours est au bureau de la compagnie comme aide-comptable, j'ai pu apprendre que j'étais 136e à partir (soixante-dix sont déjà partis). Il en reste donc 66 encore et à raison de deux par jour, j'en ai jusqu'à la première dizaine de février. Donc, dès à présent, vous voilà fixés pour le pèle-porc, car je doute fort qu'il puisse arriver jusque-là. Hier, j'ai envoyé une carte à maman.

Aujourd'hui, la température est sensiblement plus douce, mais malgré cela, il fait encore bien froid. Hier, le vin était gelé dans les barriques ; des boules de pain étaient gelées. Afin de pouvoir le manger, il a fallu le mettre à l'intérieur d'un four afin qu'il ne ramollisse pas.

Je termine en vous embrassant bien fort à tous deux. Léon

✉ *Toulouse,* ***vendredi 5 janvier 1940*** ***78-1***

Bien cher cousin,

Nous avons reçu ta lettre, laquelle nous a fait grand plaisir de te savoir toujours en bonne santé. Il en est de même de nous pour le moment.

Nous te remercions de tes bons souhaits. Comme tu dis, il faut espérer que cette situation ne durera pas et nous souhaitons de tout cœur que pour toi le bonheur vienne faire place à ce cauchemar que l'on vit depuis quatre mois. Nous espérons que tu as toujours de bonnes nouvelles d'Hélène ainsi que de Louis et Léonie. Nous en avons eu dernièrement. Je leur écris ce soir.

À Toulouse, il ne fait pas froid. Après quelques jours de grand vent très froid, la température s'est radoucie. Nous pensons que tu es toujours au même village ; il nous tarde beaucoup de te revoir. Enfin, la permission doit approcher et nous espérons que soit à l'aller soit au retour, tu nous réserveras un jour ou deux. Cher Léon, ne t'en fais pas et dans l'attente de te voir sous peu, Maman et Juliette se joignent à moi pour t'adresser nos meilleurs baisers.

Ta cousine. Anna

✉ **Samedi 6 janvier 1940** *lettre* (--) **79**

Reçue le 11, réponse le soir

Bien chère sœur et cher beau-frère,

J'ai reçu hier votre longue lettre du 1er janvier. J'espère qu'au moment où vous recevrez la présente cette maudite grippe vous aura quitté. Il n'en est pas de même pour nous qui sommes tous plus ou moins enrhumés. À part ça, tout va bien. Il fait toujours froid, mais c'est à croire qu'on se familiarise avec le froid car nous le supportons mieux. Il est deux heures de l'après-midi et je viens de lire – 10° au thermomètre. Ce matin, nous avons fait une petite promenade dans la neige, à travers le bois. Le soir, après la soupe, nous nous rendons au foyer : c'est une salle bien chauffée où, en écoutant la T.S.F. et en attendant les informations, nous jouons aux dominos et comme des gosses regardons les images d'un tas d'illustrés qui sont à notre disposition. Hier soir, nous y avons eu la visite du colonel accompagné de notre capitaine. La salle était comble. Ils étaient heureux tous deux du succès qu'obtient cette salle. Je reçois régulièrement des nouvelles d'Hélène. À son tour, elle m'a dit vous avoir présenté Roger qui a été très heureux de vous connaître et vous trouve bien gentil. Chère sœur, merci pour le calendrier qui était joint à votre dernière lettre. Tu me dis également que Jean est à l'hôpital où est Juliette. Quel Jean ?

D'Anna, j'ai reçu une petite carte hier, mais je n'ai pas répondu, car au bas elle avait mis : *« lettre suit »*. En effet, je vois que les voisins ne s'intéressent guère à moi. Lorsque je serai là, il ne faudra pas qu'ils essaient de m'approcher. J'ai reçu les deux derniers Républicains, peut-être te l'avais-je déjà écrit. Vous donnerez bien le bonjour chez Mounard à Aurensan et à tous ceux qui demandent de mes nouvelles. Ces jours derniers, j'ai également reçu une lettre de Jourdes qui avait ses bottes pour rejoindre un point... quelque part.

En terminant, j'ai le plaisir de vous dire que le pourcentage des permissionnaires étant augmenté depuis hier, il se pourrait que j'arrive vers le 25 courant. Ne m'attendez pas avant.

Je vous embrasse bien fort à tous deux. Votre frère et beau-frère. Léon

49e Régiment d'Infanterie, Compagnie de Commandement, 3e section, Secteur Postal n° 30

Dimanche 7 janvier 1940 *lettre* (--) **80**

Clouzet. Reçue le 11, réponse le soir

Bien chère sœur et cher beau-frère,

Je profite de ce qu'un Tarbais, ayant comme moi fait le service au 126e et étant de la même compagnie, va en permission pour vous envoyer ces quelques lignes. J'ai reçu votre lettre du 4 ce matin. J'espère que cette grippe vous aura quittée et que toi, chère sœur, tu auras trouvé maman en bonne santé. Je te prierai de m'envoyer un mandat, comme d'habitude, le plus vite possible.

J'espère aller vous retrouver avant la fin mois. Je vous embrasse bien fort. À bientôt de vous lire en attendant de vous voir. Léon

Dimanche 7 janvier 1940 *carte-lettre* **81**

Bien chère maman,

Par ce premier dimanche de la nouvelle année, je prends la plume dans l'espoir que la présente ira te trouver en bonne santé. Quant à moi, tout va pour le mieux. Il fait toujours très froid, mais, rassure-toi, je suis bien couvert. Nous avons la neige depuis plusieurs jours. Ce matin, j'ai reçu une lettre de Louis et Léonie. En ce moment, alors que j'écris, elle doit être auprès de toi. Dans la chambre, je suis seul à écrire, pendant que deux copains dorment et qu'un troisième lit un livre devant le feu. Chère maman, je termine. Tout va bien, il ne me faut rien. Je t'embrasse bien fort. Ton fils qui ne t'oublie pas. Léon

Jeudi 11 janvier 1940 *lettre* **81-1**

Enveloppe ouverte par l'autorité militaire. Reçue le 15 au soir, réponse le 16

Bien chère sœur et cher beau-frère,

J'ai reçu ce matin la longue lettre écrite de Cadéac. Je vais donc après avoir terminé la présente, envoyer deux mots à maman. Même sans nouvelles, je l'aurais fait, car c'est tous les quatre jours que je lui écris. Je suis heureux de la savoir en bonne santé. Je vois que je ne suis guère les lignes. Je suis près du poêle ainsi qu'un autre copain ; nous écrivons sur les genoux : il fait tellement froid que nous laissons la table de côté et pourtant nous écririons plus à notre aise. Aujourd'hui ainsi qu'hier, le soleil brille mais ne chauffe guère. Le temps est clair de temps en temps, entendons-nous, les ronflements puissants et rageurs de nos avions de chasse qui effectuent des vols de reconnaissance. Il fait très froid. La circulation automobile est pour ainsi dire nulle à tel point que le car des permissionnaires ne vient plus. Ce qui oblige ces derniers à faire une dizaine de kilomètres à pied pour se rendre à la gare la plus proche. Les routes sont couvertes d'une épaisse couche de verglas transparent sur lequel on marche très difficilement. Les chevaux ne sortent plus depuis plusieurs jours. Beaucoup, à la suite de chutes ont dû être abattus, tant de la batterie d'artillerie qui cantonne ici que de ceux de notre régiment. Les pionniers sont chargés de répandre de la terre sur les différentes rues du patelin. Malgré ce froid vif et persistant, il n'y a pas beaucoup de malades. Pour mon compte, ça peut aller. Comme la plupart, je suis enrhumé. Hier, j'ai reçu une longue lettre des Toulousaines qui comptent me voir lorsque j'arriverai en perm. Si j'emprunte cet itinéraire, je tâcherai de m'y arrêter. Oh, quelques heures seulement pour leur faire plaisir. Je compte toujours partir vers le 25. Je voudrais que le temps dont vous jouissez persiste jusqu'à mon arrivée. Alors, je me croirai sur la Côte d'Azur, car la différence avec ici est énorme.

Chère sœur, merci pour les journaux, mais à l'avenir, ne m'envoie pas Paris-Soir, il passe tous les jours. Ce matin, j'ai également reçu une lettre de Généraux qui est toujours au 18e ; d'Hélène toujours de bonnes nouvelles.

Cher Louis, j'espère qu'au moment où vous parviendra la présente, tu seras complètement rétabli de cet assaut de grippe. En ce qui concerne le réchaud, puisque ce n'est pas urgent, je verrai moi-même. J'espère que le Tarbais aura été vous trouver et que tu auras envoyé le mandat. Je termine en vous embrassant de tout cœur. Léon

✉ **Jeudi 11 janvier 1940** *lettre F.M.* **82**

Cachet Poste aux armées du 13/01
Cachet bureau Poste Cadéac du 15/01

Bien chère maman,

Je viens de recevoir la longue lettre qu'a écrite Léonie et c'est avec plaisir que j'ai appris que vous étiez en bonne santé à l'exception de Louis que la grippe a surpris, mais j'espère que ce ne sera rien et qu'en ce moment il doit être complètement remis. Quant à moi, ça va pour le mieux : un peu de rhume, mais ici, qui ne l'est pas ? Il fait toujours très froid. Les routes sont tellement mauvaises que la circulation des autos est presque arrêtée. L'autobus qui venait chercher les permissionnaires ne vient plus depuis quelques jours, ce qui oblige les soldats à faire une dizaine de kilomètres à pied pour atteindre la gare la plus proche. On nous occupe à répandre de la terre dans les rues pour recouvrir l'épaisse couche de verglas glissant. C'est avec plaisir que je participerai au pèle-porc, mais je ne sais exactement quel jour je partirai : je compte toujours vers le 25 de ce mois. Une trentaine encore doit passer avant moi et ils ne partiront qu'à mesure que les autres rentrent.

Bien chère maman, je m'arrête pour aujourd'hui. Ton fils qui t'aime et ne t'oublie pas. Léon

✉ **Samedi 13 janvier 1940** *lettre* (--) **83**

Réponse le 20, carte verte

Bien chère sœur et cher beau-frère,

Il est sept heures et demie du soir. Installé sur la table, de dos au poêle qui ronfle à tel point qu'il est en partie rouge, me voici en plein courrier après avoir fait une lettre pour Hélène, une deuxième pour André.
J'attaque la présente. Je viens donc répondre à votre carte lettre du 9 que j'ai reçu hier. Ce matin me sont parvenus les deux Républicains qui m'avaient été annoncés. Hier, j'ai reçu une lettre de Généraux me disant qu'il avait pris sa permission durant laquelle il avait travaillé. J'ai également reçu une longue et gentille lettre de Madame Chalmandrier jeune. Elle me dit que le Sarrois, Jacob, est en perm et travaille aussi. *« À quand la vôtre ? Bientôt, j'espère »*, me dit-elle. Elle m'apprend, également, avoir eu ta visite au sujet des fourneaux qu'elle vient juste de recevoir et voilà ce qu'elle écrit : *« si vous lui écrivez, dîtes-le lui, il se pourrait qu'elle ait votre lettre avant que je n'aie sa visite »*. Elle termine en me faisant entrevoir que vous jouissez d'une température printanière. Qu'elle persiste au moins jusqu'à mon arrivée, car ici, toujours pareil. Nos occupations : corvées de sable pour le répandre sur le verglas qui recouvre les rues et corvées de bois pour les roulantes. C'est marrant, nous partons dans la forêt où nous abattons des chênes morts. Ces arbres étant fins (grosseur d'un timon de char) et très hauts, on les scie en quatre et chacun emporte un morceau sur l'épaule. Les voitures ne circulent presque plus ; les chevaux, n'en parlons plus et il en résulte que nous faisons les ânes, si nous voulons que les fayots soient cuits. Chère sœur, tu me demandes si j'ai besoin d'argent. J'espère que le copain tarbais t'aura remis le petit mot et les cartes que j'y avais jointes. Je te demandais un mandat que, certainement, tu as déjà expédié. C'est tout ce qu'il me faudra jusqu'à mon arrivée. Je compte toujours partir d'ici vers le 25, car la cadence des départs va bon train. Aujourd'hui, quatre sont partis. D'André Artigue, pas de nouvelles ni de visites depuis plusieurs jours. Peut-être, nous rencontrerons-nous à Cadéac. J'ai reçu, aujourd'hui, une lettre de l'autre André et je crois bien que nous nous verrons à Tarbes, sa permission étant avancée. Chère sœur et cher beau-frère, je termine pour aujourd'hui dans l'espoir que la présente va vous trouver tout à fait rétablis. Recevez mes meilleurs baisers. Léon

CARNET
Dimanche 14 janvier 1940

[Enfin, je retrouve le courage de pouvoir continuer ces notes commencées l'année dernière. Que de faits depuis le jour où j'avais écrit les quatre premières lignes de cette page. D'abord, cette fin d'année 39. Noël, Jour de l'An. En ce jour de Noël, nous avons eu les menus de l'ordinaire passablement améliorés. Le champagne était à l'honneur ainsi qu'un cigare : cigare et champagne Daladier. Le soir, nous avons assisté à la messe de minuit, gala à grand spectacle avec le concours de plusieurs ecclésiastiques. Le 1er Janvier, également, notre menu était amélioré. Ensuite, fait nouveau, la neige fait son apparition. Oh ! pas beaucoup, une couche d'environ dix centimètres. Le temps s'étant mis au froid, cette neige ne tarda pas à se transformer en glace qui recouvrant les routes les a rendues impossibles à là circulation tant automobile qu'hippomobile. Aussi, depuis plusieurs jours déjà, avons-nous deux occupations nouvelles, deux métiers de plus à exercer : cantonnier et bûcheron. Cantonnier, car armés de pelles-pioches et brouettes, nous nous rendons dans une carrière pour en extraire du sable que nous répandons dans les rues du village afin de les rendre moins glissantes, moins dangereuses. L'art du bûcheron, nous le déployons en corvées de bois organisées par l'adjudant-chef. La circulation de tout véhicule étant arrêtée, il nous faut approvisionner les roulantes en bois de chauffage afin que les cuistots puissent faire cuire les pois cassés, le riz, les fayots et, j'allais oublier, la bonne soupe qu'ils nous font, heureusement. Depuis l'année dernière, nous avons aussi effectué quelques promenades. Bouxwiller et Obermodern et entre autres l'excursion qui nous a menés au château d'Hunebourg[77], propriété, parait-il, habitée avant la Déclaration de guerre par un nazi. Dès les premiers jours de septembre, il disparut laissant tout ouvert. Aussi, après être grimpés par un escalier tournant composé de quatre-vingt marches au sommet de la tour d'où, parait-il, par temps clair, on peut voir la cathédrale de Strasbourg, nous avons visité la maison d'habitation récemment modernisée et richement meublée. Les pièces se trouvant sous le toit étaient entièrement lambrissées sur les côtés. Tout le long étaient installés de nombreux lits suspendus et étagés tout comme un bateau, où, puisque nous sommes en guerre, à la manière des couchettes superposées qu'on aménage dans les abris souterrains. Je dois dire aussi qu'une auberge de la jeunesse était installée là et ces aménagements avaient dû être faits dans ce but.]

Lundi 15 janvier 1940 : *« Introduction des cartes d'alimentation. »*[78]

---

[77] Il s'agit du château d'Hunebourg, propriété en 1930 de Fritz Spieser.
[78] *« Chronique du 20ème siècle », op. cit.*, p. 552.

Lundi 15 janvier 1940 *lettre* (--) **84**

Reçue le 20 au soir

Bien chère sœur et cher beau-frère,

Je viens de recevoir ce matin votre lettre recommandée du 11 et aussi le mandat qu'elle renfermait. Avant midi, je me suis rendu à la poste faire l'échange. J'avais fait de la même façon pour le mandat que m'avait envoyé le Marseillais. Je doute fort que la présente soit arrivée avant le passage de Clouzet. Si oui, je prierai de lui dire de rentrer sans retard, car de grandes sanctions sont prises à l'égard de tout permissionnaire rentrant avec du retard.

Pour le moment, je n'ai besoin de rien, ou du moins me faire des caleçons, car de ceux que j'avais emportés : les vieux sont troués, mais ne me les envoie que s'il passe. Autrement, j'attendrai la permission. Dès ce jour, je suis en mesure de vous dire que je ne sais quand je serai parmi vous. Depuis hier soir, les permissions sont suspendues. Jusqu'à quand ? Je n'en sais rien. Il se pourrait également que notre séjour, ici, ne se poursuive guère plus.

Ce matin, j'ai également reçu les deux *Républicains* et j'espère que l'article concernant les employés de la SNCF est à l'avantage de Louis.

Je souhaite que la présente aille vous trouver complètement débarrassés de la grippe. Ici, le temps se radoucit de jour en jour, mais il gèle quand même toutes les nuits. Donc, si ce cher Clouzet arrive, donnez-lui le bonjour de ma part et trinquez ensemble à la santé de nous tous.

Je termine en te disant que moi, je n'ai pas de golfs : à la distribution, les miens étant pour ainsi dire neufs, je n'ai pas eu à les changer. Votre frère et beau-frère qui ne vous oublie pas. Léon

Lundi 15 janvier 1940 *lettre* **85**

Bien chère maman,

Après quatre jours de silence, je viens par ces quelques mots te dire que nous sommes toujours au repos dans le même village. Le froid est moins violent que ces jours passés, n'empêche que chaque nuit il fait de fortes gelées. Ce matin, j'ai reçu une lettre de Louis et Léonie à laquelle je viens de répondre. Ils ont été un peu grippés, mais cela est passé. Pour ma part, ça va très bien. La santé est excellente. J'espère que la présente ira t'en trouver de même. Quant aux permissions, elles vont un peu au ralenti. De ce fait, je ne sais exactement quand j'arriverai. Dès que je serai bien fixé, j'en aviserai Léonie.

Depuis plusieurs jours, je n'ai vu André Artigue ni reçu de lettre de sa part. Peut-être, est-il en permission. Je termine pour ce soir en t'envoyant, chère maman, mes plus tendres baisers. Léon

✉ *Tarbes,* ***mardi 16 janvier 1940*** *carte* **86**

Bien cher frère,

Hier soir, nous avons reçu ta lettre du 11 et sommes heureux de te savoir mieux, nous aussi, ça s'améliore petit à petit ; et nous voici de nouveau à la pluie. Peut-être là-bas aussi, ça dégèlera un peu, pour vous faciliter les transports. Ça s'approche, aussi ne fait pas d'imprudences pour arriver et, si tu peux, arrête-toi à Toulouse. Cela dépendra de ton itinéraire. Élie doit passer une visite le 20, son frère est réformé. Si tu peux, tu iras voir Hortense. Cambot aussi est en perme. Le Tarbais passera vendredi. Tu sauras me dire si tu as reçu mandat. Bons baisers. Léonie

Jeudi 18 janvier 1940 : *« Les gouvernements suédois, danois et norvégien proclament leur neutralité. »* [79]

✉ **Jeudi 18 janvier 1940** *lettre* (--) **87**

Reçue le 23 au soir, réponse de suite

Bien chère sœur et cher beau-frère,

Je reviens par ces quelques lignes vous annoncer une nouvelle qui je crois sera bien accueillie. Depuis aujourd'hui, les permissions reprennent cours. Reste à savoir si le pourcentage sera le même qu'avant l'interruption. Si oui, je compte être parmi vous dans les derniers jours du mois. Je reprends ma lettre que j'avais quittée pour aller à la soupe. Le menu, toujours à peu près, de la bonne soupe, pour ça, nous avons de bons cuistots, tout au moins pour la soupe. Ensuite, un plat de lentilles dans lequel nageaient les portions de viande. Comme je rejoignais notre demeure, j'y ai trouvé le patron, le boulanger qui venait me demander si je pouvais lui arranger une lampe. Après avoir pris couteau et tournevis, je descends. C'était peu de chose, revisser un bouton et remonter une poire. Un travail de quelques minutes. Sitôt terminé, il m'a fallu trinquer avec lui et le grand-père. Nous avons déquillé quatre petits verres d'eau de vie maison (schnaps) et ensuite un bol de café au lait avec petits pains et beurre et enfin quelques petits gâteaux secs de leur fabrication. Ils sont très gentils pour nous – aussi le sommes-nous chaque fois que l'occasion se présente. C'est comme pour le bois : depuis deux mois que nous sommes là, le poêle ronfle du matin au soir et, pour le moins, nous lui avons brûlé trois à quatre mètres cubes de bois. Pauvre Louis ! Si nous avions tapé sous ton hangar, tu verrais cette trouée. Parfois, le fourneau est rouge et même une partie du tuyau. Maintenant, il est sept heures du soir et il ronfle le « monsieur ». Avant de nous coucher, nous chauffons le plus possible, car la

---

79 *« Chronique du 20ème siècle », op. cit.*, p. 552.

nuit il gèle dur et le matin, vers trois heures, quoique bien couverts, le froid parvient à traverser capote, toile de tente et couvertures.

Dans la nuit du 16 au 17, nous avons eu une nouvelle chute de neige d'une épaisseur d'environ dix centimètres. Aujourd'hui, il faisait beau, mais toujours très froid aussi ai-je passé la majeure partie de la journée au chaud lisant livres et journaux.

Hier, j'ai reçu une lettre d'Hélène me disant que sa maman était malade et qu'Élise était auprès d'elle. Donc, chère sœur, ne t'étonne pas si de quelques jours tu n'as pas sa visite, car, seule, elle doit certainement avoir moins l'occasion de sortir. Hier, également, j'ai reçu une lettre de Blaisine. Jean de Matéou était en perm ainsi que François Sens, gendre Castet (charpentier) et Guillaume Gouaux. François Dordan passait le conseil de révision.

Chère sœur, je crois avoir assez bavardé. Je termine en vous embrassant de tout cœur à tous deux dans l'espoir de le faire sous peu de plus près. Votre frère et beau-frère qui vous aime. Léon

Samedi 20 janvier 1940 *carte-lettre* **88**

Bien chère maman,

Après quelques jours de silence, je viens par ces quelques lignes t'annoncer ma proche arrivée en permission. Je compte partir vers le 25. Donc, je crois que nous pourrons tuer le cochon à la fin du mois.

Hier, j'ai reçu de bonnes nouvelles de Louis et Léonie. Pour ma part, ça va pour le mieux et j'espère que le présent petit mot ira te trouver en parfaite santé. Dans l'attente, si espérée de te voir, reçois chère maman les meilleurs baisers de ton fils. Léon

Samedi 20 janvier 1940 *lettre (--)* ***89***
(à 3 heures)

Bien chère maman,

Deux mots, seulement, pour vous dire que nous avons, ce matin, une jolie couche de neige et je m'imagine qu'il doit y en avoir encore bien plus à Cadéac. Alors, comme je prévois, avec la petite bise qu'il fait, que les routes seront mauvaises, je ne me hasarderai pas à prendre le train demain matin. Surtout, qu'à moins de contre-ordres vous aurez le plaisir de nous avoir - tous trois - dimanche, car Léon pense partir le 25 pour être, peut-être ici, samedi soir. Mais, je pense qu'on pourra tuer dimanche, quand même. Vous avertirez Monsieur Estrade, si vous en voyez l'utilité. Faites-moi faire deux mots ou s'il vous faut quelque chose. Je voudrais acheter les oies jeudi prochain. Espérons que le temps s'arrangera. Louis a repris son service, hier soir. Sommes tous deux en bonne santé et souhaitons que la présente vous en trouve de même. Le bonjour à la famille Soulé. Nous vous embrassons. Louis et Léonie

Dimanche 21 janvier 1940 *lettre* (--) **90**

Reçue le 26 à 17 h. et lui à 20 h.

Chère sœur et cher beau-frère,

J'ai reçu hier votre carte du 16 ainsi que les deux Républicains. La nuit dernière, la neige tombait à nouveau atteignant ce matin une épaisseur de 20 à 25 centimètres. Le froid persiste toujours aussi passons-nous la majeure partie de la journée dans notre cantonnement. Ce matin, pas mal de permissionnaires sont rentrés. Quatre partent ce soir et je compte bien être parmi vous d'ici dimanche. Je ne puis dire exactement quand je partirai, car ici, on ne peut se prononcer. J'espère passer quelques heures à Toulouse : je leur ai déjà annoncé mon arrivée probable. Ainsi, nous pourrons exécuter le cochon dans les derniers jours du mois. Je viens d'envoyer un petit mot à Hélène. Hier, j'ai reçu une petite lettre de Roger dans laquelle il me souhaitait de passer une bonne permission. Chère sœur et cher beau-frère, je termine pour aujourd'hui en vous embrassant bien fort. À bientôt de vous voir. Léon

Mardi 23 janvier 1940 *lettre* (--) **91**

Reçue le 27 (samedi)... et était là la veille (26)

Bien chère sœur et cher beau-frère,

Je viens par ces quelques lignes répondre à votre gentille carte du 20 que j'ai reçu ce matin. Le Tarbais devrait être arrivé depuis ce matin, mais j'ai compris que leur train avait neuf heures de retard. Quant à mon départ, il dépend chaque jour des permissionnaires qui rentrent : ainsi, aujourd'hui, il en partira moins que si les sept ou huit qui devaient rentrer ce matin étaient arrivés assez tôt. Donc, malgré tous les renseignements que peut me donner Massaly, je ne sais encore si je partirai jeudi (25) ou vendredi (26). Si je pars jeudi, je serai à Tarbes dimanche matin ; si c'est vendredi, je n'arriverai que lundi matin, naturellement en passant une demi-journée à Toulouse. Chère sœur, tu écris à maman que nous serons là dimanche. Ce ne serait guère possible sauf si j'arrive le dimanche matin par le train de quatre heures.
J'espère que vous aurez reçu mes deux précédentes lettres des 18 et 21 d'après lesquelles vous ne pouviez compter fermement sur mon arrivée. Ce matin, avec un camion d'approvisionnement, j'ai été faire un petit tour. Dans une petite ville où nous sommes passés, je suis rentré dans un magasin, et je vous réserve une petite surprise. D'hier matin 7 heures à la même heure ce matin, j'étais de garde, pour la première fois. Il neigeait et faisait très froid, quelque chose comme – 25°, pendant la nuit. Tout irait bien, mais, que ces quelques derniers jours sont longs à passer : je commence déjà à me préparer et, soyez sûrs que je ne serai pas en retard. En dormirai-je la dernière nuit ? Je termine en vous embrassant bien fort à tous deux. Votre frère et beau-frère. Léon

P.S. Avec le vif désir de vous rejoindre dimanche matin 28 ou lundi matin 29.

Mercredi 24 janvier 1940 *lettre (--)* ***92***

Bien chère maman,

Nous avons reçu votre lettre hier matin et puis vous dire que je ferai le nécessaire pour l'huile et le café. On en trouve toujours un peu, mais ces jours-ci, je ne suis pas sortie avec ces vilaines routes, le soleil n'est pas assez chaud pour tout dégeler. Certainement qu'il nous faudra aller demain à pied au marché, peut-être pour ne pas acheter. Avec ce temps, les marchés ne sont pas sûrs.

Sûrement que vous aurez eu des bonnes nouvelles de Léon. Nous en avons eu hier soir. Mais voilà, comme les permissions avaient été arrêtées, il ne pense partir que vers la fin du mois. Alors encore rien de fixé. C'est pour cela que j'ai préféré vous écrire, pour ne rien préparer encore pour dimanche, cela pourrait arriver, comme à certains, venir nous surprendre. Dans ce cas, je vous enverrai un télégramme. Autrement, comptons pour l'autre dimanche, car Louis doit toujours reprendre le lundi soir. Enfin, maintenant, il ne saurait tarder ; bien sûr, les mariés passent avant. Alors, pas de frais pour dimanche, car n'étant pas sûre de venir, si j'ai le salé à faire cuire, mais si je peux, je viendrai. On s'arrangera, mais ce n'est pas sûr. Je vous quitte de plume. Louis se joint à moi pour vous embrasser. Le bonjour à la famille Soulé.

Hier soir, j'ai écrit à Léon et lui dis d'écrire sitôt qu'il saura quelque chose. Il faut compter deux nuits et 1 jour ½ pour venir. Il en vient à midi ou la nuit. Je vais commencer à lui préparer le lit et effets.

Bons baisers. Soignez-vous et ne prenez pas froid. Léonie

Jeudi 25 janvier 1940 : *Les Pays-Bas réaffirment leur politique de neutralité.*[80]

---

[80] *« Chronique du 20ème siècle », op. cit.*, p. 552.

Louis Durrieu, André Artigue et Léon en permission

Février 1940

CARNET
Mardi 6 février 1940

[Dans la soirée, je quittais Tarbes où je venais de passer ma première permission du front qui fut d'une durée de dix jours. Durant les trois cents premiers kilomètres de mon voyage de retour, j'eus l'occasion de faire connaissance de quelques gars de mon régiment. Immédiatement, nous nous groupons et deux jours après arrivons dans une gare régulatrice et sommes invités à gagner un centre d'accueil qui se trouvait à quelques centaines de mètres de là, camouflé dans un bois. Chacun casse la croûte en tapant dans les provisions de voyage. Environ deux heures après, un haut-parleur invisible nous rappelle d'abord au silence et ensuite, une voix bien sonore annonce très distinctement les horaires des trains, les directions qu'ils prennent et aussi nous met au courant des déplacements d'unités. C'est à ce moment que j'appris que mon régiment que j'avais laissé à Weiterswiller en Alsace avait rejoint les positions. Assez tard dans la soirée, nous reprenons le train.]

Jeudi 8 février 1940

[Le matin, au petit jour, nous arrivons dans la petite gare de Schweighouse-sur-Moder. Nous traversons les voies, prenons un chemin de terre à travers de jeunes plantations de sapins et au bout d'un quart d'heure de marche, nous apercevons parmi les grands arbres cette fois un coquet petit village de baraques en bois reliées entre elles par de beaux petits chemins bien entretenus, un petit pont rustique enjambait un bruyant ruisselet. La première baraque à droite abritait des services de renseignements. C'est là que j'appris que je devais reprendre un autre petit train jusqu'à Soultz-Sous-Forêts. Quittant ce bureau, je me dirigeai sur la cantine où j'eus le grand plaisir de boire un café bien chaud. Cela nous remit un peu d'aplomb, car il faisait encore froid et la neige était encore parmi nous. Une heure après environ, nous fûmes dirigés sur cette petite voie de 60 où nous attendaient un bijou de locomotive et deux petits wagons aménagés par les soins des sapeurs du génie. Plus tard, j'appris que cette voie était destinée à desservir les ouvrages fortifiés. Vers midi, arrivée à Soultz où l'on ne put nous renseigner sur notre unité. Nos décidâmes de nous mettre à table dans un restaurant et après avoir bien mangé et bien bu et fait le plein des bidons, nous repartîmes en direction d'un petit village dont le nom m'échappe. Là était installée une batterie d'artillerie du 214e. Un officier nous engagea à faire la pause dans leur cantonnement et nous promet de trouver notre régiment. Vers la fin de l'après-midi, il revient, n'ayant pu entrer en liaison. Il nous conseille tout de même de rejoindre le camp de Drachenbronn où avait peut-être cantonné notre unité. À notre arrivée, le camp était désert. Seuls, quelques chasseurs nous apprirent qu'ils avaient été relevés par notre régiment, mais cela était bien vague. Par quelle compagnie avaient-ils été relevés, où se trouvaient les PC de bataillons, où se trouvait celui du régiment ? C'est ceci qui m'intéressait personnellement. Comme la nuit approchait, nous décidâmes, à nouveau, de la passer en campagne, espérant retrouver le régiment le lendemain. Tout près du camp, nous décidons d'occuper une maison abandonnée. Nous installons les matelas, de la paille et ouvrons nos musettes afin de les faire aérer, car à force de temps le contenu aurait pu sentir le faisandé.]

CARNET
Vendredi 9 février 1940

[Après avoir passé une bonne nuit, nous reprenons la route en direction de Lobsann en passant par les mines d'asphaltes. Là cantonnait le CRE. Je dus rebrousser chemin et m'enfoncer dans un bois afin de gagner le château de Marienbronn où j'eus enfin le plaisir de retrouver ma compagnie assez confortablement installée. Mes coéquipiers occupaient une pièce du sous-sol aménagée de couchettes à étage, grande table, grands bancs, étagère à paquetage et poêle au charbon. Un détail que j'avais oublié, c'est que j'étais parti seul en permission et que nous rentrions à deux : j'avais en effet recueilli à Drachenbronn un joli petit chien que j'avais immédiatement baptisé de la première syllabe du lieu où je l'avais trouvé. Il s'appelait donc « Drac ».

Comme la compagnie n'avait pas de mascotte ; il fut le bienvenu et bientôt choyé de nous tous. Aussi ne manquait-il pas de nous accompagner dans nos sorties. Le ronflement de notre camion Citroën ne lui était pas inconnu et dès qu'il l'entendait, il fonçait droit sur la cour, sautait parfois alors que nous avions déjà démarré et aussitôt, venait s'asseoir sur mes genoux et crânement il flairait et parcourait l'horizon de ses yeux éveillés. Au bout de quelque temps, il montait même sur l'échelle à barreaux ronds et descendait avec la même facilité, mais la tête en avant. Pendant un mois, je restais à Marienbronn. J'installais d'abord toutes les lignes et le Central jusqu'à l'abri creusé dans la butte. Je refis en entier les réseaux téléphoniques de Rott et Climbach.

Rispail sergent téléphoniste et « Drac » notre chien, Geyre caporal, Laplace chauffeur du camion des transmissions, à l'entrée fortifiée du central téléphonique de Cleebourg

J'installais un nouveau central à Rott, une ligne à Cleebourg au sommet de la montagne qui domine ce village et au haut de laquelle était cantonnée la première compagnie. Là-haut, également, j'installais un central et le jour de Pâques je montais prendre possession de mon poste accompagné de deux copains, un Basque et un Lourdais. Quelques jours après, le capitaine Pambrun[81] vint m'annoncer, en me serrant la main, que je figurais au tableau

[81] M. l'abbé Pambrun, curé doyen de Salies-de-Béarn (Basses-Pyrénées), chevalier de la Légion d'honneur et quatre fois cité au titre de la guerre 1914-1918, capitaine adjudant-major au 2e bataillon du 49e R. I. ... a mérité, au cours de la dernière guerre, les deux citations suivantes à l'ordre du corps d'armée : « I.- *Au cours d'une journée particulièrement difficile, a secondé son chef de bataillon avec compétence et dévouement, méprisant le danger et se portant aux endroits difficiles. Type du prêtre-officier, qui, depuis le commencement de la campagne, n'a*

d'avancement en qualité de caporal. Je passais presque tout le mois d'avril à ce poste où j'étais très tranquille et bien secondé par mes deux aides.]

Vendredi 9 février 1940 *carte* (01) **93**

Reçue le 13, réponse le soir

Bien chère sœur et cher beau-frère,

Il est dix-neuf heures. Voilà à peine quelques heures que j'ai pu rejoindre mes copains qui, en effet, avaient quitté le village où nous avions passé près de trois mois. Me voilà donc à nouveau installé ; c'est ce que j'ai voulu faire avant de prendre la plume. Clouzet est tout près de notre cantonnement et est rentré en possession de son colis dont il était content. Castérot est aussi venu prendre le sien. Depuis hier midi, c'est-à-dire pendant un jour, nous avons vadrouillé partout à pied, à la recherche des nôtres, traversant plusieurs villages évacués. Nous n'avons pas vu Massaly. Je ne sais ce qu'il doit faire. Toutes les provisions sont arrivées à bon port (celles qui sont arrivées au bout). Le pinard a été un peu juste, en raison de ce voyage prolongé. Je termine pour ce soir. À très bientôt pour plus longuement. Léon

Vendredi 9 février *1940* *carte F.M.* **94**

Bien chère maman,

Me revoilà, depuis quelques heures seulement, parmi mes copains. Le voyage a été un peu long, car je ne les ai retrouvés au même endroit et ai dû les chercher pendant un jour. Enfin, je suis très bien arrivé. Je vais bien et souhaite de tout cœur que la présente carte aille te trouver de même. Je termine pour ce soir, car j'ai beaucoup à écrire, afin de rassurer tout le monde. Reçois chère maman mille gros baisers. Ton fils. Léon

Lundi 12 février 1940 *lettre* (02) **95**

Reçue le 16 au matin, réponse le soir

Bien chère sœur et cher beau-frère,

Ce matin au réveil, de gros flocons tombaient. Il fait froid, mais moins quand même qu'au village où nous étions au repos.

Ce matin, nous ne travaillons pas.

---

cessé de maintenir très haut, par son exemple et ses paroles, le moral des hommes, en les visitant presque tous les jours en ligne, quelquefois sous les bombardements les plus violents. »
II.- « *À la contre-attaque du 21 juin, a assuré des liaisons difficiles sous de violents bombardements. A réussi à mener sur la ligne de feu des éléments de deuxième position, renforçant ainsi la puissance de résistance des postes avancés. A fait, une fois de plus, preuve du plus grand mépris de la mort.* » Source : La Croix, n° 17655 du 16 août 1940.

Hier matin, en revanche, malgré que ce soit dimanche, nous avons installé une ligne. Avant-hier samedi, nous en avons vérifié une que nous avaient laissée nos prédécesseurs. Massaly n'est encore rentré : il a dû demander trois jours de prolongation. Comme vous pouvez vous en douter, je n'ai pu voir Cambot et n'espère le voir de ces jours-ci, pas plus qu'André Artigue que je n'ai pas retrouvé depuis mon retour. Je ne sais plus si je vous ai dit comment nous sommes installés : j'ai retrouvé la compagnie logeant dans un château, au pied d'une colline boisée. Nous, les téléphonistes, occupons un entresol meublé de couchettes à étage. La pièce nous sert de réfectoire ; chauffée par un fourneau, éclairée à l'électricité. À proximité, nous avons un lavabo et l'eau courante. Tout le confort, la vie de château pourrai-je même dire en comparaison des cantonnements que nous avions au repos. Je crois que c'est assez rare pour un régiment qui est en ligne. Il est vrai que notre compagnie est pour le moins, à vol d'oiseau, à six kilomètres de la frontière. Donc, pour le moment, tout va très bien, faute de mieux. Dans l'espoir que la présente ira vous trouver en parfaite santé à tous deux, je vous embrasse tous. Léon

P.S. Le bonjour chez M. Bonnard. Hier, j'écris chez Estrade, demain à maman.

Château de Marienbronn, près de Lobsann, séjour du 10/02/1940 au 27/04/1940

✉ **Mardi 13 février** ***1940*** *carte-lettre* **96**

Bien chère maman,

Un tout petit mot pour te dire que tout va bien et que je suis complètement réadapté à notre vie ambulante. Nous faisons comme les gitanes, nous passons quelques jours ici, puis on va un peu plus loin. Avec les copains, je mange jambon, pâté et boudin qu'ils trouvent excellents. Hier, il neigeait, mais aujourd'hui, le soleil brille, mais sans chauffer et ne parvenant pas à faire disparaître la neige. Depuis mon arrivée, je n'ai pas encore reçu de courrier. Il est vrai qu'on n'a eu le temps. Je termine pour aujourd'hui, dans l'espoir que la présente ira te trouver en parfaite santé. Le meilleur souvenir à la famille Soulé. Léon

✉ **Vendredi 16 février 1940** *lettre* (03) **97**

Reçue le 20, réponse le soir

Bien chère sœur et cher beau-frère,

Vers dix-huit heures alors que je rentrais en camion avec quelques copains d'aller installer une ligne, j'ai eu l'agréable surprise de recevoir votre gentille lettre qui m'a fait grand plaisir, car vraiment elle m'est parvenue assez rapidement. D'Hélène, rien d'aujourd'hui. En revanche, hier, j'ai reçu deux de ses cartes datées des 9 et 10. Elle n'avait pas eu la patience d'attendre que je lui écrive. André est en perm et leur maman va mieux. Peut-être à l'heure qu'il est, l'une ou l'autre vous aura poussé une visite. Massaly est rentré hier seulement : il avait obtenu une première prolongation de trois jours vu que sa femme était malade et ensuite il a pu lui-même, prétextant un peu de bronchite et moyennant un certificat, se faire accorder quatre jours de plus.

Chère sœur, mon rhume est pour ainsi dire passé. Je ne dis pas tout à fait car, ici, il nous en reste toujours un peu.

Quant aux *Républicains*, fais comme bon il te semblera. Envoie-les s'il y a quelque chose d'intéressant.

Si Lopez revient, dis-lui 75 à 80 francs la lampe simple.

En ce moment, nous sommes à quelques kilomètres de Wissembourg où passe le fleuve La Lauter. Je termine en vous envoyant mille gros baisers. Demain, j'écrirai à maman. Léon

✉ **Samedi, 17 février 1940** *lettre F.M.* **98**

Cachet Poste aux armées du 19/02
Cachet bureau Poste Cadéac du 21/01

Bien chère maman,

J'ai reçu hier soir une longue lettre de Léonie m'apprenant qu'elle avait reçu ma première carte et qu'elle avait été te voir dimanche, te trouvant en bonne santé, ce qui m'a fait grand plaisir. Il en est de même de moi pour le moment. Nous sommes très très bien ; jamais nous n'avons été logés, éclairés et chauffés dans d'aussi bonnes conditions. Vraiment, nous ne nous croyons pas en guerre. La nourriture est bonne. Nous avons trois quarts de vin par jour. L'après-midi, vers trois heures et demie, nous avons du thé bien chaud. Le soir, après souper, avant de se mettre dans nos couchettes individuelles, nous préparons nous-mêmes du chocolat (à l'eau naturellement). Aujourd'hui, il a neigé pendant quelques heures. De ce fait, le sol est recouvert de près de quinze centimètres de neige. Heureusement qu'il ne fait pas très très froid. Hier, j'ai été pousser une petite visite à André Artigue qui est à près de deux kilomètres d'ici. Il est lui aussi en parfaite santé et était heureux de me revoir.

Chère maman, tout va pour le mieux et j'espère que la présente ira te trouver en parfaite santé. Les provisions étaient arrivées à bon port et ont été

très goutées de nous tous. Seule la saucisse sèche au plafond. Elle sera décrochée le premier jour ou le menu des cuisines ne sera pas jugé assez copieux. Ton fils qui t'embrasse. Léon
P.S. : Le bonjour à la famille Soulé.

Mardi 20 février 1940 *lettre* (04) **99**
Reçue le 24 au soir, réponse le 26

Bien chère sœur et cher beau-frère,

J'ai reçu hier votre longue lettre du 16 ainsi qu'une lettre de monsieur Estrade me donnant de bonnes nouvelles de maman qu'il avait vue la veille de m'écrire. Il est en pleine saison de pèle-porc, car il me laisse entrevoir qu'il en exécute bon nombre. Quelques permissionnaires sont encore arrivés : Jean Picassette et Marcel Van den Bosch (jaquette). Restent à venir les Marocains. Hier, il a plu presque toute la journée. De ce fait, la température étant plus douce, la plus grosse partie de la neige a fondu.

Aujourd'hui, il faisait à nouveau assez froid. Depuis hier matin et pour quelques jours encore, nous avons notre travail à une huitaine de kilomètres d'ici. Il consiste à remettre en état un réseau téléphonique à l'intérieur d'un village. Nous partons en camion le matin vers sept heures, emportant un repas froid, et on vient nous reprendre vers dix-sept heures. Cet après-midi, j'ai aperçu le sergent-chef Carmouze des pionniers divisionnaires. C'est un parent des Chalmandrier.
Demain, j'irai le trouver à son cantonnement. Il est au village de Rott tout près de Wissembourg.

Chère sœur, pour le moment, je n'ai pas besoin de colis. L'ordinaire est assez bon et, comme ici, nous ne restons qu'une dizaine – les autres étant employés par-ci par-là plus à l'avant – dès qu'un colis arrive, nous le partageons. Ainsi, presque chaque jour, nous avons quelque chose à diviser. J'ai appris par Hélène qu'André était venu. J'aurais bien voulu le voir en civil.

Dimanche matin, j'ai eu la visite de Jean Marie Rumeau. Il est au 214e d'artillerie en qualité de chauffeur d'un officier. Ayant conduit ce dernier au bureau du colonel et ayant appris par Gabas de Vielle que j'étais là, il est venu me trouver alors que je faisais avec deux copains la corvée de chambre. Il était tout heureux d'avoir trouvé un gars du pays, car dans son régiment il est presque seul de chez nous. Lui ayant indiqué où était André Artigue, il me dit : *« je te remercie, je tacherai de le trouver, j'y passe journellement devant »*.

Massaly est rentré depuis quelques jours. Quant à Clouzet, il habite la même propriété que moi, mais un bâtiment différent. André Artigue est à moins de deux kilomètres d'ici. Bien chère sœur et cher beau-frère, je termine pour ce soir en vous envoyant mes meilleurs baisers, dans l'attente de vous lire sous peu. Léon

✉ **Mercredi 21 février 1940** *carte F.M.* (4) **100**

Cachet Poste aux armées du 23/02
Cachet bureau Poste Cadéac du 26/01

Bien chère maman,

Deux mots pour te dire que tout va pour le mieux. La santé est excellente, la température est plus douce que ces derniers jours. Aujourd'hui, le soleil chauffait faisant fondre la neige et le verglas qui recouvre les routes. Ces jours-ci, nous travaillons à remettre en état des lignes téléphoniques dans la traversée d'un village. Avant-hier, j'ai reçu une longue lettre de Léonie. Dimanche matin, Jean-Marie Rumeau, chauffeur d'un officier du 214e d'artillerie est venu me trouver. Il était venu porter son lieutenant au bureau du colonel. Étant pour ainsi dire seul de la région dans son régiment, il a été très heureux de me trouver. Il m'a promis d'aller voir André Artigue, car je lui ai indiqué où il stationnait.

Chère maman, je termine dans l'espoir que la présente ira te trouver en bonne santé. Gros baisers de ton fils. Léon

✉ **Vendredi 23 février 1940** *lettre* (05) **101**

Reçue le 27, réponse le 1er mars

Bien chère sœur et cher beau-frère,

Je viens de recevoir il y a à peine une demi-heure votre lettre n° 3 datée du 20 et je constate avec plaisir qu'elle m'est vite parvenue : je souhaite qu'il en soit pour toutes de même. Après avoir travaillé pendant quelques jours dans un village éloigné de huit kilomètres, en avant ; aujourd'hui, nous n'avons pas fait grand-chose. Notre plus grand travail a consisté à aller chercher dans la colline voisine un tronc de pin qui va nous servir à alimenter notre fourneau qui ronfle toute la journée. Depuis quelques jours, il ne fait pas trop froid, mais il nous faut de l'eau soit pour la vaisselle soit pour laver du linge, nous raser, etc. Ces arbres qui nous servent de bois de chauffage avaient été abattus et pelés, prêts à être dirigés vers des scieries. C'est autant de perdu et vraiment dommage de les mettre au feu. Il vaut tout de même mieux s'en chauffer que de les laisser pourrir sur place.

Hier, j'ai reçu une gentille lettre de la maison Chalmandrier. Marcelle me disait : *« mon cousin Raoul a lui aussi changé de place, il est dans les Vosges »*. Et voilà que ces jours derniers, je l'ai aperçu au village où je travaillais. C'est là qu'est sa compagnie, il est sergent-chef dans les pionniers divisionnaires et fait partie de la même division. J'aurais bien voulu lui causer, mais je n'ai pas eu le temps d'aller le trouver à son cantonnement. Tu me parles des photos, tu en donneras une à Hélène et dans une prochaine lettre tu m'en enverras une pour moi. Quant à Cambot, il est certainement à environ dix-huit kilomètres en arrière de nous. Je crois qu'ici aussi le deuxième tour de permission ne saurait tarder à commencer. Il paraît que certains de la division sont partis déjà hier. Avant-hier, j'ai reçu une lettre de M. Estrade m'apprenant l'arrivée de nouveaux permissionnaires, les derniers de France. Restent à arriver les Marocains. Pour le colis, je n'en vois guère l'utilité pour le moment, car tous en reçoivent et en bons camarades, à douze que nous sommes, nous partageons tout. Quant à la petite fiole, je la conserve jalousement en cas de (malaise inattendu). Tous les copains à qui j'avais envoyé une photo m'ont envoyé une lettre de remerciement, en attendant de se retrouver pour la prochaine, si ce n'est avant, devant quelques « Pernod », ou simplement une bonne chopine à 40 sous et non à 4 francs comme par ici. Maintenant que j'y pense, la saucisse que tu m'avais donnée, je crois bien que c'est une saucisse de couennes. Je n'en suis pas sûr, car elle sèche encore au plafond attendant le premier jour où l'ordinaire sera assez piètre pour être décrochée. Chère sœur et cher beau-frère, je termine pour ce soir en vos embrassant bien fort à tous deux. Votre frère et beau-frère qui ne vous oublie pas. Léon

✉ **Dimanche 25 février 1940** *carte-lettre* **102**

Bien chère maman,

Après quelques jours de silence, je viens par ces quelques lignes te donner quelques détails sur ma santé et cette nouvelle vie que nous menons déjà depuis quelques mois. En ce qui concerne la santé, ça va très bien, l'appétit y est et nous avons une assez bonne nourriture améliorée par les colis que nous recevons tous et que nous partageons volontiers. La vie devient plus agréable, car il fait moins froid. La neige tend à disparaître, les oiseaux commencent à chanter, annonçant la proche arrivée du Printemps. Nous logeons toujours dans le même château et je compte que nous y resterons encore trois semaines. De Tarbes, j'ai toujours de bonnes nouvelles ainsi que de plusieurs soldats de Cadéac. Bien chère maman, dans l'espoir que la présente petite lettre ira te trouver en parfaite santé, je termine pour ce soir en t'envoyant mille gros baisers. Ton fils qui ne t'oublie pas. Léon

✉ **Mercredi 28 février 1940** *lettre* (06) **103**

Reçue le 4 mars au matin, réponse le 6

Bien chère sœur et cher beau-frère,

Depuis deux ou trois jours, je renvoie de vous écrire. Chaque jour, l'heure du courrier arrive, la distribution se fait : rien. Ce sera pour demain, me disais-je, et quelques jours ont passé. Ce soir donc, je me décide à vous envoyer un mot afin que mon silence ne vous paraisse trop long. Il y a quelques jours, j'ai reçu deux *Républicains*. Votre dernière lettre portant le n° 3 et datée du 20 m'est parvenue le 23 et ce même jour j'y ai répondu – je précise dans le cas où, de part ou d'autre, quelque lettre ne serait parvenue.

Pour le moment, tout va pour le mieux. Je reçois de bonnes nouvelles de soldats Cadéacois, d'Hélène, André qui dès son arrivée s'est empressé de m'écrire. De Toulouse, je n'ai encore rien reçu depuis mon retour, pourtant j'avais écrit à tous mes correspondants. Je dois la réponse à madame Chalmandrier, à Généraux, à André.

Depuis quelques jours, nous avons du travail, aussi ne pouvons-nous écrire que le soir. Hier après-midi, étant de passage dans notre propriété, j'ai reçu la visite de Jean-Marie Rumeau qui est toujours chauffeur d'officier. Il compte partir en perm vers le 15 mars pour la deuxième fois. Ici, également, le deuxième tour a commencé hier par deux départs, aujourd'hui un, demain deux autres… soit à la moyenne de trois tous les deux jours, tant que nous sommes ici. Quand nous descendrons, le pourcentage sera augmenté.

Hier a fait trois semaines que le régiment est ici, encore autant à passer et ensuite j'espère, nous redescendrons. En ce moment, la température s'est radoucie, la neige disparait, il pleut quelque peu. La santé est excellente.

Hier après-midi, nous sommes descendus au plus proche village pour nous doucher. L'installation était parfaite, l'eau bien chaude, aussi sommes-nous rentrés tous satisfaits d'une toilette totale si bienfaisante.

Bien chère sœur et cher beau-frère, je termine pour ce soir en vous embrassant bien fort, dans l'attente de vous lire sous peu. Léon

Mars 1940

Vendredi 1er mars 1940 *lettre* **104**

Bien chère maman,

Hier, j'ai reçu une lettre de Léonie dans laquelle elle me disait qu'étant venue à Cadéac elle t'avait trouvée en bonne santé. J'espère que lorsque la présente te parviendra il en sera de même. De mon côté, tout va pour le mieux. La santé est excellente, l'appétit bon. En ce moment, le travail ne nous manque pas, mais par bonheur, le temps est au beau, il ne fait plus froid et de ce fait nous travaillons avec plus de courage, de gaieté. Cet après-midi, j'ai fait la lessive, j'ai lavé chemise, caleçon, deux serviettes, deux mouchoirs et deux paires de chaussettes. Hier, j'ai reçu une lettre d'André Artigue. Aujourd'hui, une de Joseph Mur. Avant-hier, J.M. Rumeau est venu me voir à nouveau. Il compte être en permission à Cadéac vers le quinze courant. Bien chère maman, je termine pour ce soir en t'embrassant bien affectueusement. Le bonjour à la famille Soulé. Ton fils qui ne t'oublie pas. Léon

✉ **Lundi 4 mars 1940** *lettre* (07) **105**

Reçue le 08 au soir, réponse à 8 heures

Bien chère sœur et cher beau-frère,

C'est à vos deux dernières lettres qui me sont parvenues respectivement le 29/02 et ce soir (cette dernière était accompagnée de quatre *Républicains* sous deux bandes). Dans celui du 1er mars était un article ayant le titre suivant : *« Pour les soldats ayant un membre de leur famille tué »*. Cet article m'intéresse, car j'ai le droit à conserver ma place dans la compagnie où je suis. Il y aura certainement assez de changement – peut-être pas dans notre section –, car nous sommes tous plus ou moins spécialisés. Toujours est-il qu'on en a pris note et que chaque intéressé doit se procurer une pièce justifiant la date, l'endroit du décès du ou des membres de la famille. Cet extrait de l'acte de décès devra porter la mention « Mort pour la France ». Donc, cet après-midi, j'ai écrit au maire de Cadéac en le priant de me faire parvenir le plus vite possible ledit extrait. Quant à changer de compagnie pour mieux, je ne vois pas où je pourrais être versé. Je ne me plains nullement de la place que j'occupe et ne demande qu'à la garder. Ce soir, j'ai encore reçu une lettre d'André, c'est la deuxième depuis son retour de perm ; d'Hélène ni hier soir ni ce soir de nouvelles, aussi demain en aurai-je une, peut-être bien deux ou trois. Hier après-midi, en me promenant je me suis rendu dans un village voisin, à Lampertsloch, rendre une petite visite à Jean-Marie Rumeau. J'ai été très bien reçu, bien entendu comme on peut se recevoir entre soldats : enfin, je me suis attablé devant un pot de pinard et une assiette de gâteaux. Après avoir causé pendant plus d'une heure, j'ai repris le chemin du retour accompagné toujours de mon petit chien « *Drac* » qui a toujours sa queue panache. Jean-Marie compte repartir pour la deuxième fois dans une quinzaine de jours. Il passera cette permission à Cadéac où sa femme viendra le rejoindre. Il voulait me faire rester pour diner avec lui, mais mon sergent n'étant pas averti d'une absence si prolongée de ma part, n'aurait pas été content. J'apprends avec plaisir la petite visite que vous a poussée Élise. Il était temps. Il est vrai qu'elle avait été malade. Ces jours derniers, j'ai reçu des nouvelles de Toulouse et de Luchon. Certes, la photo leur fera plaisir, la mienne est arrivée en parfait état. Quant à la saucisse, elle est mangée. Un soir, nous l'avons mise avec des fayots, mais il me semble qu'elle était bien grasse et qu'il y avait des couennes. Dans mon prochain colis, puisque tu me demandes mon avis : pas de chocolat, j'en ai encore ; pas de pâté, pas de sardines à l'exception de sardines à la tomate ou pilchards qui me feraient plaisir ; pas de cognac, j'en ai une flasque pleine. Tu pourrais y mettre un paquet de thé, car souvent le soir nous en faisons ainsi qu'un peu de sucre. Si la ventrèche est à point et si tu en as sous la main, tu pourrais en y joindre un bon bout. Jusqu'à ce jour, je crois avoir reçu toutes les lettres et les journaux que vous m'avez adressés.

Dans l'espoir que la présente ira vous trouver tous deux en parfaite santé, je termine en vous embrassant bien fort à tous deux.

Votre frère et beau-frère qui ne vous oublie pas. Léon

Vendredi 4 mars 1940 *lettre* (08) **106**

Reçue le 12 au soir, réponse le 13

Chère sœur et cher beau-frère,

Voilà déjà quatre jours que je vous ai écrit et je me décide à ne pas attendre davantage, car les jours sans lettres sont bien différents des autres. Tout au moins pour moi et je suis persuadé qu'il en est de même pour vous deux. Toujours tout va bien. La santé est excellente. Nous sommes toujours dans le même secteur et je crois bien que nous y resterons jusqu'à la fin du mois.

Nous avons pas mal de travail, heureusement qu'il n'est pas très, très pénible ni dangereux. Hier après-midi, cependant, nous nous sommes rendus tout près d'un point où quelques heures auparavant une patrouille ennemie qui voulait tenter de faire sauter un de nos points d'appui avancés fut repoussée par les nôtres abandonnant sur le terrain un sous-officier blessé mortellement. Ce dernier que j'ai pu voir ce matin était âgé de vingt- sept ans et armé de grenades à manche. Louis, tu dois connaître çà, revolver et fusil d'un modèle récent capable d'être approvisionné de 14 balles. Cet après-midi, j'ai vu André Artigue qui avait reçu un colis de son père. J'ai cassé la croûte avec lui ; il avait un bon rôti de porc bien aillé. Ce soir, j'ai reçu une lettre d'Hélène m'apprenant que Roger venait d'arriver pour la deuxième fois.

Chère sœur et cher beau-frère, je termine pour ce soir dans l'espoir que la présente ira vous trouver en parfaite santé à tous deux. Votre frère et beau-frère qui ne vous oublie pas. Léon

Mercredi 6 mars 1940 *carte F.M.* **107**

Cachet Poste aux armées du 07/03
Cachet bureau Poste Cadéac du 10/03

Bien chère maman,

Rien de changé, rien de nouveau, je suis toujours au même endroit. Nous y sommes d'ailleurs très bien et personne ne s'y ennuie : l'emplacement est bon, confortable et assez éloigné du danger éventuel. Le travail que nous avons à faire n'est pas des plus durs et, à tous, nous arrivons facilement à bout. Le matin, nous avons installé une ligne téléphonique. Le camion nous avait portés au lieu de travail. Aussi, cet après-midi, avons-nous repos. Dans la matinée, la neige tombait abondamment. Le sol est recouvert d'une légère couche qui disparaitra rapidement.

J'ai de bonnes nouvelles de Louis et Léonie qui sous peu vont m'envoyer un colis. J'ai écrit à Monsieur le Maire pour qu'il me fasse parvenir un papier.

Chère maman, ma santé est excellente et je souhaite de tout cœur que la présente aille te trouver de même. Ton fils qui t'embrasse. Léon

Lundi 11 mars 1940 *lettre* (09) **108**

Reçue le 15, réponse le 16

Chère sœur et cher beau-frère,

C'est à deux de vos lettres que je réponds : celle du 6 (n°6) et celle du 8 (n°7) que j'ai reçu ce soir ainsi que deux *Républicains* (5 et 6). Sur l'un d'eux figure la citation du téléphoniste de la rue Carnot : je l'ai eu vu, je crois même avoir causé avec lui, mais il parait qu'il y avait deux croix à distribuer. Les copains les ont désignés et d'après ce que j'ai entendu dire : comme ils n'en fichaient pas lourd, peut-être que la décoration les encouragera à travailler un peu plus. Autrement dit, c'est du luxe et ça ne mérite pas de paraitre sur les journaux régionaux comme fait de guerre.

Hier matin, neuf heures, j'ai été vacciné derrière l'épaule ainsi que deux copains de chambrée. Demain, c'est au tour de trois autres. Nous n'y passons pas tous à la fois afin qu'il y ait toujours des téléphonistes disponibles soit pour installer ou réparer des lignes. J'ai eu un peu de fièvre. L'épaule me fait encore un peu mal, mais j'espère qu'après la deuxième nuit, c'est-à-dire demain matin, il ne restera plus grand-chose. En ce qui concerne l'article du journal, je ne tiens nullement à changer de compagnie. Quant à Jean-Marie Rumeau, plus âgé que moi, chauffeur d'officier d'état-major, je crois qu'il n'est guère à plaindre. Vendredi après-midi, j'ai été voir André Artigue. J'ai goûté avec lui, il avait reçu du rôti de porc de son père, bien aillé : il était délicieux. Le lendemain, il devait quitter ce cantonnement, car son bataillon (le 3e) allait relever le 2e qui était aux positions depuis notre arrivée ici. Malgré qu'il soit plus éloigné, j'aurai autant de chances, car souvent nous allons à Rott, village où il va cantonner.

J'ai donné le bonjour à Massaly qui m'a dit de vous le retransmettre. Il est toujours au bureau de la compagnie. De temps en temps, il vient faire un brin de causette avec ses anciens coéquipiers. Quant à Clouzet, depuis plusieurs jours, il a été évacué sur un hôpital, au juste je ne sais pour quelle maladie. Aujourd'hui, il a fait très beau, mais je n'ai osé sortir de peur que ça me joue un sale tour. J'espère que vos aurez trouvé maman en bonne santé. Tu me demandais s'il me fallait une pile. Non, je m'en sers très peu vu que nous sommes bien éclairés et que je reste au cantonnement. Le lieutenant ne veut pas me détacher dans un poste, il préfère me garder à sa disposition pour l'aménagement de centraux, construction de lignes, etc. Je crois pouvoir dire que je suis bien dans ses papiers.

Chère sœur et cher beau-frère, je termine pour ce soir en vous en embrassant bien fort. Votre frère et beau-frère qui ne vous oublie pas. Léon

Lundi 11 mars 1940 *lettre F.M.* **109**

Cachet Poste aux armées du 13/03
Cachet bureau Poste Cadéac du 16/03

Bien chère maman,

J'aurais voulu t'écrire hier, mais ayant été piqué, comme les copains, j'étais mal en point pour cela.
Aujourd'hui, je suis debout, ça va un peu mieux. J'ai bien un peu de fièvre, mais l'épaule me fait moins mal. À part cela, ça va très bien, la santé est excellente. Ces jours derniers, la température s'était à nouveau rafraichie. Nous avons eu même plusieurs bourrasques de neige. On sent quand même que le Printemps est proche, car le matin, il fait bon, les oiseaux commencent à chanter.
Vendredi dernier, j'ai été voir André Artigue. J'ai mangé avec lui du rôti de porc que son père lui avait envoyé dans un colis. De mon côté, j'attends celui que doit m'envoyer Léonie. Oh, tu sais, nous ne sommes pas trop à plaindre, mais tout de même et de temps en temps ça fait plaisir de manger quelque chose qui vient de chez soi. J'ai reçu des nouvelles de Toulouse et Luchon. Toutes ont été grippées, mais elles sont complètement rétablies.

Bien chère maman, je termine pour aujourd'hui en espérant que la présente ira te trouver en parfaite santé. Le bonjour à la famille Soulé. Ton fils qui ne t'oublie pas. Léon

Jeudi 14 mars ***1940*** *lettre F.M.* **110**

Cachet Poste aux armées du 16/03
Cachet bureau Poste Cadéac du 19/03

Bien chère maman,

J'ai reçu ce soir la lettre que Léonie m'avait écrite pendant les deux jours qu'elle a passés auprès de toi. J'ai appris avec grand plaisir que vous étiez tous trois en parfaite santé.

Quant à moi, il en est toujours de même, ça va très bien. Le plus désagréable, c'est qu'aux grands froids succède une période de pluies et de vent. Aujourd'hui, il n'a fait que ça. En dehors de ça, tout est bien calme et je crois que nous resterons dans ce château jusqu'au début du mois prochain, après quoi nous irons au repos.

Pendant ces derniers jours, je n'ai vu ni André Artigue ni Jean-Marie Rumeau. Peut-être ce dernier est-il déjà à Cadéac ?
La nouvelle du décès de Sylvie m'a réellement surpris. Pauvre femme, elle a eu tôt fait et pourtant, lors de ma permission, il m'avait semblé qu'elle avait une physionomie bien fraîche. Une de plus qui manquera bien. Pauvre Irma, elle va en avoir du travail. Je plains également Dominique qui aura appris la triste nouvelle, si loin. Mon meilleur souvenir à la famille Soulé.

Bien chère Maman, je termine pour ce soir en t'embrassant de tout cœur. Ton fils qui ne t'oublie pas. Léon

Jeudi 14 mars 1940 *lettre* (10) **111**

Reçue le 18, réponse le soir

Bien chère sœur et cher beau-frère,

J'ai reçu ce soir au courrier de cinq heures votre gentille lettre que vous m'avez envoyée de Cadéac.

À l'instant, je viens de terminer une petite lettre que j'ai envoyée à maman. Vraiment, je n'en reviens pas de cette mort si cruelle, si précipitée. Elle qui lors de ma permission m'avait donné un petit gâteau du four. Elle était toujours très gentille. Pauvre Irma, elle va en avoir du travail et Dominique, quel coup pour lui surtout étant si loin. Depuis mon retour, je lui écrivais. Il m'avait déjà répondu une fois. Demain, je ferai une petite carte pour chez Estrade.

Depuis quelques jours, aux grands froids succèdent et la pluie et le vent. Cet après-midi, il a même tonné. Durant toute la journée, le vent souffle avec rage. Vers cinq heures et demie, il nous a fallu partir dépanner une ligne de plusieurs kilomètres. Nous avons eu assez de veine, car à la deuxième vérification, nous avons trouvé les deux fils cassés entre deux arbres : ils étaient certainement trop tendus et le vent faisant jouer les arbres, ils ont cassé. Heureusement que nous avons vite trouvé la panne. Ainsi, nous avons pu rentrer pour la soupe, vers six heures. Le lieutenant, satisfait, nous a offert un Byrrh. Il est neuf heures vingt, quelques copains sont couchés, huit jouent aux cartes, d'autres écrivent. À L'instant, un téléphoniste du central vient de nous apprendre que plusieurs lignes ne répondaient pas. Donc, pas de doutes, cassées. Du travail pour demain. Aussi, nous pouvons nous attendre à partir à six heures. À part ça, tout va très bien. Ce matin, j'ai fait la lessive.

Les permissionnaires partent toujours à la cadence de 3 tous les deux jours, 25 environ sont partis. Je ne compte pas encore, car 136 c'est encore bien loin. Dans l'attente de recevoir le colis, je termine, chère sœur et cher Louis, en vous embrassant de tout cœur. Votre frère et beau-frère. Léon

Dimanche 17 mars 1940 *lettre* (11) **112**

Reçue le 21, réponse le 22

Chère sœur et cher beau-frère,

J'ai reçu hier votre lettre du 13 et ce soir deux journaux.

Ce matin, j'ai été à la messe et ensuite avec une équipe j'ai été installer des lignes tout près d'ici. L'après-midi, nous aurions dû continuer ce travail, mais nous avons eu la pluie : une pluie douce, mais serrée et continuelle. La voiture des transmissions se rendant au PC du 3e bataillon, j'ai demandé à l'adjudant de m'amener afin que je puisse voir un copain. Donc, nous voilà partis, amenant comme d'habitude mon chien *Drac*. J'ai trouvé André Artigue, faisant l'horloger ; il essayait de réparer un carillon. Je me suis rendu chez les pionniers divisionnaires croyant y trouver le chef Carmouze, parent des patrons, mais lui aussi avait quitté le secteur pour une bien triste corvée : sa femme étant décédée ces jours derniers. À mon retour, j'eus la surprise d'apprendre que j'étais de garde : oh, je n'ai pas à me plaindre, c'est la première fois depuis que nous sommes ici. Le chef de poste est le caporal Gabas, de Vielle (celui qui travaillait à Tarbes avec Carrère). Il m'a rappelé que Louis avait été les voir et il m'a dit de vous transmettre le bonjour à la première occasion. Chose qui voilà est faite.

Hier, j'ai reçu une lettre de Blaisine m'annonçant la triste nouvelle. Mais, déjà la veille, j'avais envoyé une petite lettre de condoléances.

Tout à l'heure, j'ai retrouvé une connaissance (masculine naturellement) d'il y a plus de dix ans. Le général est arrivé (ce n'est pas de lui qu'il s'agit). Nous lui avons rendu les honneurs. Ensuite, avec son officier d'ordonnance et notre colonel, il s'est approché de nous et, comme j'étais le seul à être chaussé de bottes, il m'a questionné : *« Est-ce pratique, fatiguant ? Etc.. »* Il a également fait allusion aux pantalons bouffants. Je lui ai dit qu'on y était plus à notre aise, que les mouvements étaient plus libres. Le visage de son chauffeur avait attiré mon attention. Il me semblait le connaître, mais, comme habillés de la sorte, nous nous ressemblons tous plus ou moins, j'hésitais. Enfin, je me décide et me trouve en présence du commis de réception de l'Hôtel du Palais, lorsque j'y étais. Nous avons causé un moment. Il avait quitté Pau pour passer deux ans en Angleterre. Avant la mobilisation, il était directeur d'une entreprise de transport à Vichy. Ces jours derniers, j'ai eu également l'occasion de voir Duffour, le boucher de chez Souque. Il était cuistot, et, les quelques téléphonistes que nous étions lui devons d'avoir bien cassé la croûte avec de bons beefs. Il m'a dit : *« tu donneras le bonjour à ton beau-frère »* et en même temps il m'a rappelé un certain soir de 1er de l'An ou de Noël que vous aviez passé ensemble. Nous avons comme adjudant de transmissions un Tarbais – Managot – qui avait tenu l'épicerie d'à côté de Cayrefour, le marchand d'huîtres. Avant de s'engager, il était au dépôt. Quant au colis, je ne compte pas le recevoir de suite, car par la gare, ils mettent quelques jours de plus. Jean-Marie Rumeau est à Cadéac, j'ai appris ça vendredi dernier. D'un coup de vélo, j'avais été le voir et il y avait déjà huit jours qu'il était parti. Samedi soir, nous avons touché l'indemnité de combat de la première montée en ligne, soit 230 francs : ça met du beurre dans les épinards. Cette fois, nous ne toucherons rien, car notre compagnie cantonne en arrière de la ligne Maginot. Un officier de liaison de l'artillerie est détaché avec notre État-Major. Son visage ne m'était pas inconnu. Je viens d'apprendre par Gabas que c'était le frère du patron des Vêtements Maurice – un bel homme fort, assez jeune et portant des lunettes. Chère sœur et cher beau-frère, je termine pour cette fois en vous embrassant bien fort à tous deux. Votre frère et beau-frère. Léon

Lundi 18 mars 1940 : *Col du Brenner, rencontre entre Mussolini et Hitler.*[82]

✉ **Lundi 18 mars 1940** *lettre F.M.* **113**

Cachet Poste aux armées du 20/03
Cachet bureau Poste Cadéac du 23/03

Bien chère maman,

Voici deux jours que j'ai à nouveau reçu une longue lettre de Léonie me disant le travail qui a été fait pendant les deux jours qu'ils ont passés auprès de toi. Elle m'a également dit qu'elle m'avait expédié le colis que je recevrai d'ici quelques jours, car, étant expédié de la gare et non de la poste, il mettra un peu plus de temps à venir.

Hier et ce matin, il pleuvait. Ce soir, le ciel est étoilé. Hier dimanche, j'ai été voir André Artigue. Il est très bien et était content de me voir. Ce soir, j'ai reçu une lettre de Joseph Mur et une de Tarbes des patrons.

Chère maman, je n'ai pas grand-chose d'autre à te dire, nous sommes toujours au même château, tout est calme, la santé est excellente et je souhaite de tout cœur que le présent petit mot aille te trouver de même. Ton fils qui t'embrasse et ne t'oublie pas. Le bonjour à la famille Soulé. Léon

Mercredi 20 mars 1940 : *« Démission de Daladier, 300 députés s'étant abstenus de lui apporter leur soutien. »*[83]

Jeudi 21 mars 1940 : *« Paul Reynaud président du Conseil et ministre des Affaires étrangères. »*[84]

✉ **Vendredi 22 mars 1940** *lettre* (12) **114**

Reçue le 26, réponse le 27

Bien chère sœur et cher beau-frère,

J'ai reçu hier votre longue lettre du 18 alors que j'étais encore au lit pour me remettre de la deuxième piqûre que j'avais subie la veille. Cette dernière a été de beaucoup moins douloureuse que la première. Aussi, nous avons mangé comme si de rien n'était.

Ce soir, je reprends la garde, car nous sommes tous pris. Nous avons pas mal de travail à faire. Vous me parlez d'un certain Claverie qui m'a vu, je ne vois pas du tout.

Je viens de recevoir une lettre de Dominique Anglade qui me disait avoir reçu à Cadéac la lettre que je lui avais envoyée en Tunisie (on doit lui faire

---

82 *« Chronique du 20ème siècle »*, *op. cit.*, p. 554.
83 *« Lettres du temps de guerre 1939-1942 »* de Christian Melchior-Bonnet, présenté et annoté par Alain Melchior-Bonnet (1999), p. 51. Éditions Imago.
84 *« Lettres du temps de guerre 1939-1942 »*, *op. cit.*, p. 51

suivre le courrier). Il m'a appris la mort d'Antoine Montaner et le jour qu'il m'écrivait Victorin était à la maison pour le champ. J'ai reçu une lettre de la patronne me donnant des détails sur les deuils qui viennent de les frapper.

Chère sœur, ne t'en fais pas pour le papier à lettres, j'ai ce qu'il me faut, nous nous le procurons par l'intermédiaire des motocyclistes qui assurent la liaison avec la division.

Jean-Marie Rumeau ne saurait tarder à revenir de permission, j'irai le voir dès que j'aurai un moment. Depuis quelques jours, le temps est au beau. Je viens d'envoyer un mot à maman. La santé est excellente et je souhaite de tout cœur que la présente aille vous trouver de même. Votre frère et beau-frère qui ne vous oublie pas. Léon

Lettre (13) manquante

Vendredi 22 mars 1940 *lettre F.M.* **115**

Bien chère maman,

Deux petits mots pour dire que tout va bien. Je suis complètement remis des deux vaccins que j'ai supportés comme tous les copains d'ailleurs.

Ce soir est rentré un permissionnaire de la compagnie qui m'a dit qu'il avait rencontré en cours de voyage un artilleur du 214e qui avait un colis pour un soldat téléphoniste du 49e. J'en ai conclu que cet artilleur était Jean-Marie Rumeau. Nous cantonnons dans deux villages différents distants de quelques kilomètres. Peut-être, irai-je le voir demain, à moins que ce ne soit lui qui arrive le premier. Nous sommes toujours au même endroit. Hier, j'ai reçu une lettre de Dominique Anglade qui venait d'en recevoir une des miennes que je lui avais envoyées en Tunisie. Il m'a appris la mort d'Antoine Montaner qui a suivi de près sa pauvre mère. Il m'a également dit que le jour qu'il m'écrivait Victorin fumait et labourait le champ. Voici déjà quelques jours que j'ai reçu le gros colis[85] que m'avait envoyé Léonie. Il est arrivé en parfait état. Depuis quelques jours, nous avons le beau temps ; quelques petites pluies seulement qui font bourgeonner les arbres et reverdir les prairies à vue d'œil.

Bien chère maman, je reçois de partout de bonnes nouvelles et espère que la présente ira te trouver de même.

Reçois les meilleurs baisers de ton fils qui ne t'oublie pas. Bien le bonjour à la famille Soulé. Léon

---

[85] Colis de 5 kg 900 expédié de la gare et contenant : jambon, ventrèche, saucisson, saucisse, chocolat, figues, bonbons, gâteaux, thé, sucre, fromage, 1 thon, 2 sardines à la tomate, 2 pilchards, 1 pâté, 2 pochettes papier à lettres et 3 journaux.

Lundi 25 mars 1940 *lettre* (14) **116**

Reçue le 29, réponse le 30

Bien chère sœur et cher beau-frère,

J'ai reçu ce soir votre lettre du 22 (11) ainsi que deux *Républicains*. Hier, j'en avais également reçu un. André aussi m'a écrit ainsi qu'Hélène.

Hier, jour de Pâques, le matin, avec sergent, caporal, lieutenant, nous avons été faire une reconnaissance de terrain pour y installer de nouvelles lignes. Vers midi, nous sommes rentrés. On nous a servi un repas digne de ce jour. L'après-midi, je me suis rendu à Lampertsloch pour voir Jean-Marie Rumeau qui était rentré de permission la veille. Maman lui avait donné un petit paquet contenant un saucisson, une tranche de jambon, deux bouts de saucisse. Il m'a gardé pour dîner avec eux et je me suis régalé : ils sont tous cuistots et ils ont ce qu'il faut. Son régiment ayant installé un foyer, je m'y suis rendu pour acheter une bonne bouteille de Saint-Émilion. Je suis rentré vers dix heures en compagnie de *Drac* et guidé par de clairs rayons de lune qui pénétraient dans le sous-bois. D'Hélène, j'ai reçu une superbe carte garnie d'un gros œuf de Pâques et d'un écusson en forme de cœur renfermant un soldat serrant contre lui une délicieuse petite. Monsieur Benazet, l'ingénieur du secteur est au même village de Jean-Marie. Hier et aujourd'hui, nous avons eu un temps superbe. Cet après-midi, j'ai été au village où est Duffour le boucher de chez Souque, il était bien.

Chère sœur et cher beau-frère, je termine pour ce soir en vous embrassant de tout cœur. Je continue par un petit mot à maman et ensuite à Hélène. Léon.

P.S. Je n'ai pas encore reçu le certificat que j'avais demandé au maire. A-t-il reçu ma lettre ? Je me le demande.

Mardi 26 mars 1940 *lettre F.M.* **117**

Bien chère maman,

Voilà deux jours que j'ai été voir Jean-Marie Rumeau ; c'était donc dimanche, dans l'après-midi. Le soir, ayant été invité par lui, j'y suis resté pour diner et c'est vers dix heures du soir, accompagné de mon chien *Drac* et éclairé par un beau clair de Lune que j'ai rejoint mes camarades. Il m'a remis le petit colis que tu lui avais donné pour moi et qui me permettra de bien déjeuner pendant plusieurs jours. Les jours derniers, j'ai reçu des nouvelles de Louis et Léonie. Depuis samedi, il fait de belles journées et si cela continue, les arbres ne tarderont pas à être couverts de fleurs. Ce soir, nous avons ramassé des pissenlits et en avons fait une belle salade. Nous avons toujours du travail. Dans un sens, c'est préférable, car ainsi le temps passe plus vite. Je ne sais encore quand nous descendrons au repos. Le secteur étant très calme et assez plaisant, il ne nous tarde guère de le quitter. Depuis quelques jours, je n'ai pas eu l'occasion de voir André Artigue, car notre travail, en ce moment, n'est pas de ce côté. La santé est excellente et je souhaite de tout cœur que la présente aille te trouver de même. Bien le bonjour à la famille Soulé. Ton fils qui ne t'oublie pas. Léon

Mercredi 27 mars 1940 : *« Allemagne, Heinrich Himmler ordonne la construction du camp de concentration d'Auschwitz. »* [86]

Jeudi 28 mars 1940 : *« Accord franco-britannique interdisant tout armistice ou toute paix séparée. »* [87]

Jeudi 28 mars 1940 *lettre* (15) **118**

Reçue le 1er avril, réponse le 02

Bien chère sœur et cher beau-frère,

J'ai reçu hier votre lettre que vous aviez envoyée de Cadéac. Aujourd'hui, j'ai reçu deux *Républicains*. Dimanche, je me suis rendu au village où est Jean-Marie Rumeau prendre possession du petit colis que lui avait confié maman – mais je crois vous en avoir déjà causé. Ce soir également, j'ai reçu des nouvelles de Toulouse me remerciant de la photo. Tante également fait allusion à la prochaine perm et voudrait que mon arrêt parmi elles soit un peu plus prolongé que la dernière fois. Que dois-je faire ? Dix jours sont si vite passés. Depuis une quinzaine de jours, nous partons soit tous les matins, toutes les après-midis. Heureusement que le travail n'est pas excessivement fatiguant et ce qui nous fait plaisir à tous : c'est de pouvoir respirer librement au lieu de rester des journées entières dans le cantonnement. De Dominique, j'ai reçu une longue lettre à laquelle je dois la réponse. Ainsi, journellement, nous installons de nouvelles lignes se ramifiant sur des positions que nous allons occuper incessamment et ceci ne nous permet guère de supposer une proche relève. Et pourtant, voilà près de deux mois que nous sommes là. Hier encore, la neige tombait en abondance, mais ce ne fut qu'une bourrasque de courte durée. J'ai des nouvelles d'André et d'Hélène qui me dit que son frère Jean arrive ces jours-ci.

Hier, j'ai écrit aux patrons et à Généraux qui est à la frontière du Luxembourg.

La santé est excellente, tout va bien et j'espère que la présente ira vous trouver de même. Votre frère et beau-frère. Léon

---

[86] *« Chronique du 20ème siècle »*, *op. cit.*, p. 554.

[87] *« Lettres du temps de guerre 1939-1942 »*, *op. cit.*, p. 51

Avril 1940

Lundi 1er avril 1940 : *« Allemagne, la loi sur l'Ostmark parachève l'annexion de l'Autriche. »* [88]

Mardi 2 avril 1940 *lettre* (16) **119**

Reçue le 8 au matin, réponse carte le soir

Bien chère sœur et cher beau-frère,

Cette fois, c'est à deux de vos lettres que je dois la réponse (27 et 30). Ce n'est plus du Château de Marienbronn que je vous écris, c'est la vie à la montagne que nous menons. Avec deux copains, nous exploitons un central téléphonique et avons l'entretien des lignes que nous desservons. Nous sommes installés dans une des nombreuses baraques en planches que les sapeurs du génie ont montées tout récemment. Une compagnie est avec nous et c'est elle qui nous nourrit. Pour le moment, ça va très bien et je crois qu'à ce train, si nous n'avons pas plus de travail que ça, nous allons faire du lard. Le secteur est très calme ; nous sommes au sommet d'une colline assez élevée et richement boisée de sapins. De là, nous jouissons d'un point de vue admirable tant sur chez nous que sur les *fritz*. La frontière n'étant qu'à quelques kilomètres de nous. Hier, nous avions une journée admirable. Le thermomètre marquait + 25°. En revanche, cette nuit, la pluie est tombée et maintenant le temps est couvert et assez frais. Hier, à plusieurs reprises, nous avons été survolés, mais, à très haute altitude. J'ai reçu une lettre d'Hélène m'apprenant la visite qu'elle vous a poussée : elle m'a également parlé de son vélo. Préalablement, elle m'avait demandé conseil pour le prix du vieux car elle l'a vendu. Elle m'a dit également que Louis était toujours là pour dire des blagues…

Cher Louis, je pense à toi pour les cigarettes. Parfois, on nous donne des *Gauloises*. Quant aux broches, je ne sais où nous irons au repos, mais rassurez-vous, j'y songerai. Je vous embrasse de tout cœur. Votre frère et beau-frère. Léon

Mercredi 3 avril 1940 *lettre F.M.* **120**

Bien chère maman,

Un petit mot pour te dire simplement que je suis en parfaite santé et j'espère de tout cœur que la présente ira te trouver de même. Hier, j'ai reçu une lettre de Léonie à qui j'ai répondu de suite. J'ai également répondu, hier, à Dominique Anglade qui, lui-même, m'avait écrit depuis son retour. Depuis 3

[88] *« Chronique du 20ème siècle », op. cit.*, p. 555.

jours, je suis détaché avec deux copains comme téléphonistes dans un camp de baraques qu'occupe une compagnie. Nous sommes en haut d'une colline boisée de sapins. Le travail n'est pas trop bien dur, étant assis du matin au soir. Nous assurons le service à tour de rôle et ainsi nous avons de longues heures de liberté. Nous sommes nourris par la compagnie qui loge avec nous. Nous sommes très bien nourris, nous avons suffisamment de vin. Hier, nous avons eu une belle journée, même très chaude. En revanche, aujourd'hui, nous avons la pluie et il fait assez frais. Donc, bien chère maman, je suis tout à fait bien et j'ai tout ce dont j'ai besoin. Je n'ai pas vu André Artigue, depuis plusieurs jours, car je ne puis m'absenter faisant fonction de chef de poste. Je termine en t'embrassant de tout cœur. Ton fils qui t'aime et ne t'oublie pas. Léon

Vendredi 5 avril 1940 *lettre* (17) **121**

Reçue le 10, réponse le 12 au soir

Bien chère sœur et cher beau-frère,

Après une période assez surchargée de travail, me voici depuis quelques jours dans un emplacement nouveau avec un travail de tout repos. Notre séjour ici serait des plus agréables s'il faisait moins froid. Depuis trois jours, il pleut presque sans arrêt et, sur le matin, il fait froid dans la paille. Dans ces baraques, l'air rentre un peu de partout. En dehors de ça, tout va pour le mieux. Nous sommes très, très bien nourris, plus que nous ne pouvons en manger ; du vin, nous en avons assez. Quant au travail, à trois, nous y arrivons à l'aise. Le plus ennuyeux, c'est qu'à n'importe quelle heure de la nuit la sonnerie du téléphone vient nous arracher de notre profond sommeil. Nous ne nous plaignons pas, ce serait plus dur s'il fallait, à tour de rôle, veiller toute la nuit. Demain, nous descendrons au village où sept autres copains exploitent un autre central. Parmi eux est le caporal de Bagnères qui était venu en permission en même temps que moi. Là, nous nous mettrons à la recherche d'un petit fourneau pour chauffer notre casbah. Autrement, avec un bidon, nous en fabriquerons un. Ce soir, tous deux, le troisième restant au central, nous irons au cinéma et coucherons avec les autres sept pour ne remonter que le lendemain matin. J'ai reçu votre longue lettre du 2 (15) ainsi qu'une de Luchon, mais elle ne me parle pas de la photo. Quant au certificat, je l'attends toujours. Étant détaché ici, je ne puis transmettre le bonjour à Massaly qui doit être toujours au bureau. Clouzet qui avait été évacué, je ne sais s'il est de retour. Le copain, un Landais, a reçu un colis contenant : un poulet, deux cuisses canard (en confit) et dans une boîte un civet de lièvre. Nous nous sommes régalés. L'autre, un Basque, en avait également reçu un ces jours derniers. Quant à moi, j'ai encore des boîtes. Donc, tout va très bien, il ne me manque rien. Je vous embrasse de tout cœur. Léon

✉ **Dimanche 7 avril** ***1940*** *lettre F.M.* **122**

Bien chère maman,

Ce soir, j'ai reçu une lettre de Madame Estrade m'apprenant que tu es en parfaite santé, ce qui ne peut que me faire plaisir. Je puis t'en dire de même pour moi. Je suis aussi bien qu'on peut l'être étant en guerre. Bien sûr, il serait préférable que je sois plus près, que je puisse arriver plus souvent. Je compte bien, d'ici un mois, pouvoir passer quelques jours avec toi. Après quelques jours de pluie, le beau temps est revenu. La nuit, il gèle un peu et dans nos baraques en planches assez mal jointes, il ferait un peu froid, mais les deux copains qui sont détachés avec moi couchent à côté de moi sur la paille et nous nous serrons bien les uns contre les autres. Ces jours derniers, j'ai reçu également une lettre de Léonie me disant qu'elle avait été t'aider à trier et monter les pommes de terre. J'ai aussi reçu de bonnes nouvelles de Toulouse et de cousine de Luchon qui me dit que son fils Bertrand[89] est rentré en France pour la servir. Bien chère maman, je termine pour aujourd'hui en t'embrassant de tout cœur. Ton fils qui ne t'oublie pas. Léon

✉ **Lundi 8 avril 1940** *lettre* (18) **123**

Reçue le 13, réponse le 15

Bien chère sœur et cher beau-frère,

J'ai bien daté ma lettre du 8, mais, en réalité, ce n'est que le lendemain, à quatorze heures, que j'y réponds et pour cause : c'est que nous avons eu le courrier ce matin au lieu d'hier soir. Le service du motocycliste qui nous le portait habituellement ayant été suspendu. Donc, hier soir, c'était à mon tour d'aller chercher les lettres. Je les ai attendues assez tard et il en a résulté, après une attente vaine, que j'ai dû manger et coucher au central d'en bas. J'avais donné un coup de téléphone à mes deux coéquipiers pour qu'ils ne s'inquiètent pas sur mon sort. Ce matin, vers huit heures, j'ai pu prendre connaissance de votre gentille carte de bonne fête et je vous en remercie de tout cœur. Quant au mandat, il mettra encore quelques jours à me parvenir, car c'est le sergent qui le touchera pour moi au bureau et qui me le fera parvenir.

Hier soir, la pluie s'est mise à tomber à nouveau et le froid l'a suivie. Un peu à notre droite, au début de la nuit dernière, il y a eu un peu d'activité de part et d'autre, mais pas de casse. Hier, une casemate de la ligne a tapé durant toute l'après-midi. À l'œil nu, dans la plaine allemande, nous pouvions voir le but atteint par les pruneaux. Dernier canard, il paraitrait que nous sommes encore ici pour un mois, jusqu'à ma perm quoi : elle comptera pour une cette

---

[89] Courrège Louis, Léon, Bertrand, né le 03/04/1907 à Bagnères-de-Luchon, 2e cl mobilisé au 11e RI, fait prisonnier et rapatrié en 1943. Cousin de Léon ayant émigré aux États-Unis d'Amérique en 1930, décédé à Atlantic City le 2 septembre 1946. Fils de Maria Pilar Gabas Noguéro et de Courrège Dominique.

montée, plus de trois mois. Si le calme persiste, tout ira bien, mais, il se pourrait qu'à force de les taquiner, de les harceler, ça prenne une forme différente. En même temps, j'ai reçu une lettre d'Hélène et deux journaux (3 et 4). Tout va bien, la santé est excellente. Je termine en vous embrassant de tout cœur. Léon
P.S. Hier, j'ai envoyé un mot à maman. Je n'ai toujours pas le papier du maire.

Mardi 9 avril 1940 : *« Invasion de la Norvège et du Danemark par les Allemands. »* [90]

Jeudi 11 avril 1940 *lettre* (19) **124**
Reçue le 15, réponse le soir

Bien chère sœur et cher beau-frère,

J'ai à vous accuser réception d'une lettre du 6 et une carte du 8 ainsi que de deux journaux. J'ai aussi reçu celui où figurait le petit article concernant l'exploit des filous de la 82e et l'heureuse intervention du garde de la SNCF (va-t-on te donner la croix de guerre ?). J'espère qu'au moment où vous parviendra la présente vous aurez reçu les précédentes. Ce matin, le temps était couvert, les deux artilleries ont donné dur. Les *fritz* ont tiré à notre droite et à notre gauche. À droite, devant nous, ils ont tiré sur un bois où étaient camouflées des pièces d'artillerie, mais je crois que leurs pruneaux n'ont pas trouvé d'amateurs. Ils sont restés sans effet. Dans l'après-midi, ce sont les grosses pièces de la ligne Maginot qui ont craché. Souhaitons que ces messieurs d'en face ne se réveillent pas, qu'ils soient assez préoccupés par le front de Norvège, Suède, Danemark. Il est à souhaiter que ces messieurs les Anglais leur arrangent la cravate et, je crois qu'ils y sont prêts. Tout cela est bien beau, mais le plus ennuyeux c'est que les permissions sont suspendues. Quand reprendront-elles ? Je n'en sais rien. Hier, j'ai écrit à Luchon, avant-hier à Marseille et Toulouse. Hier, également, j'ai reçu une lettre de Roger ; ce soir, d'Hélène. Quant à l'extrait que j'avais demandé au Maire, je ne l'ai pas encore reçu. Heureusement que ce n'est pas urgent.

Chère sœur et cher beau-frère, je termine en vous embrassant de tout cœur.
Léon

P.S. Le bonjour aux voisins et ceux qui demandent de nos nouvelles.

Samedi 13 avril ***1940*** *lettre F.M.* **125**

Bien chère maman,

---

[90] *« Chronique du 20ème siècle », op. cit.*, p. 555.

Durant ces quelques derniers jours, j'ai été tellement occupé que le temps a passé avec une rapidité extraordinaire. Aussi, me suis-je rendu compte ce soir que j'étais en retard de deux jours pour t'écrire. Rien de nouveau à t'apprendre. Je suis toujours au même poste. Au début de la semaine, nous avons pris l'initiative de nous construire un abri où nous pourrions nous réfugier en cas de bombardement, car nous avons jugé que la baraque en planche où nous retient notre travail ne serait guère résistante. Ainsi, nous faisons les terrassiers. Ensuite, nous ferons tomber des arbres pour faire la carcasse et surtout le dessus, car, il ne faut pas moins de quatre couches superposées de troncs d'arbres pour être vraiment à l'abri. Jusqu'à ce jour, nous n'en avons pas eu besoin et il est à souhaiter que ce moment ne vienne pas. Ce matin, au réveil, le sol était recouvert de quelques centimètres de neige. Dans la journée, il a plu. Je reçois de bonnes nouvelles de partout. De mon côté, ça va pour le mieux et je souhaite de tout cœur que la présente aille te trouver de même. Chère maman, merci d'avoir pensé à ma fête, j'ai reçu le billet ce matin. Ton fils qui ne t'oublie pas et qui t'embrasse. Léon

Tarbes, ***samedi 13 avril 1940*** **125-1**

Bien cher frère,

Deux mots, seulement, comme je ne viendrai pas demain vu le temps. Nous renvoyons à dimanche prochain. Nous avons eu de bonnes nouvelles de Léon, il devait aussi vous écrire, il n'avait pas encore reçu votre mandat, car étant plus loin, ça met plus de temps et ils sont obligés tous les 3, à tour de rôle, de descendre prendre le courrier. Aussi, c'est le sergent du bureau qui touchera son mandat pour lui transmettre.

Question de nourriture, il ne se plaindrait pas, mais il fait très froid et presque toujours la pluie. Et voilà 2 mois qu'il y est et peut-être jusqu'à la perme. C'est toujours le tour des mêmes. Enfin, vous irez trouver M. Abadie car il me dit ce soir que le papier ne lui est pas encore parvenu : il s'est peut-être égaré.

Nous espérons que ma lettre ira vous trouver en bonne santé comme elle nous quitte. Il pleut et il fait froid. On dit que là-haut il y a la neige, on s'en passerait pour la saison. Nous profitons d'éclaircies pour ramer les pois et sarcler.

Si vous avez besoin, faites-moi écrire deux mots. À dimanche.

Bons baisers de nous deux.

Louis et Léonie

P.S. Le bonjour à la famille Soulé.

Lundi 15 avril 1940 : *« Débarquement franco-britannique à Narvik. »* [91]

[91] *« Chronique du 20ème siècle », op. cit.*, p. 555.

Lundi 15 avril 1940 *lettre* (20) **126**

Reçue le 19, réponse le soir

Bien chère sœur et cher beau-frère,

Afin que mes lettres ne soient pas très espacées, c'est hier que j'aurais dû vous écrire. Je ne l'ai pas fait, car je n'avais rien reçu de vous. Ce soir, j'ai reçu votre longue lettre du 12 ainsi que les journaux des 11 et 12. J'ai également reçu une lettre d'Hélène me disant que Jean était reparti. Ce matin, enfin, le beau temps est revenu, mais la nuit, il fait encore assez frais et nous avons besoin de tous nos effets, des deux couvertures, des deux pulls. De ce fait, le printemps ne se manifeste guère apparemment dans ce sale pays. Je dis sale parce que nous y sommes, mais en plein été, en touriste, il doit être vraiment plaisant. Les chasseurs doivent se régaler : qu'est-ce qu'il y a comme palombes et comme biches. La semaine dernière, à travers bois, je longeais un chemin – l'arme en bandoulière – croquant un bout de chocolat et un crouton, tout à coup j'arrive sur une pente découverte et, à quarante mètres devant moi, je vois trois biches côte à côte qui me regardaient. M'étant arrêté, elles sont encore restées là quelques secondes alors que stupéfait je les regardais. Prendre le mousqueton, je n'aurais eu le temps, car il n'était chargé. Je me suis donc contenté de les voir grimper avec une aisance surprenante cette pente pourtant raide. Si j'avais eu l'arme prête à la main, j'en aurais bien ajusté une. Tant pis. Chère sœur, tu me demandes si j'ai amené le chien : non, car il ne pas vivrait longtemps. Tout soldat à l'ordre de tirer sur un chien, car ce pourrait être un chien de transmission ennemi. C'est donc le sergent qui s'en occupe au château. J'ai reçu le mandat de maman. Tout va bien. Je vous embrasse de tout cœur. Léon

Mercredi 17 avril ***1940*** *lettre F.M.* **127**

Bien chère maman,

Quelques lignes seulement pour te dire que tout va toujours bien. La santé est excellente, le moral aussi, la nourriture est bonne et assez abondante. Le travail qui nous est assigné à tous les trois, nous y arrivons très bien à bout. Le plus désagréable, c'est que le mauvais temps persiste : pluie, neige, vent. La température est assez fraîche et la nuit, dans nos baraques, il est nécessaire de bien se rouler dans les couvertures pour n'avoir pas froid. De Tarbes, j'ai de bonnes nouvelles et souhaite de tout cœur que la présente aille te trouver de même. Ton fils qui t'embrasse et ne t'oublie pas. Léon

Jeudi 18 avril 1940 *lettre* (21) **128**

Reçue le 22, réponse le soir

Bien chère sœur et cher beau-frère,

En même temps que votre lettre du 15, j'ai reçu ce soir les deux journaux annoncés. Je croyais t'avoir accusé réception du brin de muguet que tu avais joint à une lettre précédente. Une chose qui me chiffonne, c'est cette histoire de vélo… Il me semble que tu es bien renseignée et, à mon tour, je voudrais bien l'être par ton intermédiaire. Naturellement, c'est Hélène qui t'a dit qu'on lui avait volé le vélo. À moi, elle m'a dit qu'elle l'avait vendu au parfumeur. Peut-être, t'étonneras-tu que j'attache cette importance à cette petite histoire, mais ce que je n'admettrai pas, c'est qu'on emploie envers moi des arguments mensongers. J'ai horreur du mensonge et comme on ne peut avoir confiance à quelqu'un qui ment, il ne m'en faudrait pas davantage pour couper court à tout. Ceci doit rester entre nous, si tu ne peux me renseigner, je continuerai l'enquête moi-même. N'en fais nullement allusion quand elles viendront vous voir. Quant aux permissions, elles n'ont pas encore repris et je ne sais combien ça durera. Vu cette interruption, et seulement si elles reprennent ces jours-ci, je ne pourrai être en permission que vers la fin mai. Avant-hier, j'ai écrit à maman. Ici, nous avons toujours la pluie, il est vrai que si dans un sens c'est ennuyeux, ça nous donne l'avantage de n'avoir pas à redouter quelque manœuvre massive de la part des *fritz*. À part ça, tout va pour le mieux. Je termine en vous embrassant. Votre frère et beau-frère. Léon

Samedi 20 avril 1940 : *« En Allemagne, les militaires ayant du sang juif ou ayant épousé des Juives sont exclus de la Wehrmacht. »* [92]

Dimanche 21 avril 1940 *lettre F.M.* **129**

Bien chère maman,

Enfin, depuis deux jours, le soleil est venu remplacer et la pluie et le froid. Ce matin, vers 10 heures et demie, une messe a été dite au milieu de la forêt, sous les sapins, à proximité des baraques que nous occupons. Notre capitaine qui est aussi prêtre s'était déplacé pour venir faire un sermon. Ensuite, après la messe, il est venu nous voir à tous trois et, il m'a félicité, disant : *« je suis très heureux que tu sois caporal »*. Eh oui, chère maman, le 17, je recevais des coups de téléphone des copains me félicitant alors que moi je n'en savais encore rien. Le soir, notre lieutenant me l'a appris officiellement. Ceci ne change rien à mon affectation. La seule différence, c'est qu'au lieu de faire partie d'un atelier téléphonique composé d'un caporal et cinq hommes, je suis chef d'atelier. Le temps est ravissant, le soleil chauffe, les arbres commencent à verdoyer, les oiseaux sifflent gaiement. Avant-hier, j'ai reçu une gentille carte-lettre d'André Artigue qui est dans un village tout proche d'ici. Ces temps derniers, il s'occupait à forger haches, pioches et remettre des manches.

[92] *« Lettres du temps de guerre 1939-1942 », op. cit.*, p. 51

Joseph Mur, qui était également tout près d'ici, est descendu d'une dizaine de kilomètres. J'attends des nouvelles de Toulouse, de Luchon et aussi des patrons. De Tarbes, j'en ai toujours en abondance. Bien chère maman, dans l'espoir que la présente ira te trouver en parfaite santé, je termine en t'embrassant de tout cœur. Ton fils qui ne t'oublie pas. Léon

Lundi 22 avril 1940 *lettre* (21) **130**

Reçue le 26, réponse le soir

Bien chère sœur et cher beau-frère,

Ce soir, j'ai eu le plaisir de pouvoir lire votre longue lettre du 19 ainsi qu'une de Luchon et aussi une d'Hélène.

Depuis quelques jours, nous avons un temps rêvé, le soleil chauffe, la nature commence à verdoyer, les oiseaux à toute heure de la journée par leurs chants font revivre nos bois qui en hiver, encore même tout dernièrement, étaient si silencieux. Hier, comme les dimanches précédents, une messe a été dite parmi les sapins. Notre capitaine était venu faire un sermon. La messe terminée, il est venu nous trouver. Il me serra la main longuement, et ... Chers Louis et Léonie, je vais vous faire une petite surprise : *« Alors petit caporal »*, me dit-il, *« toutes mes félicitations, je suis très content que tu sois nommé car j'y tenais »*. Je me demande bien pour quelle raison il tenait à ce que je le devienne. Donc, c'est depuis le 17 que j'ai augmenté en grade. Quelle affaire, deux ou trois sous de plus par jour. Enfin, c'est le commencement, je n'en suis quand même pas fâché. J'aurais voulu arriver en permission pour vous faire la surprise, mais elle est tellement éloignée encore. Voici quelques jours, j'ai reçu une lettre d'André Artigue qui est tout près de moi, à quelques kilomètres quoi. J'apprends avec plaisir la visite que vous ont faite Hélène et Élise. Je n'ai pas encore reçu le certificat en question. Hier, j'ai écrit à maman. Bien chère sœur et cher Louis, pour le moment tout va pour le mieux. J'ai été un peu enrhumé, mais ça n'a été rien. Il ne me manque absolument rien. La relève bientôt et aussi la permission. Je vous embrasse bien fort à tous deux. Léon

Mercredi 24 avril *1940* *lettre F.M.* **131**

Bien chère maman,

Avant-hier, j'ai reçu deux longues lettres de Luchon et de Léonie. Toutes les deux étaient porteuses de bonnes nouvelles ainsi qu'une d'André Artigue et Joseph Mur qui, eux aussi, sont très bien. Ce soir, c'est une lettre de Madame Estrade qui est venue m'apprendre que tu étais toujours en bonne santé. Pour moi, il en est de même pour le moment. D'après certains bruits, certaines visites d'officiers d'un autre régiment qui n'est pas encore monté en ligne de cette fois ; il se pourrait que sous peu ils viennent prendre notre place afin qu'à notre tour, nous puissions aller passer quelques semaines de repos dans un lieu un peu plus sûr, un peu plus éloigné de ces messieurs. Après quelques jours de beau soleil, ce soir, un vent assez violent s'est levé et je crois bien qu'il va nous apporter la pluie. Chère maman, je termine pour ce soir en t'embrassant de tout cœur. Ton fils qui ne t'oublie pas. Léon

✉ **Jeudi 25 avril 1940** *lettre* (22) **132**

Reçue le 29, réponse le 30

Bien chère sœur et cher beau-frère,

Ce soir, le courrier ne nous est pas parvenu. La raison, c'est que notre relève a commencé ce qui contribue à décaler le courrier. De plus, de la compagnie, nous sommes les seuls qui somment si en avant. C'est pourquoi on ne juge pas nécessaire de déplacer une voiture ou une moto. Donc, nous sommes ici pour quelques jours encore (deux ou trois). C'est la division que nous avions nous-mêmes relevée qui vient reprendre les positions. Ils ont passé le repos où nous l'avions passé et, parait-il, les civils de ces villages seraient heureux de nous voir revenir parmi eux, car dans l'ensemble ils ont gardé un bon souvenir de nous. Quant à moi, je préférerais aller atterrir dans un coin encore inconnu où nous ne sommes pas passés. Les permissions reprendront certainement dès que nous serons installés dans nos nouveaux cantonnements. Hier, j'ai envoyé un mot à maman, à l'instant à Hélène. C'est tout juste si nous ne regrettons pas de quitter ce coin, car nous y sommes réellement bien. Je redoute le repos, car l'adjudant n'a pas fini de nous embêter et moi, maintenant, avec mes deux ficelles, il me faudra prendre la garde, diriger des corvées, etc. Ce qui nous fait plaisir, c'est que restant des derniers, nous ferons certainement le trajet qui nous sépare du lieu de repos en voiture alors que le gros du régiment le fera à pied. C'est appréciable. À part ça, tout va très bien. Dans l'espoir que la présente ira vous trouver en parfaite santé, je termine en vous embrassant de tout cœur. Votre frère et beau-frère. Léon

P.S. Hier soir, j'ai reçu deux *Républicains*. Merci

CARNET
Avril 1940

[Dans les derniers jours d'avril, un bataillon de chasseurs vint nous relever. Tard dans la journée, la camionnette des transmissions vient nous prendre et après un arrêt à Woerth où nous avons eu seulement l'occasion d'arroser nos galons, nous reprenons la route pour nous arrêter à nouveau à Uhrwiller où nous avons passé quelques jours. Ensuite, nous avons fait également un court séjour à Rothbach. De là, nous avons gagné Baerenthal et ensuite Lemberg, Enchenberg où nous n'avons fait que passer, car le haut commandement a jugé que nous étions trop près des lignes.]

Dimanche 28 avril 1940 *lettre* (23) **133**

Bien chère sœur et cher beau-frère,

Enfin, depuis hier soir dix heures, nous voilà rendus au patelin où nous allons passer notre petit repos. Je dis petit, car je crois qu'il ne sera que de trois semaines après quoi nous monterons, mais pas avec la même division : nous la quittons pour passer régiment d'infanterie alpine (RIA). Vraisemblablement notre numéro de secteur postal changera, mais je vous en aviserai quand le moment sera venu. Donc, nous sommes descendus d'environ 45 kilomètres. Étant restés les derniers en attendant nos remplaçants, nous avons eu l'avantage de faire le trajet en voiture. Les copains, eux, partis avant-hier soir, ont fait le trajet en deux étapes ; ils en avaient assez. Le village où nous sommes compte près de 800 habitants et se nomme Uhrwiller, mais il n'est guère intéressant.

Heureusement pour nous qu'il-y-a un foyer du soldat. Ce soir, il y a, parait-il, ciné. C'est de là qu'en ce moment je vous écris. J'ai reçu votre longue lettre voilà deux jours. Ce matin, j'en ai eu une de Toulouse et deux d'Hélène ainsi qu'une de J.M. Montaner et R. Rumeau. Le Marseillais ne m'a pas répondu. Je termine, car, il est onze heures et le foyer ferme. Tout va bien, la santé est excellente, rien ne me manque pour le moment. Les permissions repartent. Souhaitons que le pourcentage soit assez élevé afin que je puisse aller vous voir avant de remonter.

Je vous embrasse de tout cœur. Léon

Dimanche 28 avril 1940 **134**

Carte postale imagée (Retour d'Église)

Bien chère maman,

Depuis hier soir, dix heures, nous voilà au village où nous allons passer le repos que je crois est bien gagné, car depuis mon retour de permission nous étions tout à fait devant. Maintenant, étant en arrière de près de cinquante kilomètres, nous pouvons vivre tranquilles. De plus, nous sommes en pays habité, le village compte près de huit cents habitants. Comme j'ai été des derniers à partir, vu que j'ai dû attendre la relève et passer des consignes, j'ai eu la veine d'arriver ici en auto alors que la majeure partie est descendue à pied. Tout va bien, la santé est excellente et le moral aussi. Ton fils qui t'embrasse et ne t'oublie pas. Léon

Equipe de téléphonistes à l'entrée du central téléphonique de Cleebourg, le 25 avril 1940

Mai 1940

✉ Mercredi 1er mai 1940 *lettre* (24) 135

Reçue le 4, réponse aux deux le 4 au soir

Les premières violettes de Cleebourg cueillies à la descente du secteur le 27.04.40

Bien chère sœur et cher beau-frère,

Ce matin, m'a été remis par Clouzet le colis[93] dont vous l'aviez chargé. Il était en parfait état. Quant à Clouzet, il a été trimbalé de gare en gare avant de nous retrouver. Ce matin, je me suis levé à 6 h.et demie pour aller laver, car

[93] Dernier colis remis le 28/04 par Clouzet et contenant : Pilchards, thon, pâté, thé, sucre, gibbs, papier à lettres, biscuits, bonbons, ventrèche, saucisson, chocolat, Cognac, muguet, 2 journaux.

étant là-haut sans eau, je n'avais pu le faire. Vers 9 h, j'étais de retour et comme je me rasais, l'adjudant est venu me dire que je partais avec lui et le lieutenant dans un village voisin où s'installait le deuxième bataillon afin de le relier par téléphone au reste du régiment. Cet après-midi, je repars pour un village plus éloigné où se trouve le troisième bataillon. J'y étais hier et ai pu voir André Artigue qui est en bonne santé. Mes camarades ainsi que tout le régiment se rendent à une prise d'armes pour la remise de décorations et la présentation à notre nouveau général puisque nous avons changé de division. Avant-hier soir, les nouveaux gradés de la compagnie avons été réunis par notre capitaine qui nous a offert un vin d'honneur. Tout va bien, le temps me manque. À très bientôt pour plus longuement. Votre frère et beau-frère qui vous remercie et vous embrasse de tout cœur. Léon

Nouvelle adresse : Caporal Noguéro Léon, Compagnie de Commandement, 49e RI, Secteur Postal 12550

Toulouse, ***jeudi 2 mai 1940*** ***135-1***

Lettre d'Anna Tissinier à Louis et Léonie

Bien chers cousins,

Par ces quelques lignes, je viens au nom de nous toutes vous inviter à la 1re Communion de Marcelle qui se fera le 16 juin prochain. Nous serions très heureux de vous avoir tous ce jour-là, mais peut-être que pour Léon, ce ne sera pas possible, car il sera déjà venu en permission, mais enfin, nous comptons toujours sur vous deux et nous pensons que vous serez des nôtres pour deux ou trois jours. Nous ne faisons qu'un repas de famille où nous pensons être une douzaine avec les parents de Saint-Martin, de L'Isle-Jourdain, Élie et Hortense. Il n'y aura pas Marcelle et Roger. Nous ne pouvons faire ce repas à la maison faute de place, mais ce sera à Saint-Cyprien. Nous espérons que vous êtes tous deux en bonne santé ainsi que tante. Quant à Léon, il nous disait sur sa dernière qu'il pensait venir en permission au commencement du mois de mai. Nous y sommes, donc il ne tardera pas à venir. Élie est parti lundi dernier pour rejoindre la caserne de Foix d'où il nous a adressé une carte postale. Il croyait pouvoir aller à Pamiers, mais il nous a dit qu'il avait eu des inconvénients.

Chers Louis et Léonie, je vous quitte dans l'espoir de vous lire et de vous voir bientôt. Recevez les meilleurs baisers de nous toutes.

Votre cousine. Anna

Jeudi 2 mai 1940 *lettre F.M.* **136**

Bien chère maman,

La présente lettre aura un jour de retard, car c'est hier que j'aurais bien voulu te l'envoyer, mais le temps m'a manqué. Toute la journée avec la voiture, j'ai circulé d'un village à un autre pour installer des lignes téléphoniques. J'ai eu le plaisir de voir André Artigue qui, lui aussi, est au repos. En ce moment, je t'écris du bureau de poste du village où nous sommes au repos. Je suis là de garde au téléphone jusqu'à demain matin. Ensuite, ce sera le tour d'un autre. Hier, par l'intermédiaire d'un Tarbais qui est à ma compagnie et qui revenait de permission, j'ai reçu un colis de Léonie. Donc, bien chère maman, tout va très bien, et tout ira encore mieux lorsque mon tour de permission sera arrivé, mais il est encore assez loin, hélas. Je termine pour aujourd'hui en t'embrassant de tout cœur. Ton fils qui ne t'oublie pas. Léon

✉ **Vendredi 3 mai 1940** *lettre* (25) **137**

Reçue le 6, réponse le 8

Bien chère sœur et cher beau-frère,

C'est hier soir que m'est parvenue votre lettre du 30 alors que j'étais de service au central téléphonique du bureau de poste du village avec un des copains qui était avec moi là-haut. Hier soir également, nous avons pris le repas chez la bonne femme où nous logeons. Nous étions : 2 sergents, 1 caporal-chef et 4 caporaux. C'est notre sergent téléphoniste qui nous a offert çà pour fêter son départ en permission. Quelques bonnes bouteilles ont été débouchées. Chère sœur, comme je te l'ai déjà dit, nous revoilà au pays des cigognes, mais cette fois nous avons le plaisir de les voir évoluer ou juchées au-dessus de leur nid. Avec le printemps, elles sont aussi revenues. Rassure-toi, je n'oublierai pas de m'en procurer quelques-unes. De l'argent, je n'en ai pas besoin jusqu'à mon arrivée en permission, soit dans environ deux à trois semaines. Je reprends la lettre que j'avais dû abandonner pour me rendre avec l'adjudant des transmissions dans un village voisin. À mon tour, je dois féliciter Louis pour la belle adresse tout en lui disant que je pense à lui pour les cigarettes. Chère sœur, tu as l'air de me reprocher mon sourire et pourtant c'est cette bonne humeur, quasi constante, qui me fait être estimé des chefs. C'est tout au moins ce que m'a dit, hier en tête à tête, le capitaine qui est vraiment très gentil pour moi. Je n'ai toujours pas reçu le certificat du maire, mais j'attendrai d'être en permission pour l'obtenir. Tout va bien. Je vous embrasse de tout cœur. Léon

P.S. Hier soir, j'ai aussi reçu une lettre des patrons.

✉ **Dimanche 5 mai** ***1940*** *lettre F.M.* **138**

Bien chère maman,

Aujourd'hui, nous avons la pluie, oh, une pluie très fine, très douce. Hier, ayant obtenu l'autorisation du capitaine, je me suis rendu avec deux copains, en bicyclette, au village où nous avons passé notre précédent repos (celui où j'étais lorsque j'étais venu en permission). Les habitants étaient heureux de nous revoir et auraient voulu que nous revenions chez eux. Ils avaient gardé un bon souvenir du 49e. Hier soir, le cinéma aux armées nous a donné une représentation gratuite à laquelle j'assistais. Nous sommes rentrés tous satisfaits de cette soirée qui nous a fait vivre quelques heures de gaieté. Notre séjour ici se poursuit agréablement, mais étant désœuvrés, nous songeons trop à partir en permission et cela nous fait paraître le temps plus long. J'espère, toutefois, si tout va bien, venir te retrouver d'ici une quinzaine de jours. Avant-hier, j'ai reçu une longue lettre de Léonie à qui j'ai d'ailleurs répondu aussitôt après. Bien chère maman, tout va bien, je n'ai besoin de rien, la santé est excellente et je souhaite de tout cœur que la présente aille te trouver de même.

Ton fils qui t'embrasse et ne t'oublie pas. Léon

Lundi 6 mai 1940 *lettre* (26) **139**

Reçue le 9, réponse le 11

Bien chère sœur et cher beau-frère,

J'ai attendu le passage du vaguemestre croyant qu'il m'apporterait une de vos lettres. Peine perdue. Aussi, je m'empresse de vous faire deux mots afin qu'il les emporte et que vous ne restiez pas sans nouvelles trop longtemps. Avant-hier après-midi, avec deux copains, j'ai été en vélo à Weiterswiller où nous avions passé notre précédent repos. Nous avons été très bien accueillis, tout le monde était content de revoir des hommes aux écussons du 49e. Nous avons mangé chez le boulanger et, ensuite, nous sommes rentrés avec la camionnette qui avait transporté les permissionnaires à la gare. Nous avions fait le voyage aller en vélo (18 km), munis d'un laissez-passer signé du capitaine. Le soir, ici, nous avons assisté à une séance gratuite de cinéma. Je ne suis pas encore fixé sur la date de mon départ en permission. Je compte environ quinze jours. Hier, j'ai écrit à maman. Demain matin, nous allons aux douches en camion, à cinq kilomètres d'ici. L'après-midi, match de football auquel je ne participerai pas. Peut-être, irai-je en spectateur. Notre séjour à Uhrwiller se poursuit dans de bonnes conditions. Le temps, seul, n'est guère favorable. Ici aussi, nous commençons à gagner la confiance des habitants qui ont eu tôt fait d'apprendre à nous connaître. Je termine en vous embrassant de tout cœur. Léon

Mercredi 8 mai 1940 *lettre* (27) **140**

Reçue le 11, réponse le 13

Bien chère sœur et cher beau-frère,

Hier soir, vers 17 h 30, à notre retour, j'ai trouvé votre lettre du 4. Nous venions d'assister successivement à un match de football et un match de rugby joués par des équipes formées par des joueurs de tout le régiment. Au début de la deuxième partie, notre général, se trouvant de passage par-là, s'est arrêté et a assisté à toute la partie tellement elle était intéressante. À la mi-temps, il est rentré sur le terrain pour féliciter les équipes qui, au garde-à-vous, ont répondu à son salut. J'ai l'impression qu'il est très gentil, son âge : 56 ans d'après ce qu'on en dit. Le matin, en camion, nous avons été nous doucher à Obermodern, tout près de Bouxwiller. À mon retour, j'ai fait la lessive et hier soir c'était sec. À L'instant, je viens d'écrire à maman et à Toulouse. Je ne sais toujours pas quand j'arriverai et ne crois pas pouvoir vous le fixer, car nous ne le savons que deux ou trois jours avant. J'espère tout de même être parmi vous d'ici une quinzaine. J'ai reçu la dernière lettre d'André le 25 et j'espère bien que nous nous trouverons ensemble en permission. Hier après-midi, j'ai vu, au match, Buerba d'Arreau : lui non plus n'est encore parti. En ce qui concerne l'adresse, il n'y a que le numéro de secteur qui a changé. Au coin gauche de ta lettre, je vois, remarque 3f.4 – que veux-tu dire ? J'y retrouve, en arrangeant les chiffres d'une certaine façon, le numéro de la Chenard. Est-ce de ça qu'il s'agit ?

Je termine pour aujourd'hui en vous embrassant de tout cœur. Léon

P.S. Le bonjour chez M. Mounard et autres.

✉ **Mercredi 8 mai 1940** *carte postale* **141**

Bien chère maman,

Un petit mot pour te dire simplement que tout va bien. Je suis toujours au repos et espère bien aller te retrouver d'ici une quinzaine de jours, avant peut-être. Mais, ici, il est difficile de fixer une date, nous ne sommes au courant de notre départ que deux ou trois jours avant. Hier, j'ai reçu une lettre de Louis et Léonie. À l'instant, je viens d'écrire à Toulouse. La santé est excellente et je souhaite de tout cœur que la présente aille te trouver de même. Ton fils qui t'embrasse et ne t'oublie pas. Léon

Vendredi 10 mai 1940 : Huit mois après le début officiel de la guerre, l'offensive allemande est lancée contre les Français et les Britanniques retranchés derrière la ligne Maginot. Hitler attaque par surprise le Luxembourg, la Belgique et les Pays-Bas. *« Plus d'un million et demi de prisonniers de guerre français ont connu la captivité en 1940. Près d'un million d'entre eux ont subi une captivité de près de cinq années. »* [94]

[94] « ***La Captivité, Histoire des prisonniers de guerre français 1939-1945*** », Yves Durand, p. 32, ouvrage édité par la Fédération Nationale des Combattants Prisonniers de Guerre et Combattants d'Algérie, Tunisie, Maroc. V. Bibliographie en fin d'ouvrage.

Du soldat au combattant, il n'y a qu'un pas à franchir

Samedi 11 mai 1940 *lettre* (28) **142**

Reçus lettres et colis le 15, réponse de suite

Bien chère sœur et cher beau-frère,

Hier soir, tout en venant me chercher au village où était le 3e bataillon, le conducteur de notre voiture m'a apporté le courrier me permettant ainsi de le dépouiller plus tôt. J'avais été déposé dans ce patelin au début de l'après-midi afin d'y récupérer le matériel téléphonique que nous y avions installé et, après le départ du bataillon, rétablir à la poste le téléphone civil. J'ai passé un bon moment avec André qui attendait, fin prêt, le moment de partir. J'ai aussi aperçu Buerba d'Arreau qui lui aussi remontait. Quant à nous, pour le moment, nous restons ici. Le bataillon qui était ici, au même village, en même temps que nous est également remonté. Depuis hier, les permissions sont à nouveau suspendues. Peut-être, un de ces jours, vous enverrai-je un colis où je mettrai le pull et toutes les autres affaires inutiles, car nous avons bien assez d'affaires à trimbaler. Les jours derniers, j'ai reçu des journaux. Aujourd'hui, deux en ce qui concerne la chanson du 7e BTM. Tu m'excuseras, mais je ne puis te donner l'air ne le connaissant pas. Hier, j'ai reçu une lettre de Robert, mais, je suis gêné pour lui écrire : la mère Sabathié est-elle toujours avec eux et puis son adresse n'est pas très lisible : quel numéro de l'avenue J. Jaurès ? 303 ? Ces jours derniers, j'ai également reçu une lettre d'A. Saint-Martin. Clouzet est pionnier à notre compagnie tandis que le cousin à Mme Bordenave fait partie d'une compagnie de pionniers attachés à notre régiment. Dès que j'aurai un moment, j'enverrai un mot à Élie. Tout va bien, il ne me manque rien. Je vous embrasse bien fort. Léon

En pièce jointe au colis

Chère sœur,

Comme il se pourrait que je tarde encore assez à venir en permission et que d'ici là nous ayons à nous déplacer, peut-être plusieurs fois même, je m'empresse de te faire parvenir dans ce colis des affaires qui me sont inutiles. Garde tout le tabac que je t'envoie, à l'exception naturellement de celui dont aura besoin Louis. Quant aux broches, choisis celle ou celles qui te conviendront, mais malgré cela garde-les toutes.

<u>Ci-dessous, la liste du contenu du colis</u> :
Passe-montagne, Pull grenat, 15 paquets de tabac, 12 paquets cigarettes, 2 paires de chaussettes, 1 cornet de gâteaux secs (Weiterswiller), 9 broches diverses, 1 caleçon, 2 tours de cou.

Dès que tu seras en possession du colis, tu me le feras savoir. Tout va toujours bien, il ne me manque rien, sommes toujours au même endroit. Je vous embrasse de tout cœur. Votre frère et beau-frère. Léon

✉ **Samedi 11 mai 1940** *lettre F.M.* **143**

Cachet d'Uhrwiller sur la lettre

Bien chère maman,

Étant de service au téléphone du bureau de poste du village où nous sommes toujours, je me suis amusé à mettre un coup de tampon au haut de ma lettre. Hier soir, j'ai reçu des nouvelles de Louis et Léonie. Les permissions étant à nouveau arrêtées, j'ai préparé un petit colis pour Léonie dans lequel j'ai mis tricot, passe-montagne, cache-nez. Je n'ai plus besoin de tout ça et, si nous nous déplaçons, nous avons bien assez d'affaires à porter. Dans l'après-midi d'hier, j'ai vu André Artigue et Adolphe Buerba d'Arreau qui, tous deux se préparaient à se rapprocher des positions. Quant à nous, pour le moment, nous ne savons rien. Peut-être, resterons-nous ici avec le colonel. Aujourd'hui, le temps est orageux, les gens se dépêchent à semer les pommes de terre. Pour le moment, tout va bien, il ne me manque rien. Chère maman, je termine pour aujourd'hui, espérant que la présente lettre ira te trouver en parfaite santé. Ton fils qui ne t'oublie pas. Léon

✉ **Mardi 14 mai 1940** *lettre* (29) **144**

Reçue le 17, réponse aussitôt

Bien chère sœur et cher beau-frère,

Laissez-moi tout d'abord vous rassurer en vous disant que toutes vos lettres me parviennent. Par celle-ci, je viens répondre à la vôtre du 11 qui m'est parvenue hier au soir. Depuis quelques jours, le temps est tout à fait au beau et certainement que les sauvages d'en face avaient consulté le baromètre avant de déclencher leur attaque de grande envergure. Aussi, depuis trois jours, entendons-nous le grondement lointain et continu de l'artillerie. À maintes reprises, nous avons été survolés par les appareils ennemis qui ont eu la lâcheté de mitrailler des petites agglomérations voisines, des gares. Ici, rien à signaler pour le moment, mais, comme il pourrait leur prendre la fantaisie de piquer, nous partons dans la nature, sur les coteaux qui encerclent le village et là, avec tous nos fusils mitrailleurs, nous attendons qu'ils viennent accomplir leur sauvage exploit de mitrailler et bombarder la population civile. Hier soir, vers sept heures, trois bombardiers avançaient en formation. La DCA les a contraints à faire demi-tour alors qu'ils étaient presque sur nous. Je ne sais pour combien nous sommes ici, nous pourrions certes être beaucoup plus mal. André Saint-Martin[95], lui hélas, doit être « aux premières », car ça a l'air de chauffer par là-haut. Je vais lui envoyer un mot car je lui dois la réponse. J'espère qu'au moment où vous parviendra la présente vous aurez reçu mon colis que je vous ai envoyé avant-hier. Il est vrai qu'ils mettent plus de temps que les lettres. Je termine pour aujourd'hui en vous embrassant de tout cœur. Votre frère et beau-frère. Léon

✉ **Mardi 14 mai 1940** *lettre F.M.* **145**

Bien chère maman,

Hier au soir, j'ai reçu une lettre de Léonie à qui je viens de répondre à l'instant. Pour le moment, nous sommes toujours au même village. Jusqu'à quand ? Je ne le sais. Depuis quelques jours, le temps est au beau, le soleil commence à chauffer. Je suis toujours en parfaite santé et souhaite de tout cœur que le présent petit mot aille te trouver de même. Hier, Lundi de Pentecôte, nous avons assisté à un petit spectacle : pendant toute la matinée, les petits garçons du village faisaient la tournée des maisons pour ramasser les œufs (les œufs de Pâques). Ils étaient deux par deux, portaient un panier et l'un, sur l'épaule, portait un petit sapin garni de fleurs en papier de toutes couleurs. Nous prenions plaisir à les voir. Cette coutume étant un peu différente de la nôtre. Je termine pour aujourd'hui en t'embrassant de tout cœur. Ton fils qui ne t'oublie pas. Léon

✉ **Vendredi 17 mai 1940** *lettre* (30) **146**

Reçue le 21, réponse le soir

Bien chère sœur et cher beau-frère,

---

[95] Une note reprise sur un des feuillets de Léonie fait état d'« André Saint-Martin, matricule 52897 au stalag XVII B de Krems Gneixendorf en Allemagne ».

Depuis ce matin 6 h. et jusqu'à la tombée de la nuit je suis, de DCA, dans un trou cylindrique, au haut d'un coteau aux abords immédiats du village. Nous avons un fusil-mitrailleur installé afin de pouvoir tirer sur les pirates de l'air dans le cas où il leur prendrait la fantaisie de venir piquer sur le patelin. Il était deux heures de l'après-midi et, j'allais me mettre à écrire lorsque, un des deux copains qui sont de service avec moi vient me dire : *« Je viens de voir tout près d'ici un lièvre qui traversait le chemin et rentrait dans une vigne ».* Je prends mon mousqueton et nous voilà partis. Arrivé à ladite vigne, je le vois, accroupi de dos à moi, à environ 40 mètres, j'épaule, je tire et le voilà raide. À l'instant, je viens de le descendre au cantonnement. D'après les dires de tous les admirateurs, il pèse de trois à quatre kilos. Le sergent va se charger de le préparer et avec les autres caporaux nous le mangerons, peut-être à tous, mais les parts seront bien petites. J'ai reçu votre lettre du 13 ainsi que la fameuse copie. Hier soir, nous avons eu un petit orage et aussi un petit orage de bombes sur un village voisin. Aujourd'hui, le temps est couvert et un peu frais. De ce fait, les oiseaux de proie ne viennent pas trop nous survoler. Je ne sais pour combien nous sommes encore là. Tout va bien et je souhaite de tout cœur que la présente aille vous trouver en parfaite santé, Louis complètement rétabli. Léon

✉ **Vendredi 17 mai 1940** *lettre F.M.* **147**

Bien chère maman,

Après trois jours de silence, je viens par ces quelques mots te dire simplement que tout va toujours bien, la santé est excellente et je souhaite de tout cœur que le présent petit mot aille te trouver de même. Notre petit repos se poursuit toujours au même village. Avant-hier, j'ai reçu une lettre de Léonie dans laquelle était joint <u>le certificat</u> que j'avais demandé au maire. Bien chère maman, je termine pour aujourd'hui en t'embrassant de tout cœur. Ton fils qui pense à toi. Léon

Samedi 18 mai 1940 : *« Remaniement du gouvernement Reynaud. Pétain ministre d'État et vice-président du Conseil. »* [96]

Lundi 20 mai 1940 : *« Des unités alliées sont encerclées à Dunkerque. »* [97]

✉ **Lundi 20 mai 1940** *carte postale* **148**
Reçues le 24, réponse de suite à 2 h.

Bien chère sœur et cher Louis,

---

[96] *« Lettres du temps de guerre 1939-1942 », op. cit.*, p. 52
[97] *« Chronique du 20ème siècle », op. cit.*, p. 556.

J'ai reçu avec un peu de retard, vu les circonstances et notre petit déplacement, votre lettre du 15 m'apprenant avec plaisir que vous étiez en possession de mon petit colis. Je suis content qu'il vous soit parvenu en bon état et qu'il vous ait fait plaisir. Quant aux cartes, j'en avais acheté quelques-unes et croyais bien vous en avoir déjà envoyé. Voilà chose qui sera faite, ce sont les dernières. Depuis samedi après-midi, nous sommes à Bischholtz, à cinq kilomètres du précédent village. Ainsi, nous sommes tout près du colonel. Les habitants sont très gentils. N'étant pas très nombreux, beaucoup ont pu trouver des chambres. Tous les caporaux et sergents de chez nous en ont, ce soir, pour la première fois depuis le début de la guerre. Je vais pouvoir coucher dans des draps, car le sergent partage le lit avec moi. Comme ça ne me tentait guère, le sergent m'a dit : « *Tu es le seul de nous qui couche dans la paille, si on le veut, nous coucherons ensemble* » et j'ai accepté. Mauvaise habitude peut-être, mais nous sommes habitués maintenant à prendre comme ça vient. Quand il le faudra, nous reprendrons la paille. Hier soir, j'ai reçu une lettre de Marseille (50 F) ainsi qu'une de Toulouse et je crois que ces dernières comptent sur vous pour la communion de Marcelle, sur moi aussi, mais je crois que ce n'est pas la peine, ce n'est guère le moment. En dehors de çà, tout va très bien, le secteur est très calme. On entend moins ces jours passés les canons. Quant à l'aviation, elle est aussi moins active. J'ai aussi reçu une lettre d'Hélène m'apprenant qu'Élise vous avait rendu visite. Je termine en vous embrassant de tout cœur. Votre frère et beau-frère. Léon

Bischholtz, le 25/05/1940

Lundi 20 mai 1940 *carte postale* **149**

Bien chère maman,

Avant-hier, j'ai reçu une lettre de Léonie dans laquelle elle me disait avoir reçu mon colis contenant des effets d'hiver dont je n'ai plus besoin. Hier, j'ai eu une lettre de Toulouse et aussi une de Marseille accompagnée d'un mandat de 50 francs. Depuis samedi après-midi, je suis dans un autre village, à cinq kilomètres du précédent. Ainsi, nous nous sommes rapprochés du colonel. Nous sommes toujours au petit repos. Tout est bien calme. Les habitants sont très gentils. Ça va toujours très bien. Je n'ai besoin de rien. Je termine, espérant que cette petite carte ira te trouver aussi en bonne santé. Ton fils. Léon

Mercredi 22 mai 1940 *lettre* (32) **150**

Réponse le 29

Bien chère sœur et cher beau-frère,

Votre lettre du 17 est venue me trouver au village où je suis depuis samedi dernier. Après environ une semaine de beau temps ; ce matin, nous avons eu une petite pluie d'orage et maintenant, à quatorze heures, il pleut à nouveau, mais je crois que ça ne durera pas. Hier, j'ai écrit à Robert Duclos et à Marseille pour le remercier de son petit mandat. En ce moment, je vous écris de notre chambre, où ma foi, nous sommes bien tranquilles, bien chez nous. Le matin, nous prenons un bol de café au lait avec beurre et deux petits pains. Tout çà pour quarante sous. À midi, nous mangeons à l'ordinaire avec tous les copains. Le soir, le menu étant un peu moins bon, nous prenons la soupe, et, nous achetons ce que bon nous semble. Dans la cour où nous avons installé une cuisinière réquisitionnée quelque part dans la nature par nous-mêmes ; nous faisons cuire œufs, côtes, haricots, pois, etc. Il faut bien nous soigner puisque nous le pouvons. Après, nous verrons. On ne parle pas pour le moment de nous faire remonter, mais, les ordres sont si vite arrivés et exécutés. Le courrier entre Hélène et moi et, vice-versa, marche un peu au ralenti, car, je n'ai pu m'empêcher plus longtemps de lui expliquer le cas. Fais comme si tu ne savais rien. À part ça, tout va bien. Je termine pour aujourd'hui en vous embrassant de tout cœur. Votre frère et beau-frère. Léon

Jeudi 23 mai 1940 *lettre FM* **151**

Bien chère maman,

Un petit mot seulement pour ne pas te laisser durant de longs jours sans nouvelles. Nous sommes encore au petit repos dans le même petit village et pour le moment, au moins, nous n'avons point compris que notre départ en fut proche. Nous avons gagné çà, car nos deux précédentes montées en lignes ont été assez longues. La santé est excellente, le moral aussi et je souhaite de tout cœur que la présente aille te trouver de même. Ton fils qui ne t'oublie pas. Léon

Samedi 25 mai 1940 *lettre* (33) **152**

Réponse le 29

Bien chère sœur et cher beau-frère,

Votre gentille lettre du 21 est venue me trouver hier au soir alors que j'étais de service au fusil mitrailleur installé en DCA à l'entrée du village. Un seul rapace est passé dans la journée, à haute altitude, et s'est borné à jeter des tracs. Je crois que notre séjour ici tire à sa fin. Voilà demain, huit jours, que nous y sommes. Il paraitrait que nous avançons de 9 kilomètres de plus. Ce bond nous laissera à encore une douzaine de kilomètres de la frontière. Donc, nous serons encore en lieu à peu près sûr d'autant plus que notre front est très très calme. Lorsque nous étions en ligne, avec l'autre division, nous avions l'air de nous plaindre. Maintenant, nous voyons qu'il valait mieux tenir les lignes à ce moment que maintenant. De plus, les régiments avec qui nous étions à ce moment sont partis vers la Belgique. Nous avons quitté la division à point. D'après les changements successifs de Louis, je vois qu'il y a du remue-ménage un peu partout et je crois qu'avec ce remaniement ministériel ça va barder aussi. Au sujet de la copie, je l'ai. C'est déjà beau, maintenant comme tous, j'attends qu'on me la demande, mais je crois que tout çà est tombé à l'eau et que nous restons comme nous sommes. Chère sœur et cher Louis, je terminerai pour aujourd'hui en vous embrassant de tout cœur. Tout va bien, il ne me faut rien.

Avant-hier, j'ai reçu une lettre de cousine de Luchon qui me prie de vous transmettre le bonjour ainsi qu'à maman.

Le civet qui m'avait été porté ici en moto – car j'étais parti avant les autres – était excellent, très bien préparé. Tous les téléphonistes y ont goûté. Léon

Premières manœuvres et écoute radio au 126e RI de Brive

✉**Dimanche 26 mai 1940** *carte postale* **153**

Bien chère maman,

Une fois de plus, nous nous préparons à repartir. Le départ se fera certainement, comme d'habitude, à la tombée de la nuit afin d'être moins vu des avions qui nous survolent souvent. Je crois que nous ne ferons qu'une dizaine de kilomètres et que nous nous arrêterons, une fois de plus, dans un village habité. Depuis quelques jours, nous avons le beau temps, mais aujourd'hui, il fait lourd et je crains pour ce soir un orage. Hier, j'ai écrit à Léonie et, avant-hier, à Marseille. Cousine de Luchon qui m'a écrit ces jours derniers t'envoie bien le bonjour. Tout va bien, il ne me faut rien. Bien chère maman, je termine pour aujourd'hui en t'embrassant de tout cœur en espérant que la présente ira te trouver en parfaite santé. Ton fils. Léon

✉**Lundi 27 mai 1940** *lettre* (34) **154**

Reçue le 31, réponse le 01/06

Bien chère sœur et cher beau-frère,

Voilà un mois, jour pour jour, que nous quittions la région de Rott, Wissembourg, etc. Nous voilà à nouveau sur la route des positions. Hier soir, nous avons quitté le petit village où notre séjour n'a été que d'une semaine. En ce moment, nous en sommes à 17 kilomètres que la plupart ont faits à pied avec tout le chargement. Quant à moi, je suis monté plus à mon aise – malgré que la place ne fût pas des plus confortables – j'étais derrière notre motocycliste, mais le siège manquait : un deuxième se trouvait dans le panier, car, depuis environ un mois, nous avons une moto comme celle des Hussards. Ce soir, deuxième étape qui sera – je suppose – aussi la dernière. Cette fois, nos positions seront entre les deux premières – autrement dit – dans le même secteur. J'ai reçu, hier soir, votre lettre à tous deux datée du 24 : ça marche assez vite, j'ai écrit un mot à maman. Avant-hier, j'ai écrit à Élie, à vous deux, à Raymond Mur et chez Estrade. Cher Louis, merci pour tes conseils. Je suis de ton avis, quant aux petites Alsaciennes, il y en a de bien gentilles et de temps en temps on fait quelques brins de causette. Il faut bien se distraire un peu. Bientôt, je vous enverrai quelques photos ; dès que nous serons arrivés et installés. Je termine en vous embrassant de tout cœur. Léon

Ci-joint un brin de muguet que j'ai cueilli hier, avant notre départ, dans un petit bois.

Mardi 28 mai 1940 : *« Capitulation de l'armée belge. Le roi Léopold III se constitue prisonnier. »* [98]

---

[98] *« Lettres du temps de guerre 1939-1942 », op. cit.*, p. 52

✉ **Mercredi 29 mai 1940** *lettre F.M.* **155**

Bien chère maman,

Nous voilà, depuis hier soir, installés dans un village assez important évacué ces jours derniers seulement. Aussi, tout est beau à voir, les jardins sont bien travaillés, les pommes de terre dans les champs atteignent quinze centimètres de haut. Nous nous retrouvons à environ une dizaine de kilomètres en arrière du village où nous étions pendant notre première montée. Le coin est très calme et nous pouvons être tranquilles, car devant nous est la barrière quasi infranchissable constituée par la ligne Maginot. Nous sommes bien installés dans une grange. Une pièce attenante à la maison et indépendante nous sert de salon de correspondance. Nous avons l'électricité, ce qui est bien agréable, bien appréciable. La santé est toujours des meilleures. Hier, j'étais un peu fatigué, car en deux jours, nous avons parcouru environ 40 kilomètres à pied, naturellement pour arriver ici. Aujourd'hui, presque tout le monde est d'aplomb à l'exception, évidemment, de ceux qui avaient les pieds blessés. Bien chère maman, je termine pour aujourd'hui en t'embrassant de tout cœur. Ton fils. Léon

✉ **Jeudi 30 mai 1940** *lettre* (35) **156**

Reçue le 03/06, réponse le 05/06

Bien chère sœur et cher beau-frère,

À nouveau, depuis avant-hier soir, nous voilà installés. Combien de jours passerons-nous ici ? Je n'en sais rien. Notre position, une dizaine de kilomètres en arrière du village que nous occupions en octobre lors de notre première montée. Nous logeons dans un village assez important évacué tout dernièrement. Aussi, tout est beau à voir, toutes les terres sont cultivées, les jardins en très grand nombre - car paraît-il, la majeure partie des habitants étaient des ouvriers d'usine – sont aussi très bien tenus. Nous avons fait la cueillette des radis, les pois sont en fleurs, les pommes de terre hautes de 15 centimètres. L'hiver prochain, nous pourrons encore ramasser des patates afin d'améliorer le menu des roulantes. Le coin est assez calme. Seule, la nuit, l'artillerie adverse tape et parfois assez près de nous.

Hier, j'ai écrit à maman et à André Saint-Martin. Le petit incident avec *"H"* est réglé. C'était une blague. Ces jours derniers, j'ai reçu une lettre de Madame Chalmandrier. Plus rien de nouveau, tout va bien. Je termine pour aujourd'hui en vous embrassant de tout cœur. Léon

Juin 1940

1er au 4 juin 1940 : *« De Dunkerque, grâce à la Royal Navy, appuyée par des unités françaises, 340 000 soldats alliés, dont 110 000 Français, parviennent à gagner l'Angleterre. »* [99]

Samedi 1er juin 1940 *lettre F.M.* **157**

Bien chère maman,

J'ai reçu, avant-hier, la lettre que Léonie avait écrite se trouvant avec toi pour semer les pommes de terre. J'espère que le temps se sera maintenu au beau pour vous permettre de tout ensemencer en suivant. Ces jours derniers, le temps était orageux. La nuit dernière, il a fait assez froid. J'ai très bien pu m'en rendre compte, car j'étais de garde sur une route pour contrôler tous les véhicules qui passaient. Depuis notre arrivée, chaque jour, nous travaillons un peu à améliorer le confort de notre cantonnement. Nous nous faisons quelque peu de cuisine. Nous avons une chèvre qui nous donne de trois à quatre litres de lait par jour nous permettant de déguster, chaque matin, notre petit café au lait. Nous avons également récolté trois poules que nous engraissons. Au jardin, nous avons salades, radis et petits oignons. Nous repiquons des salades où la terre est libre. Comme tu peux t'en douter, nous ne nous en faisons pas, à quoi bon. Le secteur est assez calme, très calme même, pourrai-je dire. André Artigue, que je n'ai pas vu depuis environ trois semaines, est à neuf kilomètres plus en avant. Avant-hier, j'ai écrit à Jean-Marie Montaner qui, lui, fait toujours du pain. Dans le village est installée une coopérative militaire où nous trouvons tout ce dont nous avons besoin. De l'argent, j'en ai. Par conséquent, il ne me faut rien. Tout va bien. Chère maman, je termine pour aujourd'hui en t'embrassant de tout cœur. Ton fils qui ne t'oublie pas. Meilleur souvenir à la famille Soulé. Léon

Dimanche 2 juin 1940 *lettre* (36) **158**

Reçue le 06/06, réponse le 08/06

Bien chère sœur et cher beau-frère,

Il est huit-heure trente, je viens de prendre mon petit-déjeuner : café au lait (de chèvre) et pain grillé. Avant, j'ai été à la messe avec quelques collègues. Hier après-midi, j'ai reçu votre lettre du 29 et 2 journaux. Avant-hier, c'était la lettre de Cadéac. Je constate, avec plaisir, que le temps vous a été favorable pour les travaux du champ. Mais, je crois aussi que le travail terminé vous devrez être passablement fatigués : enfin, voilà un cauchemar de dissipé, car,

---

99 *« Lettres du temps de guerre 1939-1942 », op. cit.,* p. 52

si vous aviez attendu, il aurait pu se faire qu'au moment de les ramasser elles ne soient encore ensemencées. J'exagère peut-être un peu, mais je crois que je ne suis pas prêt à aller vous voir de ces jours-ci. Le secteur est bien calme ; voilà deux nuits que les canons se taisent. Seuls, hier soir à l'heure de la soupe, sept bombardiers boches – à faible altitude – ont lâché des bombes, mais pas sur nous heureusement. J'ai aussi reçu, hier soir, une lettre d'Hélène d'Hendaye : elle est depuis plusieurs jours sans nouvelles de Roger et, en passant à Pau, elle a appris que son cousin (de Bordères, marié à Juillan et sous-officier au 18e de Pau) avait été blessé sur le front et était dirigé sur l'hôpital de Tarbes. Avant-hier, j'étais de garde, contrôle de la circulation routière ; la nuit a été froide. Depuis, la température est plus douce, le soleil brille. Ci-joint trois photos : dans quelques jours, j'espère en avoir quelques-unes des miennes. Je vous les enverrai.

Je termine pour aujourd'hui en vous embrassant de tout cœur. Léon

Mardi 4 juin 1940 *lettre F.M.* **159**

Bien chère maman,

Depuis quelques heures, nous sommes à nouveau dans un village où nous sommes passés voilà une semaine. Nous n'y avions fait qu'un arrêt de vingt-quatre heures, entre deux étapes. J'espère que cette fois, nous y resterons plus longtemps. Il parait que nous avons quitté le village où nous étions jusqu'à hier, car il se trouvait un peu trop en avant. Étant restés des derniers avec trois copains, pour replier une ligne téléphonique, nous avons eu l'avantage de faire le parcours en camionnette (15 km). Le chargement était incomplet, nous y avons joint la chèvre. Ainsi, nous pourrons encore préparer notre petit café au lait. Hier, j'ai reçu de bonnes nouvelles de Louis et Léonie. J'aurais bien voulu te joindre une petite photo, mais elles ne sont pas encore prêtes ; ce sera dans la prochaine que je te l'enverrai. Depuis quelques jours, le temps est au beau. Aujourd'hui, il a fait même assez chaud. Bien chère maman, tout va bien, il ne me manque rien. Espérant que la présente ira te trouver en parfaite santé, je termine en t'embrassant de tout cœur. Ton fils qui ne t'oublie pas. Le bonjour à la famille Soulé. Léon

Mercredi 5 juin 1940 : *« De Gaulle sous-secrétaire d'État à la Défense nationale et à la Guerre. »* [100]

Mercredi 5 juin 1940 *lettre* (37) **160**

Reçue avec 4 photos le 10/06, réponse le 11

Bien chère sœur et cher beau-frère,

---

[100] *« Lettres du temps de guerre 1939-1942 », op. cit.*, p. 52

Votre lettre du 1er m'est parvenue avant-hier ainsi que trois journaux. Aujourd'hui, j'ai voulu attendre le courrier, mais je n'ai reçu que trois *Républicains* (30 – 31 – 1). Hier matin, nous avons eu le réveil à 3 heures et demie. Une demi-heure après, les groupes partaient pour se rendre à environ 15 kilomètres en arrière, au village où, entre les deux étapes, huit jours avant, nous avions passé 24 heures. Moi et quelques téléphonistes, nous étions restés au village afin de récupérer la ligne téléphonique et les appareils. Tout ça devait rester jusqu'au moment où de nouveaux appareils soient installés dans le patelin que nous allions occuper. Ainsi, une fois de plus, j'ai eu la veine de faire le trajet en voiture. D'ailleurs, je m'étais plaint du genou. C'est pourquoi j'ai bénéficié de ça. Ce matin, j'ai été à la visite et l'adjudant toubib m'a accordé 8 jours exempt de marche. J'ai le genou gauche légèrement enflé et parfois, le moindre mouvement est très douloureux. Un pansement très serré a été fait ainsi qu'un badigeonnage. J'espère toutefois que ce ne sera rien. Je marche la jambe raide, mais peu importe ; tant que ce ne sera pas plus grave. Hier, j'ai écrit à maman et maintenant je vais envoyer un mot à cousine de Luchon. Nous sommes bien installés. Le temps est très beau ainsi que la nature environnante. Je n'ai besoin de rien, ne vous en faites pas pour moi.

Je joins à la présente quelques photos livrées à la dernière minute. Vous me direz comment vous trouvez mon physique. Bonne mine ? Léon

CARNET
Mercredi 5 juin 1940

[C'est à partir de ce jour qu'a commencé notre retraite.

D'abord, retour à Baerenthal et de là, à pied, jusqu'au 20 juin date à laquelle nous nous sommes retrouvés à les Feignes, tout près de Saint-Dié. Notre épopée se termina aux environs de Blamont d'où la déroute vers Baccarat qui brûlait.]

Jeudi 6 juin 1940 *lettre F.M.* **161**

Bien chère maman,

J'ai reçu à l'instant une lettre m'apportant des nouvelles fraîches de Cadéac ; elle m'avait été adressée par la famille Estrade. De Léonie, je compte bien en recevoir demain. Je lui ai écrit hier ainsi qu'à cousine de Luchon. Dans les enveloppes, j'ai joint quelques photos et je vais également t'en joindre deux prises la semaine dernière. Nous sommes toujours au village où nous sommes arrivés avant-hier. Les habitants sont bien gentils.

Le temps est au beau, nous faisons quelques petits exercices, histoire de nous faire passer le temps et de ne point oublier les principes, les règles de service exigées pour le bon fonctionnement de nos liaisons téléphoniques.

Ainsi, chère maman, pour le moment, tout va pour le mieux, la santé est excellente, le moral aussi et je désire que la présente petite lettre aille te trouver de même. Je termine pour aujourd'hui en t'embrassant de tout cœur. Ton fils qui ne t'oublie pas. Léon

Vendredi 7 juin 1940 : *« L'idée d'un « réduit breton » proposée fin mai par Reynaud est soutenue par de Gaulle. Le 10, Weygand donne un commencement d'exécution au projet, abandonné quelques jours plus tard devant la rapidité de la progression allemande. »* [101]

Dimanche 9 juin 1940 *carte-lettre F.M.* **162**

Bien chère maman,

C'est par une belle après-midi ensoleillée que je t'écris ces quelques lignes d'un verger, à l'ombre d'un grand poirier. Comme nous n'avions pas d'occupation prévue pour l'après-midi, chacun est parti de son côté. Les uns jouent aux cartes, d'autres sont partis à la pêche, quelques-uns aussi font la sieste et enfin, d'autres comme moi écrivent. En ce moment, les habitants sont occupés dans les prés à faire les foins. Il se pourrait que nous restions ici encore pendant près de trois semaines, peut-être davantage. Je reçois toujours de bonnes nouvelles. Ma santé est excellente et je souhaite de tout cœur que la présente aille te trouver de même. Tout va bien, il ne me faut rien. Le bonjour à la famille Soulé. Ton fils qui pense à toi. Léon

Lundi 10 juin 1940 : *« L'Italie déclare la guerre à la France. Le gouvernement français quitte Paris pour Tours. Franco proclame l'Espagne en état de « non-belligérance active ».*[102] *Le Roi Haakon VII quitte la Norvège pour gagner Londres. »* [103]

Tarbes, mardi 11 juin 1940 ***163***

Cachets apposés sur l'enveloppe : ***« Retour à l'envoyeur » - « Le Destinataire n'a pu être atteint à l'adresse indiquée »***

Bien cher Frère,

Nous avons reçu hier ta lettre (37) et tes 4 photos (votre chien n'est pas bien sage devant le photographe), mais tu n'es bien que dans 2 et surtout où tu es seul, avec ton gracieux sourire. Ta patronne (vieille) a su aussi le dire, qu'il ne te quittait pas, car hier j'y ai été porter le fourneau de maman. Elles

---

[101] *« Lettres du temps de guerre 1939-1942 », op. cit.*, p. 52

[102] *« Chronique du 20ème siècle », op. cit.*, p. 558.

[103] *« Lettres du temps de guerre 1939-1942 », op. cit.*, p. 52

vont faire changer la terre qui a éclaté en 2 fois, puis le bout du cordon où le bouillon a dû verser, c'était déjà il y a un mois, mais elle n'avait pas voulu que je le prenne : toujours « Léon le fera ». Alors, la jeune m'a dit qu'elle avait répondu à ta dernière, avec beaucoup de détails. Maman est toujours contente d'avoir de tes bonnes nouvelles ainsi que nous. J'ai été heureuse de lire ta lettre qu'elle avait reçue le samedi, car nous n'avions que celle datée du Dimanche et c'était long. Elle me disait : ***« Pourquoi il dit qu'il est si bien, parce qu'on le saurait par d'autres »****. Artigue n'en avait pas d'André depuis le 27 et beaucoup en manquent depuis un mois comme, aussi, Hélène de Roger : nous avons eu sa carte hier soir, j'y répondrai ces jours-ci. Élise avait mis deux mots, elle écrira après. Il y fait mauvais, ici aussi, et Dimanche il pleuvait à Cadéac aussi, vers les 3 heures et j'ai pu aider maman pour rentrer sa lessive.*

Par ici, toujours pareil, mais hier, le poste, après les informations graves, rappelait à ceux affectés de 30 et au-dessous de rejoindre leurs dépôts les plus proches. Il ne manquait plus que le coup de l'Italie, pour la salade complète. Ayons toujours bon espoir et gardons notre courage. Louis te recommande, si tu ne peux marcher, de ne pas faire aggraver ton mal au genou. On pourrait t'évacuer comme le beau-frère à Madame Cambot qui est là depuis 3 mois et va passer quelque temps à Biarritz. De Cambot, toujours des bonnes nouvelles. Quand tu auras besoin des sous, tu me le diras, puisqu'on ne peut encore envoyer des colis. Nous te quittons, tous deux, en t'embrassant bien fort. Sommes en bonne santé et t'en souhaitant de même. À bientôt de te lire. Louis et Léonie

Mercredi 12 juin 1940 : *« Conseil des ministres de Cangé. Partisans et adversaires de l'armistice s'opposent. »* [104]

Mercredi 12 juin 1940 *carte-lettre F.M.* **164**

Aux armées

Bien chère maman,

Depuis le 9 que je t'ai envoyé la précédente lettre, nous nous sommes déplacés deux fois. La première étape nous a menés dans un village où, quelques jours avant, nous avions passé une semaine. La deuxième, plus courte de beaucoup, nous a conduits dans un village actuellement évacué.

J'étais déjà venu ici au mois de novembre dernier, pendant notre première montée, pour venir faire quelque bon repas et faire provision de vin. Le coin est très calme, depuis quelques jours, nous sommes en possession d'un poste de T.S.F. ce qui nous permet d'écouter les informations et quelque peu de musique le soir en s'endormant sur la paille. Je crois que nous y sommes bien

[104] *« Lettres du temps de guerre 1939-1942 », op. cit.*, p. 52

habitués. Pour ma part, j'y dors très bien. Bien chère maman, ça va toujours très bien, il ne me faut rien. Je t'embrasse de tout cœur. Le bonjour à la famille Soulé. Ton fils. Léon

Jeudi 13 juin 1940 : *« Conseil suprême interallié à Tours en présence de Churchill. Le Premier ministre britannique déclare que l'Angleterre ne peut délier la France de ses engagements et qu'aucune décision ne peut être prise sans connaître la position des États-Unis face au conflit. – Au cours d'un second conseil des ministres à Cangé, le maréchal Pétain annonce :* Le devoir du gouvernement est, quoi qu'il arrive, de rester dans le pays… L'armistice est, à mes yeux, la condition nécessaire de la pérennité de la France éternelle. »[105]

Vendredi 14 juin 1940 : *« Les Allemands occupent Paris. Début de l'offensive allemande sur la ligne Maginot. »* [106]

✉ **Samedi 15 juin 1940** *carte-lettre F.M.* **165**

Aux armées

Bien chère maman,

Nous continuons notre vie de gitanes. La nuit nous nous déplaçons et la journée, nous la passons dans des villes ou villages. Depuis quelques jours, nous voyageons en pays habité, donc assez loin de la frontière. Nous sommes encore dans les limites de l'Alsace-Lorraine, mais je ne sais où on va nous diriger. Hier, j'ai écrit à Léonie. J'ai reçu, hier également, une lettre de Tante de Toulouse. Chère maman, je m'arrête, car je crains que la levée ne se fasse avant que j'aie porté la présente. Ton fils qui t'embrasse de tout cœur et ne t'oublie pas. Tout va bien, il ne me manque rien. Léon

Samedi 15 juin 1940 : *« Reynaud refuse tout armistice avec l'Allemagne. Favorable à une capitulation militaire en France, il demande le départ du gouvernement en Afrique du Nord et la poursuite de la guerre aux côtés des Anglais, le général Weygand refuse le déshonneur d'une capitulation et explique la nécessité d'un armistice. »* [107]

Dimanche 16 juin 1940 : *« Démission de Paul Reynaud, partisan de la résistance armée et d'une union politique indissoluble entre l'Angleterre et la France proposée par Churchill. Désignation du maréchal Pétain pour former le nouveau gouvernement. »* [108]

---

[105] *« Lettres du temps de guerre 1939-1942 », op. cit.,* p. 52

[106] *« Chronique du 20ème siècle », op. cit.,* p. 558.

[107] *« Lettres du temps de guerre 1939-1942 », op. cit.,* p. 53

[108] *« Lettres du temps de guerre 1939-1942 », op. cit.,* p. 53

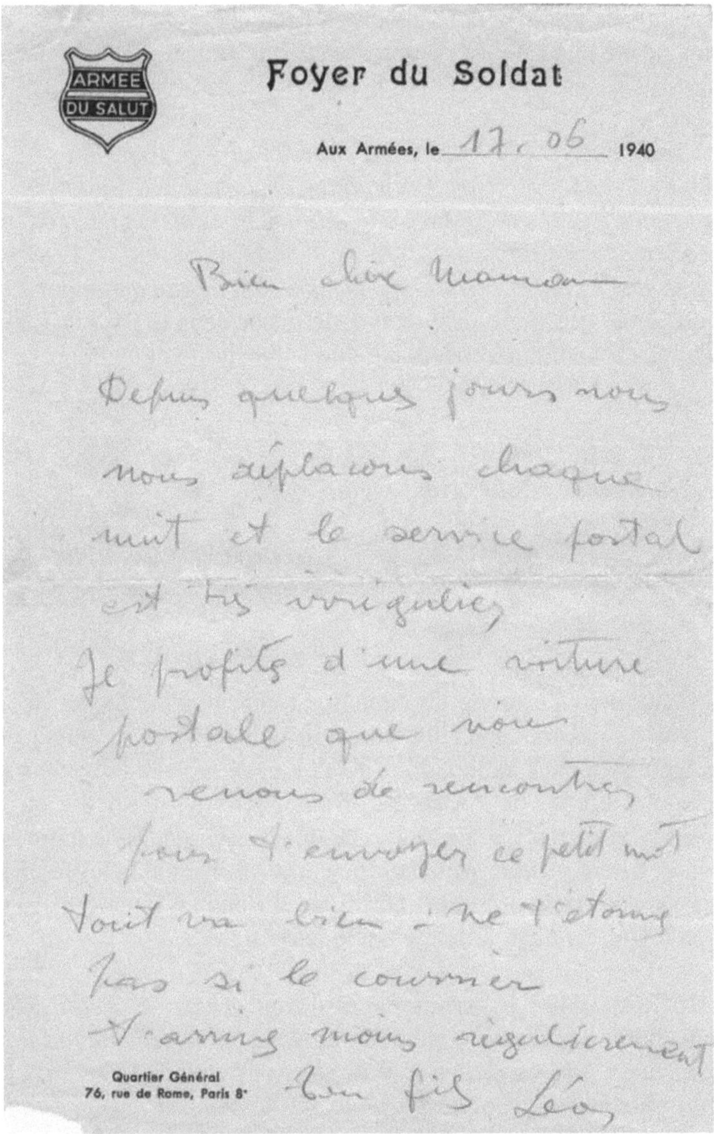

ARMEE DU SALUT

Foyer du Soldat

Aux Armées, le 17.06 1940

Bien chère maman

Depuis quelques jours nous nous déplaçons chaque nuit et le service postal est très irrégulier

Je profite d'une voiture postale que nous venons de rencontrer pour t'envoyer ce petit mot

Tout va bien : ne t'étonne pas si le courrier t'arrive moins régulièrement

Ton fils Léon

Quartier Général
76, rue de Rome, Paris 8e

Lundi 17 juin 1940 *lettre* **166**

Bien chère maman,

Depuis quelques jours nous nous déplacerons chaque nuit et le service postal est très irrégulier.

Je profite d'une voiture postale que nous venons de rencontrer pour t'envoyer ce petit mot. Tout va bien.

Ne t'étonne pas si le courrier t'arrive moins régulièrement.

Ton fils. Léon

Cachets apposés sur l'enveloppe : « ***Retour à l'envoyeur*** » - « ***Le Destinataire n'a pu être atteint à l'adresse indiquée*** »[109]

Bien cher frère,

Nous étions bien impatients d'avoir de tes nouvelles et on se résignait, car tous étaient dans le même cas, vu la situation où on se trouve, mais qui, espérons bien, s'arrangera enfin. Je me suis décidée à écrire pour te dire que ce matin nous avons reçu tes 2 cartes rigolotes du 8. Tu vois, ce n'est plus déjà des nouvelles fraîches pour nous, mais nous souhaitons que la présente aille te trouver en bonne santé comme elle nous quitte, en attendant que ce terrible cauchemar soit tout à fait dissipé, mais quand et comment ? ... Bon courage, à bientôt de te lire. Fais-toi évacuer si le genou te fait mal.

Ta sœur et ton beau-frère qui t'embrassent bien tendrement.

Louis et Léonie

P.S. Dimanche, j'irai voir maman.

Rappel historique : *Le 14 juin, les Allemands défilent à Paris. L'appel à la résistance, lancé le 18 juin 1940 depuis Londres, par le Général de Gaulle, invite les Français à refuser la défaite et l'armistice demandé par le maréchal Pétain qui dès le 16 juin prend le pouvoir.*

L'article 20 de l'armistice signé le 22 juin à 18 h. 30 à Rethondes, entre le Reich et la France, mentionne que les soldats français faits prisonniers seront prochainement libérés lors de la signature d'un traité de paix entre les deux pays. Les deux Chambres, réunies en Parlement à Vichy, attribuent au maréchal Pétain les pleins pouvoirs pour doter la France d'une nouvelle constitution. Le 24 juin, signature dans un village des environs de Rome de la convention d'armistice franco-italienne. Le 30 juillet, un décret de l'État français instaure les Chantiers de Jeunesse. « Le Maréchal nomme le général Huntziger, MM. Léon Noël et Baudoin comme plénipotentiaires chargés de négocier l'armistice. » p.46 in (A)[110]

[109] Caporal Noguéro Léon, 49ème Régiment d'Infanterie, compagnie de commandement, 3ème section, secteur postal 12550.

[110] *« 1942, Almanach de la Légion Française des Combattants »* Almanach publié avec l'expresse approbation du Maréchal.

CARNET

[Le samedi 22 juin 1940, nous arrivons à Les Feignes dans les Vosges (Haute-Meurthe). Une voiture officielle de l'armée allemande est venue et après un entretien avec notre colonel, nous avons déposé les armes, invités à passer la nuit à la belle étoile en bordure d'une forêt de hêtres.]

Prisonniers de guerre sous bonne garde, halte repos. Collection privée (Henri Noguéro)

[**Le lendemain, dimanche 23 juin 1940**, nous partions pour une randonnée à pied de trois jours qui devait nous mener à Strasbourg. Une longue marche forcée, alors que nous n'avions rien à manger. Après une première et interminable nuit, sous haute surveillance, nous sommes invités à reprendre la route. Première halte : Saint-Dié. Casse-croûte léger. Nous rejoignons Strasbourg en quatre étapes passant par Sainte-Marie aux Mines, Sélestat, le camp d'Ébersheim, Benfeld, le camp d'Erstein. Nous voilà donc encasernés, couchés à même le sol sans la moindre couverture, la moindre paille, à même le ciment de la caserne du 309e d'Artillerie de Strasbourg, et une nourriture extrêmement légère.]

Colonne de prisonniers de guerre. Collection privée (Henri Noguéro)

[Il ne fallut pas un mois que cela dura pour tomber dans les pommes. Dès qu'on se présentait à la porte du bâtiment, on finissait par se vider, en baissant culotte presque toutes les heures. Nous étions là, à attendre, écouter les bobards, durant d'interminables journées ; certains laissant entendre que dès que les ponts seraient reconstruits, nous rentrerions dans nos foyers.]

[Durant un mois, je restais là, à la caserne de Strasbourg. Les derniers jours, j'étais tellement affaibli que je devais m'aider de la rampe pour arriver à mon grabat qui se trouvait dans le couloir du premier étage.]

RATIONS ALIMENTAIRES QUOTIDIENNES sur 33 jours : du 23 juin 1940 (lendemain du jour fait prisonnier) au 25 juillet 1940 (arrivée au Stalag V A à Ludwigsburg) **:**

Dimanche 23 JUIN 1940 = 200 g de pain, 1 cuillerée de confiture

Lundi 24 JUIN 1940 = 5 biscuits

Mardi 25 JUIN 1940 = **---**

Mardi 25 juin 1940 Carte FM **168**
Kriegsgefangenenpost[111]

Bien chère maman. Suis en parfaite santé. T'écrirais plus longuement dès que possible. Je n'ai pas revu André Artigue. Ton fils. Léon

Mercredi 26 JUIN 1940 = 200 g de pain

Hendaye, mercredi 26 juin 1940 ***169***

Bien chère Madame et Monsieur,

C'est avec une immense peine que je vous écris ces quelques mots. Oui, c'est pour venir vous annoncer une terrible nouvelle.

***Roger a été tué au champ d'honneur vers le 20 mai et nous ne l'avons appris que maintenant**. Grand est notre chagrin à tous. Il a été tué après la bataille de Sedan par un éclat d'obus. Je suis complètement anéantie par une pareille nouvelle et aussi, je me demande parfois si cela peut être possible. Mais, hélas, ce n'est que trop vrai. Pauvre Roger, lui si gentil et nous nous entendions si bien tous les deux. Je n'ai plus de courage, je m'arrête.*

De Léon, bien entendu, pas de nouvelles, ni d'ailleurs, de Jean non plus.

Nous vous embrassons bien affectueusement tous les deux.

Hélène

[111] Trad. : « Correspondance des prisonniers de guerre »

Jeudi 27 JUIN 1940 = ¼ de café

Vendredi 28 JUIN 1940 = ¼ de café

« À Londres, ***le gouvernement britannique reconnaît le général de Gaulle comme chef de tous les Français libres, où qu'ils soient, qui se rallient à lui pour la défense de la cause alliée.*** *– Hitler se rend à Strasbourg. »* [112]

Samedi 29 JUIN 1940 = 400 g pain, 60 g de singe et 30 g riz

Dimanche 30 JUIN 1940 = 400 g de pain, 60 g de singe

Juillet 1940

Lundi 1er JUILLET 1940 = 200 g de pain, 60 g de viande, ¼ de café

« Le gouvernement français quitte Bordeaux situé en zone occupée et s'installe en zone libre, à Vichy. » [113]

Mardi 2 JUILLET 1940 = 200 g de pain, ¼ de soupe, 20 g de lard, 30 g de miel, ¼ de café

Mercredi 3 JUILLET 1940 = 200 g de pain, ¼ de soupe, 15 g de lard, 1 cuillerée de confiture

« À Mers-el-Kébir, en Algérie, sur décision de Churchill, la plus grande partie de la flotte de guerre française est détruite par la force H britannique. » [114]

Jeudi 4 JUILLET 1940 = 200 g de pain, 60 g de singe, ½ soupe, 20 g de graisse, 2/4 de purée, ¼ de café

Vendredi 5 JUILLET 1940 = 200 g de pain, 70 biscuits, ½ de soupe, 2/4 de purée, ¼ de café

Samedi 6 JUILLET 1940 = 60 g de singe, ½ de soupe, 20 g de graisse, 2/4 de purée, ¼ de café

---

[112] *« Lettres du temps de guerre 1939-1942 », op. cit.,* p. 53

[113] *« Lettres du temps de guerre 1939-1942 », op. cit.,* p. 53

[114] *« Lettres du temps de guerre 1939-1942 », op. cit.,* p. 53

Dimanche 7 JUILLET 1940 = 200 g de pain, 2/4 de bouillon liquide, 20 g de lard, 18 g de nouilles, 2 cuillerées de confiture, ¼ de café

« La flotte française d'Alexandrie, d'un commun accord avec les Britanniques, est partiellement désarmée sur place. » [115]

Lundi 8 JUILLET 1940 = 200 g de pain, 50 g de singe, 2 quarts de soupe, 20 g de graisse, ¼ de café

« À Dakar, immobilisation par une torpille britannique du Cuirassé Richelieu. » [116]

Mardi 9 JUILLET 1940 = 100 biscuits, 10 g de viande, 2 quarts de soupe, ½ pomme de terre, ¼ de café

Mercredi 10 JUILLET 1940 = 300 g de pain moisi, 58 g de singe, ¾ de soupe, 120 g de miel, ¼ de café

« À Vichy, par 569 voix contre 80 et 20 abstentions, l'Assemblée nationale vote les pleins pouvoirs au maréchal Pétain. » [117]

Jeudi 11 JUILLET 1940 = 200 g de pain moisi, 60 g de singe, 2 quarts de soupe, 20 g de graisse, 20 g de pâtes, ¼ de café

« Le maréchal Pétain chef de l'État français. » [118]

Vendredi 12 JUILLET 1940 = 60 g singe, 2 quarts de soupe, 20 g de graisse, ¼ de café

Samedi 13 JUILLET 1940 = 65 g de pain, 60 g de singe,2 quarts de soupe, 15 g de margarine, 12 g d'avoine, 50 g de miel, ¼ de café

Dimanche 14 JUILLET 1940 = 180 g de pain, 50 biscuits, 60 g de singe, 2 quarts de soupe, 50 g de miel et 1 cuillerée de confiture, ¼ de café

Lundi 15 JUILLET 1940 = 200 g de pain, 60 g de singe, 2/4 de choux

Mardi 16 JUILLET 1940 = 200 g de pain, 80 g de viande, 4/4 de soupe, 25 g de choux, ¼ de café

---

[115] *« Lettres du temps de guerre 1939-1942 », op. cit.,* p. 53

[116] *« Lettres du temps de guerre 1939-1942 », op. cit.,* p. 53

[117] *« Lettres du temps de guerre 1939-1942 », op. cit.,* p. 53

[118] *« Lettres du temps de guerre 1939-1942 », op. cit.,* p. 54

Mercredi 17 JUILLET 1940 = 400 g de pain, 4/4 de soupe, 20 g de lard, 12 g de nouilles, 5 g d'avoine, 1 cuillerée de confiture, 2/4 de café

✉ ***Tarbes, mercredi 17 juillet 1940*** ***170/328***

Bien chère maman,

Après plus d'un mois de terrible attente, nous venons d'avoir, à l'instant, une carte avec 2 mots de Léon que nous présumons prisonnier et dit juste qu'il est en parfaite santé. Peut-être en aurez-vous aussi et qu'il nous écrira plus longuement bientôt. Alors, chère maman, nous voilà plus tranquilles et je le souhaite pour tous les autres de Cadéac. J'avais écrit le 08 à la Croix-Rouge de Genève, je ne vais pas tarder à avoir la réponse malgré que maintenant je suis rassurée. Espérons que tout s'arrangera assez vite et qu'il reviendra vite parmi nous. Alors, chère maman, bon courage. Faites-nous écrire s'il vous faut quelque chose et nous irons peut-être vous voir bientôt. Ici, toujours la pluie. Le bonjour à la famille Soulé qui j'espère ont dû avoir, eux aussi, de bonnes nouvelles d'Alphonse. Sommes en bonne santé et vous en souhaitons de même. Bons baisers de tous deux. Je lui écrirai sitôt qu'il m'aura donné l'adresse. Ne vous en faites pas. Louis et Léonie.

Jeudi 18 JUILLET 1940 = 200 g de pain, 60 g de singe, 4/4 de soupe, 50 g de choux, ¼ de café

Vendredi 19 JUILLET 1940 = 300 g de pain, 60 g de singe, 2/4 de soupe, 13 g de margarine, 18 g d'avoine, 1 cuillerée de confiture, ¼ de café

Samedi 20 JUILLET 1940 = 300 g de pain, 60 g de singe, 12 g de margarine, 6 g de nouilles, 2/4 de café

« Ralliement à la France libre des Nouvelles-Hébrides, premier territoire à répondre à l'appel du général de Gaulle. » [119]

Dimanche, 21 JUILLET 1940 = 60 g de singe, 2/4 de soupe, 25 g d'avoine, 1 cuillerée de confiture, ¾ de café

Lundi, 22 JUILLET 1940 = 800 g de pain, 50 g de singe, 50 g de saucisse, 40 g de lard, 40 g de graisse, 25 g d'avoine, 4/4 de café
« Loi prescrivant la révision des naturalisations intervenues depuis le 10 août 1927. » [120]

---

[119] *« Lettres du temps de guerre 1939-1942 », op. cit.,* p. 54

[120] *« Lettres du temps de guerre 1939-1942 », op. cit.,* p. 54

Mardi 23 JUILLET 1940 = 200 g de pain, ¼ de lait/son, 2/4 de soupe

« Loi prononçant la déchéance de la nationalité française et la confiscation des biens de quiconque a quitté le territoire métropolitain entre le 10 mai et le 30 juin 1940. » [121]

Mercredi 24 JUILLET 1940 = 250 g de pain, 2/4 soupe, 6 pommes de terre + sel, 1 cruche

« Annexion « de facto » de l'Alsace et de la Lorraine au Reich. » [122]

Jeudi 25 JUILLET 1940 = 200 g de pain, ¼ de lait/son, 2/4 de soupe, ¼ de petit-lait

« Loi rendant coupable de crime de trahison et d'intelligence avec l'ennemi tout français qui, sans autorisation, prend ou conserve du service dans une armée étrangère. » [123]

Hendaye, ce 28 juillet 1940 ***170-1***

Cher Monsieur et Madame Durrieu,

Voici quelque temps déjà que ma soeur [124] *vous a écrit. Aujourd'hui, Hélène a reçu deux lettres de Léon du 12 et 13 juin ; elles ne sont pas très fraîches. Vous autres, savez-vous quelque chose de plus nouveau ? André, depuis aussi le 13 juin, je ne sais rien du tout, ses parents non plus n'ont pas de nouvelles, que de notre voisin de Souyeaux qui était avec lui et est prisonnier dans la Meurthe-et-Moselle. Il a écrit chez lui. Peut-être qu'André y est aussi... ? Notre grand frère est rentré depuis quelques jours, sa présence atténuera un peu le chagrin de ma pauvre petite maman quand on songe que nous ne verrons plus notre petit Roger – cela Madame est une chose affreuse.*

Au revoir, chère Madame et cher Monsieur, nous vous embrassons bien affectueusement toutes les deux.

Élise Dilhan

---

121 *« Lettres du temps de guerre 1939-1942 », op. cit.,* p. 54

122 *« Lettres du temps de guerre 1939-1942 », op. cit.,* p. 54

123 *« Lettres du temps de guerre 1939-1942 », op. cit.,* p. 54

124 Hélène Dilhan.

CARNET

Le samedi 27 juillet 1940, j'arrivais au stalag[125] V-A de Ludwigsburg[126]

Quart de Léon Noguéro

Captifs, internés et expatriés en Allemagne Statistiques

Il n'est pas excessif de rappeler, ici, que plus de deux millions et demi de Français furent présents sur le territoire allemand durant tout le cours des hostilités. Parmi lesquels :

« PRISONNIERS DE GUERRE FRANÇAIS. **Capturés :** 1 845 000 [*en 1939-40* (au 25-6-1940) : pris au combat : 2 650 000 ; internés : 1 830 000 ; *1941/43* : 15 000]. À la suite des décès ou disparitions [51 000 dont 37 054 décès répertoriés (soit 3,7 % de l'effectif de 1945), des libérations et évasions, ils n'étaient plus que 1 490 000 (fin 1940), 1 216 000 (en 1941), 1 109 000

[125] Abréviation de mannschafts **STA**mm**LAG**er : « camp de prisonniers de guerre. »

[126] Ville située près de Stuttgart dans le Baden-Württemberg, à seulement 160 km. de Strasbourg.

(en 1942), 983 000 (en 1943), 956 101 (en juin 1944, dont 221 443 travailleurs libres). Ils ont pu jusqu'en 1944 envoyer de l'argent en France et, à partir de juin 1942, devenir travailleurs libres. Environ 5 000 épousèrent des Allemandes et restèrent en Allemagne après 1945. Environ 80 000 s'évadèrent entre juin 1940 et nov. 1942, la plupart se réfugièrent en zone libre où, après l'occupation de la zone libre (nov. 1942), ils furent soumis au même régime que les hommes de leur classe d'âge.

Ce chiffre se décomposait comme suit au mois de mars 1945 :
« *Prisonniers :* 950.000, dont 225.000 avaient été transformés en « travailleurs libres » ;
« *Service du travail obligatoire (S.T.O.)*[127] *et déportés travailleurs :* environ 750.000.
« *Déportés politiques et raciaux :* 400.000, selon des approximations qui ne pourront être vérifiées qu'une fois terminées les opérations actuelles de recensement des prisonniers et déportés ;
« *Alsaciens-Lorrains :* nombre indéterminé (on avance les chiffres de 300.000, 600.000, etc.), car les Allemands ont soit incorporé dans la Wehrmacht, soit déporté en Allemagne les habitants de ces deux provinces. »[128]

Selon un bilan établi au 17 novembre 1947 du secrétariat aux Anciens Combattants : « *Prisonniers transférés en Allemagne :* 1 580 000 ; *rapatriés* : anciens combattants 59 359*, pères et soutiens de famille 18 731*, service de santé 32 740, malades et blessés 183 381, militaires de carrière libérés pour encadrement 1 422*, sauveteurs 232*, services rendus 81, spécialistes 14 490*, relève 90 747*, Alsaciens-Lorrains 7 681, Dieppois 1 580, administration publique 17 751 (dont, semble-t-il, 10 000 libérés en France)*, veufs 123*, cas humanitaires 273, récompense 8, cultivateurs 18 127*, cheminots 1 710*, ingénieurs agronomes 381*, divers et indéterminés 81 076, mission de propagande 4. »[129]
Les nombres suivis d'un astérisque (*) représentent les rapatriements dus à l'action de Vichy.

« TRAVAILLEURS EN ALLEMAGNE[130]. **Volontaires : 1**°) *« désignés »* : partis entre automne 1940 et juin 1942 : 153 000. **2**°) Autres : 34 652. Nombreux retours plus ou moins licites avant juin 1942. Il en resta 43 000 en Allemagne. **STO (Service du travail obligatoire)** : travailleurs partis avec la « relève » à partir de juin 1942 : total cumulé 70 000 (été 1942), 240 000 (déc.

[127] Service du Travail Obligatoire en Allemagne, créé par la loi du 16/02/1943 se référant à celle du 04/09/1942 sur l'utilisation et l'orientation de la main d'œuvre.
[128] *« Le Monde Illustré »* n° 4302 du 7 avril 1945, p. 3
[129] P.689, Quid 2001.
[130] P.689, Quid 2001.

1942), 490 000 (mars 1943), 670 000 (août 1943), 723 000 (juillet 1944). *Départs par périodes : du 1-6 au 31-12-1942 :* 240 386 ; *du 1-1 au 31-12-1943 :* 456 000 ; *du 1-1 au 30-05-1944 :* 34 244. **Relève :** conditions stipulées entre Laval et les nazis en juin 1942 : 3 travailleurs volontaires contre le retour de 1 prisonnier de guerre (chiffres effectifs : 723 162 travailleurs entrés en Allemagne : 111 000 prisonniers et malades rapatriés ; 197 000 prisonniers transformés en travailleurs libres).
Leur dénomination officielle est « personnes contraintes au travail en pays ennemi » (ou « occupées par l'ennemi »). Les anciens travailleurs en Allemagne se sont vu refuser le 13-2-1978, par la cour d'Appel de Paris le droit de s'appeler « déportés du travail ». Les cours d'Appel de Limoges (19-4-1990) et de Toulouse (29-11 et 4-12-1989) n'ayant pas interdit cette dénomination ont vu leurs 3 arrêts cassés le 31-1-1992 par la Cour de cassation. Le 19-11-1980, le groupe communiste avait déposé une proposition de loi pour faire adopter la formule « victimes de la déportation du travail » rappelant que 60 000 travailleurs forcés moururent en Allemagne (dont 15 000 exécutés pour actes de résistance) ; 50 000 sont revenus tuberculeux. Entre 1945 et 1980, 25 % sont morts de handicaps divers. »

Colonne de prisonniers de guerre. Collection privée (Henri Noguéro)

Hommage rendu le jour des obsèques[131] de Léon Noguéro par son ami et camarade Joseph Campo

[132]

« J'ai le devoir, bien pénible aujourd'hui, au nom des anciens combattants d'Arreau et d'Ancizan, au nom de la Fédération départementale des anciens combattants et victimes de guerre, au nom de ses amis aussi, de rendre un dernier hommage à Léon Noguéro, Président de la section des anciens combattants d'Arreau et ami de tous.

Léon Noguéro est né à Cadéac, le 16 août 1913, dans une famille de trois enfants dont l'aîné mourra pour la France pendant la guerre 14-18. Mis très tôt à l'école du travail, il fera son apprentissage d'électricien. Il accomplira son année de service militaire dans l'Infanterie, à Brive, du 16 octobre 1934 au 15 octobre 1935.
Le 5 septembre 1939, il est mobilisé avec sa classe et rejoint le 49e régiment d'Infanterie à Bayonne. C'est avec ce régiment qu'il fera la Campagne de France avec le grade de caporal. On sait ce qu'il advint de cette campagne malgré la vaillance de nos soldats, quoiqu'on en ait dit, qui durent accepter la défaite. Léon Noguéro était de ceux-là et il est fait prisonnier à Saint Dié le 20 juin 1940. Et alors commencera une longue période de captivité, derrière les barbelés, captivité qui durera cinq ans, cinq longues années au cours desquelles il connaîtra, loin de sa famille, de ses Pyrénées, de sa patrie, les privations et les souffrances morales et physiques qui furent le lot des prisonniers. Mais, c'est au stalag V-A qu'il connaîtra cette camaraderie et cette solidarité qui ont marqué à vie les prisonniers, et, en particulier Léon qui n'oubliera jamais et qui ne cessera d'en faire sa ligne de conduite.

---

[131] Cérémonie religieuse et inhumation au cimetière de Cadéac, le 31 août 2004.
[132] Crédit photo, Gérard Latour, correspondant de presse *« La Dépêche du Midi »* du canton d'Arreau.

Libéré des camps le 18 mai 1945 et démobilisé le 31 juillet, il reprit son métier d'électricien et fonda en 1948 un foyer qu'il établit à Cadéac et qui lui donnera trois fils, Jacky, Jean-Bernard et Henri.
Adhérent de la première heure de l'association des anciens combattants et prisonniers de guerre, il en a été toujours un membre très actif, participant à toutes les manifestations, à toutes les réunions, à toutes les commémorations où il aimait retrouver ses camarades, dans l'esprit de l'amicale solidarité qui les unissait, traduisant cette solidarité en actes spontanément quand c'était nécessaire. Puis est venu le temps des responsabilités, comme trésorier de la section des A.C.V.G.[133] *d'abord, comme président de la section des Anciens Combattants d'Arreau et de la section des A.C.V.G. ensuite succédant à notre regretté camarade Jean Duffourc. Et c'est dans l'action commune, dans nos sections respectives d'Arreau et d'Ancizan que se sont renforcés les liens qui nous unissaient jusqu'à devenir une fraternelle amitié. Il faut avoir agi côte à côte avec le président Léon Noguéro pour savoir ce qu'était son dévouement exemplaire à la cause et au service des anciens combattants, ses camarades. Il s'intéressait individuellement à chacun d'eux, leur rendant visite, s'inquiétant de leurs problèmes de santé. C'est de concert que nous organisions les cérémonies commémoratives du 11 novembre, du 8 mai, de la journée des déportés, nous efforçant de maintenir le culte du souvenir. Nous participions ensemble aux réunions du conseil fédéral départemental. Il avait rallié les isolés du canton voisin. Il avait le souci de l'union des générations du feu comme en témoignent nos relations avec les anciens d'Algérie. Il a souvent porté le drapeau lui-même, péniblement quelquefois. C'est avec tristesse qu'il a pris acte, il y a quelque temps, de la dissolution de la Fédération départementale des A.C.P.G. par suite de la difficulté à trouver des responsables – ce qui est de plus en plus fréquent. Voilà ce qu'était Léon ancien combattant. Il était l'exemple même et, après lui, rien ne sera comme avant. Il me faut aussi dire quelques mots de l'homme. Au cours d'une longue activité professionnelle d'artisan compétent, consciencieux et apprécié, il a formé des générations d'électriciens, dont deux de ses enfants, et tous lui doivent leurs qualités dans le métier. Une voix autorisée vous parlera de sa participation à la vie publique.*
Il laisse un grand vide dans sa famille, dans tous les endroits où il aimait se retrouver, dans ce village de Cadéac où on voyait quotidiennement et régulièrement sa silhouette familière.
Léon avait le culte de l'amitié. Il était aimé et estimé de tous par son amabilité, sa gentillesse, sa serviabilité, sa droiture. Il aimait rencontrer ses amis et nous aimions le rencontrer. Nous nous retrouvions presque toutes les semaines pour passer un moment agréable et c'est ainsi que nous qui l'avons vu toujours alerte, malgré son âge, nous avons connu les premières atteintes du

[133] *« Anciens Combattants et Victimes de Guerre »* relevant de la Fédération Départementale des Mutilés, Combattants et Victimes de Guerre, 5 rue Georges Clémenceau, 65 Tarbes.

mal auxquelles il a toujours fait face avec un courage et un moral qui nous étonnaient. Depuis la fin de l'année dernière, nous le savions de nouveau malade et nous pensions qu'une fois encore il surmonterait l'épreuve. Hélas ! Il nous a quittés après plusieurs hospitalisations et de longues semaines de souffrance et de combat courageux contre ce mal qui détruit à petit feu et nous avons vécu cette lente et pathétique détérioration de sa santé malgré tous les soins de sa famille et de la médecine. Il aimait la vie et il s'y est accroché avec une grande dignité jusqu'au dernier instant.

En ces moments de peine et de déchirement, à Paulette sa compagne de toute une vie, à vous autres Jacky, Jean-Bernard et Henri, ses enfants qu'il chérissait et qui sont marqués de son empreinte et de son exemple, à David et à Jean Matthieu, ses petits-enfants dont il était fier, j'exprime au nom de ses camarades de la Fédération départementale des A.C.V.G., au nom de ses amis, toute notre sympathie attristée. Que cette sympathie apporte un peu de baume à votre chagrin dans cette bien douloureuse épreuve.

Et toi, cher Léon, notre ami, notre camarade, maintenant que tu rejoins dans ce cimetière les anciens combattants que tu as si pieusement accompagnés, au moment d'incliner sur ta tombe ces drapeaux qui t'étaient si chers, sachant que tu emportes avec toi l'insigne des barbelés, au nom des anciens combattants, au nom de tes amis, en mon nom personnel, je t'adresse notre suprême adieu. Dors en paix, tu l'as bien mérité. Ton souvenir restera dans nos cœurs.

Adieu Léon. »

Joseph Campo[134] 65 Fréchet-Aure

[134] « Joseph Campo a été maire de Fréchet-Aure de 1977 à son décès en janvier 2013. En 2011, il était devenu le doyen des maires de France, ce qui lui a valu l'attribution de la Croix de chevalier de l'ordre national du Mérite. Né le 15 juillet 1919, il s'est vu décerner en 2011 le grade de chevalier dans l'Ordre national de la Légion d'honneur en tant qu'ancien combattant de la guerre 1939-1945 : affecté au Maroc en 1940, il débarque en Italie en 1942 dans le Corps expéditionnaire français puis prend part aux combats du Monte Cassino, du Garigliano et de Sienne, où il est grièvement blessé. Officier des Palmes académiques pour son parcours d'enseignant au collège d'Arreau, il a également été conseiller général du canton d'Arreau de 1979 à 1992. » Source : https://fr.wikipedia.org/wiki/Fr%C3%A9chet-Aure

Anciens combattants prisonniers de guerre de la section d'Arreau

De bas en haut et de gauche à droite : *(Crédit photo, liste de Henri Noguéro)*

1er rang : Adolphe Buerba (Arreau), Jean Duffourc (Hèches), ? .... ?, Jean-Marie Serre (Ancizan), Marcel Fréchou (Arreau).

2ème rang : ? .... ?, François Lay (Arreau), Jean Oustalet (Ancizan), Jean Picassette (Cadéac).

3ème rang : Léon Noguéro (Cadéac) assis sur le parapet, André Artigue (Cadéac) assis sur le parapet, Jean Marie Artigue (Cadéac), Jean Pène (Gouaux), André Lafitte (Arreau), Louis Espurt (Arreau), Jean Pocous (Arreau).

4ème rang : Victor Bouton (Grézian), Jean Plana (Guchen), ? .... ?, François Rey (Arreau).

5ème rang : Joseph Pocino (Guchen) sur le parapet, Guillaume Gouaux (Cadéac) assis, ? .... ? assis.

6ème rang : Jean Solans (Cadéac) sur le parapet, Eugène Gailhard (Guchen) debout, Astorg Durrieu (Arreau) debout, Antoine Soulans d'Arreau et son fils Pierre (2) debouts, Guillaume Vidailhet (Arreau) debout, Jean-Marie Estrade (Aspin-Aure) debout (cravate rayée).

7ème rang : Dr Jean Rolland (conseiller général d'Arreau), ?..................... ? Roger Charrier (président A.C.P.G. 65), Louis Ribet (Toulouse), ?..................... ? , Guillaume Duesso (Arreau).

De bas en haut et de gauche à droite : *(Crédit photo, liste de Bernard Espurt)*

1er rang : François Rey, Raymond Fourasté, Andrée Fourasté, Guillaume Vidailhet, Julien Caumont.
2ème rang : ?............. Dupont, Georges Rumeau, Adolphe Buerba.
3ème rang : Guillaume Duesso, ?................ Dasque, ?.......................... ?, François Lay, Louis Espurt, Astorg Durrieu.
4ème & 5ème rang : Dominique Sourd, ?................ Lureau, Claude Fontan, François Grangé, Théodore Palacin, Jean Campassens, ???...

Ces photographies de groupes et les listes nominatives qui suivent, rassemblent non seulement d'anciens combattants de 1939-1945, des prisonniers de guerre, des évadés, des libérés, mais aussi quelques déportés résistants et politiques, d'anciens résistants (Forces Françaises de l'Intérieur et Corps Franc Pommiès[135]), des réfractaires, des requis au S.T.O., des engagés volontaires étrangers ou de la Légion Étrangère, des appelés de l'armée de Vichy ou dissidents sans qu'il ait été possible de les identifier tous, ni d'établir leurs parcours. Le lecteur voudra bien ne pas nous tenir rigueur pour tous ceux qui n'y sont pas mentionnés. Le recueil de données personnelles demeurant ardu en l'état actuel, tant auprès des institutions, des collectivités que des particuliers.

135 « Le 10 février 1945, après le regroupement dans la région de Saulxures, Cornimont, le Corps franc Pommiès cesse de vivre comme unité FFI pour devenir le 49e régiment d'infanterie, ancien régiment de Bayonne et à ce titre continuer son épopée jusqu'en Allemagne. » Source : https://fr.wikipedia.org/wiki/Corps_franc_Pommi%C3%A8s

D'autre part, aborder ce large champ d'investigations dépasse largement le cadre de cet ouvrage.

Recueillement au Monument aux Morts d'Arreau,
dès les premiers jours de la Libération.

(Crédit photos 1-2, Bernard Espurt)

Remise de gerbe par Léon Noguéro au Monument aux Morts d'Arreau, chef-lieu du canton d'Arreau, en compagnie de son camarade Jean Duffourc.

Section des Anciens Combattants Prisonniers de Guerre, Section d'Arreau.
(Clichés Gérard Latour)[136]

[136] Gérard Latour, correspondant de presse, canton d'Arreau « *La Dépêche du Midi* ».

Sources documentaires et données personnelles

En l'état actuel, l'accès réglementaire aux sources documentaires est encore limité, pour des raisons qui échappent à l'historien soucieux des faits plus que des convenances politiciennes et des restrictions d'accès aux archives. Les listes nominatives suivantes proviennent en grande partie de la *« Liste officielle*[137] *de prisonniers français d'après les renseignements fournis par l'autorité militaire allemande (Nom, date et lieu de naissance, unité) »*[138].

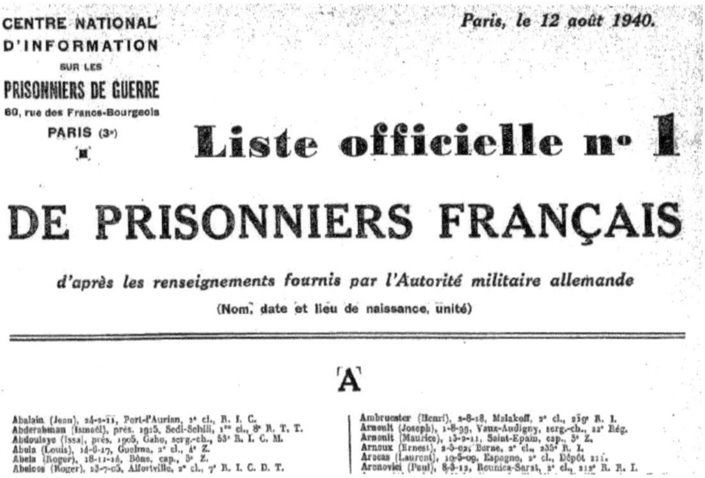
CENTRE NATIONAL D'INFORMATION SUR LES PRISONNIERS DE GUERRE
60, rue des Francs-Bourgeois
PARIS (3e)

Paris, le 12 août 1940.

Liste officielle n° 1

DE PRISONNIERS FRANÇAIS

d'après les renseignements fournis par l'Autorité militaire allemande

(Nom, date et lieu de naissance, unité)

A

Abalain (Jean), 24-2-11, Port-l'Aurian, 2e cl., R. I. C.
Abderahman (Ismaël), prés. 1915, Sedi-Sehili, 1re cl., 8e R. T. T.
Abdoulaye (Issa), prés. 1905, Gabo, serg.-ch., 53e R. I. C. M.
Abula (Louis), 14-6-17, Guelma, 2e cl., 4e Z.
Abela (Roger), 18-11-16, Bône, cap., 5e Z.
Abeloos (Roger), 23-7-05, Alfortville, 2e cl., 7e R. I. C. D. T.
Ambruester (Henri), 2-8-18, Malakoff, 2e cl., 219e R. I.
Arnoult (Joseph), 1-8-99, Vaux-Audigny, serg.-ch., 22e Rég.
Arnoult (Maurice), 13-2-11, Saint-Epain, cap., 5e Z.
Arnoux (Ernest), 2-5-02, Berne, 2e cl., 235e R. I.
Aracas (Laurent), 10-5-09, Espagne, 2e cl., Dépôt 211.
Aronovici (Paul), 8-3-12, Rounica-Sarat, 2e cl., 212e R. R. I.

Rendue publique, cette liste officielle[139] débute le 12 août 1940 avec en guise d'introduction dès le numéro 2 que : *« L'Autorité militaire allemande fera tous ses efforts pour que les familles françaises soient renseignées rapidement sur le sort de leurs prisonniers. Aussitôt que le service postal fonctionnera, les communications écrites entre les prisonniers et leurs familles existeront, conformément aux dispositions des Conventions internationales. L'envoi de courrier ou de colis avant la date qui sera fixée est absolument inopportun et ne fait que surcharger inutilement les services postaux. Les visites aux prisonniers sont interdites ».*

Elle se termine le 15 juin 1941 par la sortie de son 100e numéro, dans lequel il est précisé que : *« tous les prisonniers ayant été en mesure de donner des nouvelles à leur famille, il ne sera pas publié d'autres listes d'adresses ».*[140]

[137] http://gallica.bnf.fr/ark:/12148/cb34458709m/date
[138] « Liste officielle n°01 du 12 août 1940 », page 1.
[139] Diffusée par le « Centre National d'information sur les prisonniers de guerre. 60, rue des Francs-Bourgeois, Paris (3e).
[140] « Liste officielle n°100 du 15 juin 1941 », page 1.

La première mention des Frontstalags[141] apparait sur cette liste officielle que dès le numéro 26 du 5 octobre 1940. La liste des Stalags sera signalée dans le numéro 39 du 14 novembre 1940.
La présente liste regroupe une partie des anciens combattants, prisonniers de la Seconde guerre mondiale répartis sur une bonne cinquantaine de villages des vallées d'Aure et du Louron, dans le département des Hautes-Pyrénées. Léon Noguéro les ayant connus pratiquement tous, cela aurait été un affront à la mémoire collective de ces villages que d'en oublier, sachant que cette liste demeure toujours partielle, incomplète, sujette à l'érosion du temps, à l'oubli des hommes et à la disparition des archives familiales.
À défaut de mention de la source, les informations nominatives qui suivent sont suivies entre parenthèses (122) d'une indication du Frontstalag ; entre crochets [N°42] du numéro de l'exemplaire de la liste officielle. Les caractères mis en *italiques* désignent une source extérieure de renseignements (particulier, mairie, association A.C.P.G.) plus ou moins vérifiés, mais assez fiables pour en tenir compte. Les archives officielles étant aussi parfois sujettes à des coquilles (erreurs de composition en typographie) quant au nom, à la date et le lieu de naissance ou le camp de prisonniers.

Listes des Anciens combattants et prisonniers de guerre 39-45
des cantons d'Arreau, Bordères-Louron, Vielle-Aure
et ceux « *Mort pour la France* »

VALLEE D'AURE (Cantons d'Arreau et de Vielle-Aure)

ANCIZAN

Buerba Émile, 05/01/1914, caporal au 57e RI, Stalag XI A [N°42]
Gaye François, 25/11/1915, caporal au 126e RI, Stalag II A [N°58]
Lacau Georges, 06/01/1912, caporal au 18e RI [N°15]
Lacau Georges, 10/12/1912, 2e cl au 81 RIA, Stalag VI D [N°71]
Peyrisse Clément, 24/10/1919, brigadier au 1er RAC [N°10]
Ribatet Charles, 28/05/1913, 2e cl au 81e RIA, Stalag VI D [N°71]
Ribatet Pierre, 13/11/1908, adjudant-chef au 57e RI, Stalag XIII A [N°93]
Roger Joseph, 25/09/1917, affecté au 18e RI le 01/06/1939 et au dépôt d'infanterie 171, a rejoint le 49e RI le 20/05/1940. Fait prisonnier à Sant-Dié le 22/06/1940, interné au Stalag V-A et dans les Kommandos de Backnang, rapatrié le 8 mai 1945.

Serre Léopold, 11/10/1908, 1er cl au 7e BCP [N°11]
Tapie Cyprien, 25/07/1909, 2cl au 214 RI [N°25]
Autres sources : ***Cazala Joseph, Moulié Jean,*** *10/01/1922, a rejoint les Forces Françaises Libres en Afrique du Nord et a participé à la campagne de libération sous le commandement du Maréchal de Lattre de Tassigny,* ***Moulié Félix*** *(21/03/1920) et* ***Moulié Paul*** *(13/01/1919), ont participé à la campagne de libération sous les ordres de la 2e DB,* ***Oustalet Jean ...***

...

ARAGNOUET

Beyrie Marcel, 21/10/16, 1re cl au 14e RI [N°23]
Courège Louis, 11/12/1914, sergent au 126e RI [N°9]
Fisse Jean, 15/02/1910, 2e cl au 146e RIF [N°88]
Fisse Eugène, 13/10/1918, 2e cl au 14e RI, Stalag XVII B [N°60]
Pelayo Joseph, 12/07/1917 [N°24]

...

ARDENGOST

Brunet Barthélemy, 14/09/1918, 2e cl au 18e RI [N°15]
Forgue Jean, 08/12/1908, 2e cl au 44e RI, Stalag VI B [N°87]
Ribaut Etienne, 11/05/1919, 2e cl au 14e RI (122) [N°38]
Ribaut Thomas, 11/04/1900, 2e cl au 6e RP, Stalag XVII A [N°97]
Rumeau Georges, 07/11/1918, 2e cl au 14e RI, Stalag XI A [N°42]
Sajous Jean, 08/07/1914, 2e cl au 24e RA, Stalag XI B [N°100]

...

ARREAU

Amourous Jean, 28/01/1900, 7e S. Ch. de Fer de Camp. (102) [N°38]
Dabat Louis, 04/04/1900, 2e cl au 18e Tr., Stalag II B [N°99]
Dasque René, 05/05/1912, 2e cl au 96e RIA [N°16]
Duesso Guillaume, 22/02/17, caporal au 18e RI [N°14]
Fourasté Romain, 19/03/1906, sergent-chef au 7e BCP [N°19]
Gabas Henri, 20/10/1910, 2e cl au 24e RAD [N°22]
Gaillard Jean, 16/06/1904, 1er cl au 82e RANA [N°19]
Lafitte Théophile André, 09/07/1902, caporal-chef au 197e RAL, *prisonnier de guerre* [N°19]
Lambay Henri Joseph, *« Mort pour la France »* le 21 juin 1940 par suite de noyade. Né le 18/06/1919 à Arreau, soldat au 124e BA
(source : SHD Caen, cote AC 21 P 69102)
Lay François, 06/04/1907, 2e cl au 7e BCP, Stalag IV B [N°80]
Mounic Pierre, 12/01/1917, médecin aux. 2e HOE n°5 (122) [N°30]
Ribo Manuel, 09/06/1909, 2e cl au 24e RA, Stalag XI B [N°100]

Saludas Étienne, 18/02/1918, caporal au 14e RIS, Stalag XI A [N°42]
Soulans Célestin Ambroise, *« Mort pour la France »* le 30 mai 1940 des suites de ses blessures. Né le 25/08/1913 à Arreau, soldat au 123e RI (source : SHD Caen, cote AC 21 P 161 586)

ARREAU (autres sources) :

Buerba Adolphe, *29/11/1912, soldat au 49e RI, P.G. au XII D.* ***Carrère Pierre*** *(F.F.I.),* ***Espurt Louis,*** *25/08/1917, 2e cl au 14e RI, Stalag XII A, Kommando 1704 à Frankental et K 631 à Blumenhaum.* ***Pocous Jean-Baptiste,*** *né le 05/06/1910 à Lourdes, 2e cl au 197e RALT, Stalag X B.* ***Soulans Antoine****, né le 30/03/1910 à Arreau, Adjudant, militaire de carrière (campagnes en mer et au Tonkin de 1932 à 1935), sergent au 146e RIF (Régiment d'Infanterie de Forteresse), fait prisonnier le 16 juin 1940, interné au stalag V A [n°88], « a tenté trois fois de s'évader dans des circonstances difficiles et dangereuses. Repris chaque fois ... », interné en Pologne aux camps disciplinaires des sous-officiers réfractaires au travail de Rawa-Ruska (stalag 325) et de Kobierzyn (stalag 369). Libéré le 18 juin 1945. Médaille militaire, Médaille des évadés.*
Vic Jean Marcel*, « Mort pour la France » le 3 juin 1940 à Autruche (08). Né le 14/03/15 à Tourcoing (59), 2e cl au 14e RAD.*
Bourdages Léopold, Braconnier Émile, Calamy Pierre, Destarac Georges, Fréchou Marcel, Fréminé Jean, Gouraud Firmin, Lacourt Bertrand, Puyo François, Vidailhet Guillaume ... Monacelli Jeanne, née Fourasté, *16/04/1912 (résistante déportée à Ravensbrück, « Juste parmi les nations »[142] Dossier n° 12446),* ***Rey François, Caumont Julien, ...***

...

ASPIN-AURE

Estrade Jean-Marie, 31/08/1917, 2e cl au 81e RIA, Stalag I A, [N°100] *matricule 38761, CNC n°22919, capturé le 12 juin 1940 à Saint-Valéry-en-Caux, libéré le 23/12/1943.*
Verdier Émile, 04/01/1917, sergent au 80e RI [N°07]
Verdier Roger, 27/07/1916, sergent au 19e RA, Stalag II B [N°82]
Autres sources :
Barbe Albert*, 10/04/1918 ;* ***Forgue Jean-Marie****, 17/09/1903 ;* **Méné Auguste Abel**, *« Mort pour la France »* entre le 16 et le 18 juin 1940 au lieu dit « Chevigny », route d'Orléans, soldat au 7e Bataillon de Chasseurs pyrénéens, né le 07/08/1911 à Aspin-Aure.
Olive René*, 02/04/1918, Carte De Combattant n°21036.*

---

[142] https://yadvashem-france.org/les-justes-parmi-les-nations/qui-sont-les-justes/

...

AULON

...

AZET

Anglade Élie, 10/01/1910, 2e cl au 24e RA [N°15]
Jourdan Jean, 12/02/1906, 2e cl au 7e BCP [N°19]
Ladrix Jean-Baptiste, 2e cl au 407e RP, Stalag XIII A [N°94]
Moreilhon Pierre, 21/10/1909, 2e cl au 24e RA, Stalag IV B [N°69]
Paulin _, 18/05/1912, 2e cl au 143e RIA, Stalag VII A [N°92]
Autres sources :
Verdier Dominique, Beyrie René ...

...

BARRANCOUEU

Compagnet Élie, 21/08/1911, 2e cl au 12e Z [N°10]
Autre source :
Fisse Gabrielle, *« Juste parmi les nations » Dossier n° 12446A.*

...

BAZUS-AURE

Ducuing Jean, 18/07/1918, 2e cl au 18e RI, Stalag XVII A [N°86]
Saladon Armand, 14/05/1902, caporal au 7e CFC [N°02]
Saladon Fortuné, 20/07/1904, 2e cl au 417e RP, Stalag VII A [N°87]
Autres sources :
Campassens (x), Sens (x) ...

...

BEYREDE-JUMET

Salle-Gradit Émile Jean Michel, *« Mort pour la France »* le 21 novembre 1944 à Belfort (90), tué par balle, soldat de la 1re Cie d'accompagnement. Né le 30/05/1922 à Beyrède-Jumet. (source : SHD Caen, cote AC 21 P 148101)
Salle Alphonse François, *« Mort pour la France »* le 16 août 1944 à Hèches (65), tué par les Allemands, membre du Corps Franc Pommiès. Né le 02/03/1912 à Beyrède-Jumet. (source : SHD Caen, AC 21 P 148121)
Autres sources :
Ribaut Barthélémy, ...

...

BOURISP

Ozun Jean Bertrand, né le 11/08/1892 à Bourisp. Parc d'artillerie régionale de Grenoble (38) – (source : SHD Caen, cote AC 21 P 123447)
Passarieu Victor, 06/07/1917, 2e cl au 18e RI, Stalag II A [N°56]

Puertolas Jean Marie Marcel, « *Mort pour la France* » le 28 mars 1941 à Rastatt (Allemagne), soldat au 49e RA. Né le 23/02/1911 à Bourisp. (source : SHD Caen, cote AC 21 P 137735)

...

CADEAC

Artigue Jean (Marie), 31/12/1905, 2e cl au 35e RAD (240) [N°27]
Cazaubon François, 22/06/1916, sergent au 3e R (190) [N°56]
Mur Joseph, 12/09/1912 à Bielsa (E), 2e cl au 123e RIC, Stalag XI A [N°44]
Picassette Jean, 13/10/1909, 2e cl au 143e RA (240), Stalag III D k 307 [N°30]
Van den Bosch Marcel, 29/10/1910 à Paris, 2e cl au C.R.P.V. (124) [N°38]
Autres sources :
***Gailhard Eugène**, né le 13/08/1912 à Guchen, évadé ; **Noguéro Léon**, 16/08/1913, caporal au 49e RI, Stalag V A, BAB 45 K 2 ; **Solans Jean**, né le 25/05/1910 à Sarrancolin, 2e cl au 24e RA/BHR stationné en Champagne, fait prisonnier le 20 juin 1940 à Saint-Dié (Vosges), interné au Stalag IX A, libéré à Emdenau, Krs. D'Edertal (Landkreis Waldeck-Frankenberg), rapatrié par les Américains le 30/05/1945, retour en France par Jeumont le 04/06/1945. [N°52]*
***Anglade Dominique, Artigue André, Baur Pierre, Dordan François, Gouaux Guillaume, Montaner Antoine, Montaner Jean-Marie, Mur Raymond, Ribet Louis, Rumeau Jean-Marie, Sens Jean-François** (dont certains ne furent que « mobilisés », non combattants ou n'ayant pas accumulés suffisamment de jours de campagne militaire pour avoir le statut de « combattants 39-45 »).*

...

CADEILHAN-TRACHERE

Brun Jacques, 06/12/1904, 2e cl au 7e BCP [N°12]
Donnez Robert, 31/12/1911, 2e cl au 49e RI, Stalag V B [N°49]
Ladrix Luc, 27/11/1909, 1ère cl au 7e Ch. Pyr. (125) [N°27]
Peyret Élie, 24/09/1916, 2e cl au 18e RI, Stalag XVII A [N°66]
Soulans Guillaume Antoine, 15/11/1904, 2e cl au 444e Pion. (162) [N°30]

...

CAMOUS

...

CAMPARAN

Biau Jean, 12/03/15, 1ère cl au 126e RI [N°09] « *Mort pour la France* » le 29 décembre 1940 à Bordeaux. (source : Attestation ministère des A.C.V.G. du 22/10/1946). Beau-frère de Antoine Soulans d'Arreau.
Verge Pierre, 27/11/1901, sergent au Tél. M., Stalag XIII C [N°61]

...

ENS

Autres sources :

Vic Pierre …

…

ESTENSAN

Abre François, 06/09/1904, 2e cl au 612e RP, Stalag XVII A [N°63]
Sans Louis, 22/06/1917, 2e cl au 18e RI [N°15]
Soule Marc, 18/10/1907, 2e cl Tr. Hip., Stalag II A [N°73]

…

FRECHET-AURE

Fournier Germain, 08/12/1911, 2e cl au 18e R. Tr., Stalag VII A [N°87]

Autres sources :

***Bazerque René**, 12/03/1919 à Bordeaux (33), 2e cl au 42e RIF (121H) ;*
***Campo Joseph**, 15/07/1919, affecté au Maroc en 1940, débarque en Italie en 1942 et prend part avec le Corps Expéditionnaire Français d'Italie aux combats de Monte Cassino, du Garigliano et de Sienne.*

…

GOUAUX

Pène Jean, 01/07/1917, 2e cl au 18e RI, Stalag IX A [N°94]

Source Mairie :

***Abbadie Joseph**, 14/08/1918, Stalag XVII A 341 9.*
***Pène Bernard**, 17/02/1910, Stalag IX A K 1199, matricule : 27675.*
***Pène Jean**, 14/01/1900, sous-officier, Stalag I A K 2417 (lettre Croix-Rouge Internationale, avril 1942).*
***Rey François**, 26/09/1900, matricule prisonnier 100127.*
***Vidal Dominique**, 08/11/1907, combattant.*
***Vidal Lucien**, 11/10/1900, Stalag VIII A, K 131, matricule prisonnier 27547.*

…

GRAILHEN

Soulé Jean-Marie, 29/10/1907, 2e cl au 417e RP, Stalag II B [N°77]
Soulé Louis, 24/01/1910, 2e cl 24e RA, Stalag IX A [N°52]
Tilhac Gabriel, 13/03/1913, 2e cl au 171e RIF, Stalag VII A [N°93]

…

GREZIAN

Pène Bertrand François Irénée, *« Mort pour la France »* le 22 juin 1940 à Bayonne (64), soldat au 218e RI. Né le 23/11/1905 à Grézian.
(source : SHD Caen, cote AC 21 P 129462)

Sesé Joseph, 07/02/1905, 2e cl au 211e RI (142) [N°32]
Source Mairie : ***Bielsa Pierre Bertrand**, 06/11/1917 ; **Bouton Victor**, 24/06/1911 à Agde ; **Vidalon Vincent**, 08/02/1912.*
Autres sources : ***Bacqué Joseph, …***

…

GUCHAN

André Dominique, 19/02/1909, 2e cl au 13e RAD [N°19]
Fisse Pierre, 30/04/1914, 1ère cl au 18e SIM [N°21]
Justal Dominique, 05/10/1900, 2e cl au 143e RAL [N°13]
Pelarrey Pierre, 23/12/1917, 2e cl au 118e RAL, Stalag XI B [N°74]
Autres sources :
Basquet (x), Lambert Xavier, Palustran Lucien, Rivière (x), Sarthe (x) …

…

GUCHEN

Estrade Auguste Jean Marie, *« Mort pour la France »* le 19 décembre 1942 à Pichon (Tunisie) de blessures de guerre, soldat au 7e RGM. Né le 02/06/1913 à Guchen. (source : SHD Caen, cote AC 21 P 180657)
Pelarrey Georges, 27/08/1907, sergent Cie P de la 31e DI [N°10]
Pocino Joseph, 19/12/1910, 2e cl au 7e BCP [N°10]
Pocino Marcelin, 01/02/1916, 2e cl au 18e RI [N°15]
Sarriac Louis, 14/03/1915, 2e cl au 86e RI (190) [N°56]
Vidal Bernard, 29/10/1906, sergent au 123e RI (240) [N°30]

…

ILHET

Authenac Louis, 30/10/1916, 2e cl au 53e RAD, Stalag VII A [N°92]
Campan François, 24/11/1914, caporal au 123e RI (204) [N°55]
Estrade Michel, 13/03/1916, 1ère cl au 18e RI [N°09]

…

JEZEAU

Lacroix Charles, 06/05/1910, 2e cl 7e BCP [N°09]
Paoul Dominique Marcel, *« Mort pour la France »* le 10 juin 1940 à Saint-Loup en Champagne (08 Ardennes), soldat au 23e BC, tué au combat. Né le 25/04/1918 à Jézeau. (source : SHD Caen, cote AC 21 P 124649)
Prugens-Lère Bertrand, 25/07/1909, 2e cl au 12e Z (190) [N°56]
Soubiran Jean, 20/11/1913, sergent au 18e RI (204) [N°54]
Vidailhet François, 18/01/1912, adjudant-chef au 19e RI [N°01]
Autres sources :
Cau Bertrand**, né le 11/10/1920, réfractaire au STO, à rejoint la 2e DB, **Caubet Urbain …

...

LANÇON

Benque Jean, 09/09/1910, 2e cl au 24e RAD [N°23]
Autres sources :
Chaubard Léo ...

...

PAILHAC

...

SAILHAN

Daran Antoine, 11/02/1917, 2e cl au 24e RAD (190) [N°56]
Daran Jean, 15/08/1913, 2e cl au 24e RA, Stalag XI B [N°100]
Griet Jean, 25/12/1917, 2e cl au 18e RI, Stalag VII A [N°91]
Ladrix Aubin, 02/02/1919, 2e cl au 123e RI, Stalag XVII A [N°86]
Salles Jean-Marie, Augustin, *« Mort pour la France »* le 26 janvier 1944 à Jessingen (Allemagne). Né le 19/06/1920 à Sailhan, 2e cl au 14e RI, Stalag XI A [N°42] (source : SHD Caen, cote AC 21 P 148131).

...

SAINT-LARY-SOULAN

Bouarat Pierre, 16/01/1908, 2e cl au 14e RAD (204) [N°23]
Douce Jean, 06/06/1913, caporal au 18e Tr. Au., Stalag VI D [N°72]
Duran François, 18/07/1908, 2e cl au 7e BCP, Stalag IV B [N°80]
Fourcade Jules, 14/08/1913, 2e cl au 11e RI (194) [N°39]
Ladrix Laurent, 21/09/1902, 2e cl au 427e RP [N°22]
Mir René, 05/06/1913, sergent-chef au 214e RAD, Stalag IV B [N°69]
Mir Vincent, né le 28/03/1913 à Arreau, Mdl au 18e Tr. [N°10]
Vic Hippolyte, 09/02/1907, 2e cl au 81e RIA, Stalag VI D [N°73]
Vidalon Joseph, 19/03/1913, sergent au 49e RTA, Stalag IV B [N°80]
Autres sources :
Mir Henri, *né en 1922 à Saint-Lary-Soulan, réfractaire au S.T.O., évadé par l'Espagne, a rejoint la Division Française Libre avec laquelle il a fait les campagnes d'Italie et de France, caporal pionnier au BIMP DU 1er RIC.*
Brun Jean-Pierre, Burgalat Joseph *(évadé)*, ***Cascarra Jeanet*** *(évadé)*, ***Cascarra Joseph*** *(évadé)*, ***Castany Fernand, Durand Guy*** *(évadé)*, ***Durand Joseph, Lafosse André, Menvielle Pierre, Pérez Joseph, Pomé Jean, Pujolle Adolphe, Rey Pierre, Vic Pierre ... Renée Sarrelabout (née Cesbron),*** *résistante, déportée à Ravensbrück.*

...

SARRANCOLIN

Arné Philippe, 21/01/1911, 2e cl au 24e RAD, Stalag IV B [N°69]
Crouau Jean, 09/07/1917, 2e cl au 18e RI [N°21]
Domenjus Louis, 05/05/1914, 2e cl au 212e RALC [N°07]
Martin Edmond, 16/11/1918, 2e cl au 14e RI (122) [N°28]
Mont Bertrand, 19/02/1919, 2e cl au 24e RIC, Stalag XI B [N°74]
Pujol Bernard, 15/05/1916, Mdl/chef au 36e RA [N°15]
Rivière Georges, 14/10/1918, 2e cl au 18e RI [N°22]
Rongé Manuel, 24/04/1918, 2e cl au 18e RI, Stalag V A [N°88]
Vidaillet Jean, 30/06/1903, sergent au 143e RI, Stalag III A [N°88]

...

TRAMEZAÏGUES

Carrère Jean, 25/10/1908, 2e cl au 24e RAD, Stalag XI B [N°73]
Carrère Jean-Pierre, 02/01/1906, 2e cl au 7e RIC [N°01]
Fisse Prosper, 21/11/1906, 2e cl au 143e RAL, Stalag IX A [N°53]
Autres sources : ***Fourtine (x), Carrère Lucien, Casteret Jean ...***

...

VIELLE-AURE

Carrère Marcel, 04/01/1909, sergent-chef au 18e RI (123) [N°38]
Daumis Édouard, *« Mort pour la France »* le 16 novembre 1944 à Munich (Allemagne) suite à une attaque aérienne, soldat au 15e Bataillon d'Infanterie Légère. Né le 28/08/1907 à Vielle-Aure. (source : SHD Caen, cote AC 21 P 113047)
Fourcade Émile, 14/02/1903, 1ère cl au 14e RAD (204) [N°55]
Sere Jean Louis Bertrand, *« Mort pour la France »* le 21 avril 1945 à Ditzingen (Allemagne) tué par éclats d'obus, soldat au 49e RI. Né le 06/01/1925 à Vielle-Aure. (source : SHD Caen, AC 21 P 149542).
Autres sources : ***Abadie Bernard, Arnaud (x), Couture Alexandre, Duban Marc, Fourcade Alexis** (Agos)**, Mur René, Salles François ...***

...

VIGNEC

Ferras Louis, 10/08/1908, 1ère cl au 21e BCC, Stalag V B[N°48]
Perasin Jean-Marie, 04/03/1910(01), 2e cl au 238e RI, Stalag VII A [N°44]
Prugent Jean-Marie, 12/01/1914, caporal-chef au 21/42 RIF, Stalag VII A [N°48]
Sèse Joseph, 12/02/1913, 2e cl au 196 RALT [N°17]
Soulans Jean, 14/10/1914, 1ère cl au 174e RAL, Stalag VII A [N°91]
Verdot Jean, 02/10/1914, 2e cl au 57e RI, Stalag XI B [N°100]

Source Mairie : ***Coustalat Baptiste**, 02/07/1909, **Prugent Alexandre**, 07/04/1912, **Soulans Pierre**, 14/12/1912*

VALLEE DU LOURON (Canton de Bordères-Louron)

ADERVIELLE-POUCHERGUES

...

ANERAN-CAMORS

...

ARMENTEULE

...

AVAJAN

Sangay Élie, 16/05/1914, 2e cl au 62e RAD, Stalag IX C [N°58]
Autres sources :
Soulé Jean, Soulé Louis ...

...

BAREILLES

Bazerque Isidore, 26/11/1910, 1re cl au 220e RI [N°25]
Bourdette Paul, 26/02/1904, 1er cl au 18e T, Stalag XVII A [N°63]
Callaou Jean Joseph, *« Mort pour la France »* le 17 août 1944 à Ajaccio, Corse du Sud. Soldat au Régiment colonial DD. Né le 19/02/1918 à Bareilles. (source : SHD Caen, cote AC 21 P 37072)
Lacroix François, 05/06/1913, 2e cl au 16e Huss., Stalag XI B [N°74]
Lacroix Léon, *« Mort pour la France »* le 26 mars 1945 à (Dorf Erbach, Allemagne) suite à un bombardement. Né le 22/01/1912, 2e cl au 14e RI, Stalag XII A [N°59]
(source : SHD Caen, cote AC 21 P 61268)
Pailhes Victorien, 20/10/1914, 2e cl au 14e Z, Stalag II A[N°63]
Soubies Jean-Baptiste, 12/01/1904, 2e cl au 19e RI, Stalag XVII A [N°97]
Autres sources :
***Estrade Hubert**, Ingénieur O.N.F. à Bareilles, né le 19/10/1923 à Port-Lyautey (Kénitra, Maroc). Réfractaire S.T.O., engagé volontaire pour la durée de la guerre, éclaireur skieur au 3e RIA – 1er DFL. Zones de combat : Alpes-Maritimes, Saint-Dalmas le Selvage, massif d'Authion, col de Tende. (source : A.C.V.G. Arreau).*
***Nogué Bertrand**, né le 05/05/1913 ...*

...

BORDERES-LOURON

Claverie Antoine, 15/06/1915, 2e cl au 153e RIF, Stalag IV B [N°80]
Fouran Emile, 02/02/1915, Ilhan, 1re cl au 123e RIC [N°09]
Gaillard Jean, 30/03/1919, caporal-chef au 170e RI, Stalag VIII A [N°63]
Mur François, 22/11/1918, 2e cl au 81e RIA, Stalag I A [N°77]
Pelieu Louis, 02/06/1910, sergent au 11e RI [N°10]
Autres sources :
Arnauné Arthur Charles, *« Mort pour la France »* le 25 août 1944 à Billy (03 – Allier), décédé en captivité, membre des FFI. Né le 10/07/1915 à Bordères-Louron.

...

CAZAUX-DEBAT

Campo Alphonse, 14/01/1913, 1re cl au 122e RI, Stalag IX B [N°84]
Lafaille Louis, 19/04/1904, 2e cl au 7e BCP [N°09]
Autres sources :
Bégué Jean, Soutiras André ...

...

CAZAUX-FRECHET

...

ESTARVIELLE

Castet René, 15/05/1915, 2e cl au 213e Dép. [N°03]
Saudinos Paul, 16/07/1920, 2e cl au 14e RI (170) [N°38]
Autres sources :
***Dufaur Jean**, 02/11/1916*

...

GENOS

Marfaing Marcel, 10/02/1915, 2e cl au 5e RP, Stalag VII A [N°89]

...

GERM

Estines Pierre, 27/07/1910, 2e cl au 220e RI, Stalag I A [N°57]
Autres sources :
***Neymoz François Claude**, né le 22/03/1912, mobilisé au 49e RI ...*

...

LOUDENVIELLE

Bonneau Jean Marie Bertrand, *« Mort pour la France »* le 26 mai 1940 à Carvin (62 Pas-de-Calais), soldat au 7e RTM. Né le 19/03/1903 à Loudenvielle. (source : SHD Caen, cote AC 21 P 26503)**Forgue Eugène**, *« Mort pour la France »* le 8 juin 1940 à Villers-Cotterêts (02 Aisne), soldat au 117e RAL – 2e groupe. Né le 12/09/1910 à Loudenvielle. (source : SHD Caen, cote AC 21 P 185875)

Forgue Jean (louis), *« Mort pour la France »* le 4 avril 1941 à Fallingbostel, lazaret (Allemagne)19/05/1917, 2e cl au 118e RAL, Stalag XI B [N°74] (source : SHD Caen, cote AC 21 P 185877**)**

Polastron Jean-Louis, 05/12/1917, 2e cl au 20e RA BAC [N°10]

...

LOUDERVIELLE

Caritan Jean, 09/10/15, 2e cl [N°24]

Superbie Jean, 04/05/17, Mdl au 189e RA, Stalag IX B [N°73]

...

MONT

Duplan Bernard, 01/03/1913, sergent-chef au 11e BMG, Stalag II B [N°78 & 90]

Jourdan Jules, 14/03(5)/1909, né à Bourg d'Oeuil (31), 2e cl au 214e RI, Stalag V C [N°53]

Marsalet Jean Amédée, 30/03/1904, 1re cl au 7e BCP (125) [N°39]

Toucouère Jules, 07/03/1908, 2e cl à la 287e Cie Aéros. [N°15] *P.G. au Stalag XIII B (21286L) et Kommando 27481 G.M. (Stalag XVIII C)*

Source Mairie :

***Duplan Louis**, 02/01/1920 ; **Fouartes Bernard**, 01/03/1913 ;*
***Marsalet François**, 11/07/1908, déporté évadé 1941-1942.*

...

RIS

...

VIELLE-LOURON

Abassie Jean Marie Dominique, décédé le 18 mars 1940 à Casablanca (Maroc), soldat au 4e REI, tué au combat. Né le 30/04/1912 à Vielle-Louron. (source : SHD Caen, cote AC 21 P 73)

Lac-Fournier Honoré, 22/12/1916, caporal au 18e RI, Stalag IX A [N°95]

Vigne Jean, 27/04/1919, 2e cl au 6e G, Stalag XIII C [N°61]

LISTE des principaux STALAGS et des Frontstalags

Cette liste se limite volontairement à quelques camps de prisonniers de guerre des corps de l'Armée de Terre constitués des hommes de rangs et des sous-officiers (**Stalag**), abréviation de ***Stammlager***, relevant des Conventions de La Haye et de Genève.

Elle fait volontairement abstraction des camps d'officiers (Oflag), des camps administrés par la Lufwaffe (Stalag Luft), des camps occupés par des prisonniers des forces armées de la Marine ou de la Marine Marchande, ainsi que des camps de travaux forcés et autres camps, kommandos similaires, Bau und Arbeit Batallion (bataillons de travaux publics), Glaserbatallion (bataillons de vitriers), Dachdeckerbatallion (bataillons de charpentiers).

L'Autorité militaire allemande administrait les camps de prisonniers de guerre par districts (régions) militaires :

District militaire I	Stalag I-A Stablack	Stalag I-B Hohenstein (Pologne)
Stalag I F Sudauen (Pologne)		

District militaire II	Stalag II-A Neubrandenbourg	Stalag II-B Hammerstein-Schlochau (Pologne)
Stalag II-C Greifswald	Stalag II-D Stargard	Stalag II-E Schwerin
Stalag II H Raderitz		

District militaire III	Stalag III-A Luckenwalde	Stalag III-B Fürstenberg sur Oder
Stalag III-C Alt-Drewitz	Stalag III-D Berlin	Stalag III-E Kirchhain

District militaire IV	Stalag IV-A Elsterhorst/ Hohenstein/Sa.	Stalag IV-B Mühlberg (Elbe)
Stalag IV-C Wistritz bei Teplitz	Stalag IV-D Neuburxdorf Kr. Liebenwalde	Stalag IV-E Altenbourg/Thür.
Stalag IV-F Hartmannsdorf b. Chemnitz	Stalag IV-G Oschatz	

District militaire V	Stalag V-A Ludwigsburg	Stalag V-B Villingen
Stalag V-C Malschbach	Stalag V-D Strasbourg	Stalag V-E Mühlhausen

District militaire VI	Stalag VI-A Hemer/Westf.	Stalag VI-B Neu-Versen
Stalag VI-C Bathorn/Emsland	Stalag VI-D Dortmund	Stalag VI-F Bocholt
Stalag VI-G Bonn-Duisdorf	Stalag VI-H Arnoldsweiler/ Dueren	Stalag VI-J S.A. Lager Fichtenhain/Krefeld
Stalag VI-K Stukenbrock		

District militaire VII	Stalag VII-A Moosburg /Obb.	Stalag VII-B Memmingen

District militaire VIII	Stalag VIII-A Görlitz	Stalag VIII-B Lamsdorf O/S
Stalag VIII-C Sagań	Stalag VIII-D Teschen	Stalag 344/VIII-B Lamsdorf
Stalag 318/VIII-F Lamsdorf		

District militaire IX	Stalag IX-A Ziegenhain	Stalag IX-B Wegscheide/Bad Orb
Stalag IX-C Bad Sulza		

District militaire X	Stalag X-A Schleswig	Stalag X-B Sandbostel
Stalag X-C Nienburg/Weser		

District militaire XI	Stalag XI-A Altengrabow b. Magdeburg	Stalag XI-B Fallingbostel

District militaire XII	Stalag XII-A Limburg an der Lahn	Stalag XII-B Frankenthal /Pfalz
Stalag XII-C Wiebelsheim/ Rhein	Stalag XII-D Trier/Petrisberg (Trèves)	Stalag XII-E Metz
Stalag XII-F Saarburg/Lothr.		

District militaire XIII	Stalag XIII-A Bad Sulzbach	Stalag XIII-B Weiden/ Oberpfalz
Stalag XIII-C Hammelburg/ Mainfranken	Stalag XIII-D Nuremberg-Langwasser	

District militaire XVII	Stalag XVII-A Kaisersteinbruch	Stalag XVII-B Krems Gneixendorf

District militaire XVIII	Stalag XVIII-A Wolfsberg /Kärnten	Stalag XVIII-AZ Spittal
Stalag XVIII-B Spittal/Drau	Stalag XVIII-C Markt-Pongau	Stalag XVIII-D Marburg

District militaire XX	Stalag XX-A Thorn (Pologne)	Stalag 312 Thorn (Pologne)
Stalag XX-B Marienburg	Stalag XXI-A Schildberg (Pologne)	Stalag XXI-B Thure b. Schubin (Pologne)
Stalag XXI-B Thure	Stalag XXI-C/H Wollstein	Stalag XXI-C/Z Grätz

(Pologne)	(Pologne)	
Stalag XXI-D Posen (Pologne)		

Autres camps	Stalag 56 Prostken (Pologne).	Stalag 302 Gross Born, Groß Born en allemand, (Pologne).
Stalag 307 Biała Podlaska (Pologne).	Stalag 307 Dęblin (Pologne).	Stalag 313 Czarne (Pologne).
Stalag 315 Przemyśl (Pologne).	Stalag 319 Chełm (Pologne).	Stalag 323 Gross Born, Groß Born en allemand, (Pologne).
Stalag 325 Zamość (Pologne).	Stalag 325 Rawa Ruska (Pologne, aujourd'hui Ukraine).	Stalag 326 Forellkrüg ü Paderborn
Stalag 327 Jarosław (Pologne).	Stalag 328 Lemberg (Pologne, aujourd'hui Ukraine).	Stalag 333 Ostrów Komorowo (Pologne).
Stalag 351 Berkenbrugge (Pologne).	Stalag 359 Poniatowa (Pologne).	Stalag 366 Siedlce (Pologne).
Stalag 369 Cracovie (Pologne).	Stalag 369 Kobierzyn (Pologne).	

Liste partielle des Frontstalags situés en France et pour la plupart implantés en zone occupée. Composés en majorité de soldats prisonniers originaires des colonies françaises et de leurs régiments, ils servirent aussi de camp de transit et de camp d'internement. Ils étaient administrés par la Wehrmacht. Ils existèrent de juin 1940 jusqu'à août 1944 (Anglet).

Frontstalag	Frontstalag 111 : Romainville (Seine)	Fronstalag 121 : Epinal (Vosges)
Fronstalag 122 : Dijon (Côte-d'Or)	Frontstalag 124 : Joigny (Yonne)	Fronstalag 132 : Laval (Mayenne)
Frontstalag 133 : Rennes (I.-et-V.)	Frontstalag 135 : Quimper (Finistère)	Fronstalag 141 : Vesoul (Haute-Saône)
Frontstalag 142 : Besançon (Doubs)	Frontstalag 151 : Montargis (Loiret)	Frontstalag 153 : Chartres (E.-et-L.)
Frontstalag 161 : Nancy (M.-et-M.)	Frontstalag 181 : Saumur (M.et-L.)	Frontstalag 184 : Angoulême (Charente)
Fronstalag 190 : Charleville (Ardennes)	Frontstalag 192 : La Fère (Aisne)	Frontstalag 194 : Châlons-sur-Marne (Marne)
Fronstalag 195 : Onesse-Laharie (Landes)	Frontstalag 200 : Verneuil (Eure)	Frontstalag 204 : Amiens (Somme)
Fronstalag 220 : Saint-Denis (Seine)	Frontstalag 221 : Saint-Médard (Gironde)	Fronstalag 222 : Bayonne-Anglet (B.-Pyr.)
Frontstalag 230 : Poitiers (Vienne)	Frontstalag 232 : Luçon (Vendée)	Frontstalag 240 : Verdun (Meuse) et Bar-le-Duc
Frontstalag 123 : Langres (Hte-Marne)	Frontstalag 162 : Dommartin-lès-Toul (Meurthe-et-Moselle)	Frontstalag 170 : Compiègne (Oise)

Carte postale Semaine du Prisonnier 29 Mai – 6 juin 1943
Imprimerie G. Chariol - Bordeaux

Épilogue

& Avant-propos au tome 2

Dans la confusion totale, le 49e R.I. reflue vers Saint-Dié et ses hommes encerclés sont faits prisonniers le samedi, 22 juin 1940.
Le témoignage de Léon Noguéro, soldat vaincu, ne s'arrêtera pas à la fin de la campagne de France, le 25 juin 1940. L'annonce du 17 juin du maréchal Pétain comme quoi il envisage de demander l'armistice créée l'espoir de voir se terminer la guerre et de regagner au plus tôt son foyer. Hélas, la longue marche vers un camp de regroupement situé à Strasbourg se poursuivra tristement pour Léon Noguéro jusqu'à son internement au Stalag V-A en Allemagne le samedi 27 juillet 1940. Il y connaîtra durant près de cinq interminables années le drame de la captivité, la privation, le sacrifice de sa jeunesse et la souffrance morale d'une « liberté conditionnelle » vécue au jour le jour. Au cours de toutes ces années, il sera amené à se déplacer dans le Nord de l'Allemagne pour y exécuter des travaux avec ses camarades de Kommando et améliorer, un tant soit peu, leur cadre de vie face aux conditions miséreuses rencontrées dans la majorité des Stalags. Il sera amené à appliquer son savoir-faire professionnel d'électricien dans le bâtiment, pour le compte de la Wehrmacht qui était impliquée dans la gestion de cette main d'œuvre, mais aussi à partager le quotidien des civils allemands et parfois même une intimité toute relative avec eux. Mais ce récit extrêmement dense, cette autre histoire porteuse de sens pour tous ceux qui cherchent à mieux comprendre la captivité des prisonniers de guerre français pendant la Seconde Guerre mondiale, ne pouvait contenir en un seul ouvrage.

Il était donc logique de donner une suite à ce premier récit et de publier chez le même éditeur et dans la même collection le second volume :

Prisonnier de guerre en Allemagne
(1940-1945)
Tome 2
L'Harmattan, 2017
ISBN : 978-2-343-11883-3

La mémoire collective est riche de tous les souvenirs de ceux qui ont vécu ou partagé les événements particuliers de cette période.

Est-il souhaitable, comme certains l'affirment, qu'elle s'estompe ou qu'elle se borne à reproduire un cliché un tant soit peu morne d'un passé révolu et parfois même caricatural ?

Où doit-elle, entre mémoire indicible et oubli, devenir pour les générations futures un gage d'assises empiriques fondées sur la mémoire des hommes et une histoire somme toute révolue ?
Lors d'un discours donné en 1985[143] à l'occasion du 40e Anniversaire du retour des prisonniers de guerre et de la création de leur Fédération en 1945 (F.N.C.P.G. et C.A.T.M.)[144], M. Georges Lepeltier, président de la Fédération nationale, souligna l'importance de cette expérience extraordinaire et sans précédent ainsi que des leçons tirées de cette captivité et qui doivent demeurer un témoignage accessible à tous.

« C'est donc cette union de tant de forces, de tant de sensibilités, de tant de cœurs qui fait la richesse que notre rassemblement aujourd'hui symbolise. Alors, allons à l'essentiel. L'essentiel, c'est ce qui a été en fin de compte l'enjeu de notre combat d'il y a 45 et 40 ans. L'essentiel c'est qu'une certaine notion de l'homme et de sa dignité, de sa dignité qui doit être honorée et servie en tout homme quelle que soit la couleur de sa peau, quelle que soient ses convictions, quelle que soit sa foi, quelle que soit sa condition sociale, quel que soit son rang. La victoire remportée en 1945 ne débouchait pas et n'avait pas à déboucher pour nous de ce que je ne sais quelles conquêtes territoriales. C'était la victoire de la dignité d'homme contre tous les fanatismes. Il ne faut donc pas que nous laissions reparaître dans la vie de chaque jour de notre Société contemporaine trop de signes qui nous obligeraient à demander et à nous demander s'il est tellement vrai, s'il demeure vrai que Hitler a perdu la guerre.
« Nous avons connu, à nos côtés, dans le combat pour la liberté et la dignité de l'homme, pour la justice, pour la fraternité tant de camarades auxquels nous n'avons jamais demandé d'où ils venaient, ce qu'ils pensaient. Nous avons su, depuis 40 ans, rassembler dans nos rangs tant de concitoyens, de compagnons de misère dont les opinions ne nous ont jamais préoccupés ; à propos desquels nous ne nous sommes jamais demandé ce qu'ils pouvaient penser ! Au bout de cette fraternité, au long de cette action commune se trouvent les gages essentiels de la liberté, de la justice et de la solidarité. »

Le tome 2 ***« Prisonnier de guerre en Allemagne - Récits de captivité »*** se propose de réunir, sans raccourcis historiques, les faits les plus marquants qui se sont passés en France au fil des années de captivité vécues de l'autre côté du Rhin par Léon Noguéro. Se penchant autant sur les mesures politiques du gouvernement de Vichy que sur la réalité quotidienne, il se propose d'apporter avec force de détails un éclairage permettant de mieux

[143] 13-14 Avril 1985, salle des Ingénieurs civils, rue Blanche, Paris. Le Président de la République, François Mitterrand, a tenu à témoigner son amitié et sa fidélité à la Fédération en assistant au dîner qui clôturait le Conseil National.
[144] Fédération Nationale des Combattants Prisonniers de Guerre et Combattants d'Algérie, Tunisie, Maroc. http://www.fncpg-catm.org/

appréhender la vie du prisonnier de guerre français en Allemagne et celle de ses concitoyens de l'Hexagone.

Dans les pages qui suivent, en prêtant une attention toute particulière aux problèmes liés au retour des prisonniers et rapatriés dans leur foyer, le lecteur sera en mesure d'aborder la continuité de ce témoignage en toute connaissance de cause.

LE PROBLÈME DES FOYERS DE RAPATRIÉS[145]

« Le 6 février (1945) a eu lieu à Lyon une rencontre de foyers de rapatriés. Son but était d'examiner les difficultés qui peuvent exister dans les ménages de rapatriés, concernant la reprise de la vie commune ainsi que les remèdes indiqués pour une réadaptation normale à cette même vie.

[145] Article publié dans une brochure intitulée *« Nos rapatriés »* et éditée en 1945 par l'Aumônerie des Prisonniers et Déportés, 16 avenue Tarayre, 12 Rodez. Avec l'aimable autorisation du service des archives du Diocèse, nous reproduisons ici ces quelques pages qui à elles seules donnent un aperçu d'époque, assez concis et réaliste sur la réinsertion du rapatrié dans sa famille et dans la France de l'après-guerre.

Illusions et réalités.

Voici les conclusions de cette rencontre : Il semble que 95 % des foyers de rapatriés se heurtent à des difficultés de réadaptation. Difficultés plus ou moins différentes, plus ou moins graves, suivant le tempérament de chaque époux, suivant l'évolution physique et morale de l'un et de l'autre durant l'absence, suivant le temps depuis lequel le prisonnier est rentré.
En fait, il ne faut ni s'illusionner ni se désespérer. Un foyer chez qui l'entente était normale avant-guerre et dont les deux époux sont restés fidèles l'un à l'autre pendant l'absence, arrive toujours à surmonter les obstacles de la réadaptation à la vie commune.
Ceci a été constaté par tous les foyers présents et il est bon qu'on se le dise pour ne pas créer un état d'esprit tendant à faire croire aux prisonniers et à leur femme qu'il leur sera très difficile de reprendre harmonieusement leur vie conjugale et familiale au moment du retour.

Dans l'ordre physique.

Les difficultés qui ont été constatées sont d'ordre physique tout d'abord.
Ne traitons pas la question de la maladie (tout prisonnier doit se défier des premiers mois du retour où, peu à peu parfois, se manifestent des maladies auxquelles il ne songeait pas) ni celle du régime alimentaire et de la rééducation de l'estomac. Le prisonnier en Allemagne vivait « au ralenti ». Son activité physique dans les grands camps (oflags et stalags) était à peu près nulle ; quelques instants de gymnastique ou de sport lui en donnaient seulement l'illusion. Dans les Kommandos d'industrie et de villes, les alertes incessantes des deux dernières années réduisaient son travail à quelques heures, parfois quelques minutes, entre de longs séjours dans les abris. Partout, même en culture, il n'oubliait pas le principe : en faire le moins possible pour les Allemands, qui d'ailleurs ne donnaient guère l'exemple d'une activité fébrile. À la moindre indisposition, il se dispensait du travail.
Il rentre, vieilli de 5 ans, souvent affaibli par les restrictions d'une dernière année sans colis, sous les bombardements affolants, vidé parfois par les derniers déplacements, toujours miné par l'ennui, les soucis, le culte de la paresse. Déshabitué de la marche à pied ou à vélo, il trouve bien rudes les côtes de notre Massif Central. Au travail il est fatigué tout de suite. Volontiers, il s'allongerait des heures entières sur un lit, pendant le jour, comme il faisait naguère. Il quitte brusquement une vie d'où étaient bannis le souci du pain quotidien et la charge de faire vivre d'autres que lui, où les démarches administratives ne préoccupaient que les hommes de confiance ou les chefs de camp. Il retrouve une vie plus compliquée qu'avant-guerre : les salaires sont bas, il faut chercher une situation en rentrant, se soumettre à la multiplication

des mesures de contrôle, se reconnaître dans les tickets de tous genres, dans le coût de la vie qui a augmenté de la façon la plus irrégulière, et jusque dans la nouvelle monnaie.
Cela même qui n'a pas changé le choque parfois. Ne prenons exemple que chez le paysan. Le paysan aveyronnais risque de manifester sa surprise devant le désordre, l'encombrement et la vétusté des nombreuses maisons de nos campagnes, devant l'organisation rudimentaire de nos étables, devant la saleté et le défaut d'hygiène des cours, des étables, des poulaillers, devant l'absence de douches et de cabinets.
Il peut regretter ces grandes et moyennes exploitations pourvues de toutes les machines agricoles. Obligé de refaire à la main une grande partie de son travail qu'il a. fait pendant 5 ans avec des machines agricoles, il peut éprouver une désaffection pour sa terre, qui, jointe à d'autres causes plus graves, accélérera la désertion des campagnes. S'il en retire seulement un désir d'amélioration et d'hygiène, tout est pour le mieux ; mais il peut se heurter d'une part à l'incompréhension, de l'autre à l'impossibilité de réaliser ce qui exigerait la main-d'œuvre plus nombreuse qui existait en Allemagne. La conséquence inévitable est une baisse de tension vitale constatée par tous, sinon aussitôt le retour, du moins quelques semaines après ; c'est le « coup de bambou » du rapatrié. On ne réagit plus comme autrefois. On a perdu l'énergie nécessaire pour faire face, et vite, aux multiples changements d'activités de la vie quotidienne. Si l'on veut caractériser l'état dans lequel le rapatrié se trouve, il faut parler, semble-t-il, de convalescence. Du convalescent, il a les jambes molles et ce besoin constant de s'asseoir après le moindre effort. Du convalescent, il a cette lenteur dans l'action en même temps que cet étourdissement devant la vie moderne et son rythme accéléré. Pendant 5 ans, sa vie se résume en deux mots : attendre et rêver. Il pouvait écouter sans se lasser conférences, théâtre, concerts, se livrer à d'interminables lectures et causeries, tromper son ennui dans de petits travaux manuels d'une patience infinie. Il n'était jamais pressé. A présent il faut se hâter, il faut vivre.
Enfin, la grosse majorité des rapatriés fait preuve d'une irritabilité manifeste. En captivité, on a subi des contraintes de toutes sortes : difficulté pour s'exprimer tout le long du jour avec les étrangers que l'on côtoie, manque de confort, absence de distractions, de détente nécessaire. Lorsque le prisonnier rentre, la liberté le délivre de ces contraintes. Ses réactions nerveuses peuvent exploser sans entrave. Tout ce qui fait obstacle au calme, à la tranquillité dont il a besoin : les cris du bébé qui pleure, le ton aigu des conversations féminines, le hérissent facilement. Toute contradiction lui pèse. Il veut qu'on l'écoute et qu'on lui obéisse. Il s'impatiente pour des riens.

Dans l'ordre psychologique et moral.

Au point de vue psychologique et moral, d'autres difficultés se manifestent :

Le prisonnier revient plus rude. Il a fait partie pendant des mois d'une communauté uniquement masculine et fermée. On a parlé à ce sujet de « civilisation sans femmes ». Loin de toute présence féminine conjugale, il a reporté en partie le besoin d'affection qu'il éprouve sur le petit groupe d'amis qu'il s'est constitué. Dans ces groupements d'hommes, la tendresse se transforme en amitié et cette amitié se manifeste de manière plus dépouillée qu'à l'intérieur d'un foyer. Le prisonnier a perdu l'habitude de la finesse, de la sensibilité féminine, de la naïveté enfantine. Sa mentalité, dans les grands camps, a perdu tout contact avec les moyens d'expression particuliers aux femmes et aux enfants. De plus, il s'est accoutumé à une vie dure où les précautions à prendre avec les choses et les gens, avec le mobilier comme avec l'entourage, n'existent plus guère. Il a perdu un certain sens de la civilité en même temps, qu'il a retrouvé une veine un peu brutale de franchise sans détour, mais qui dégénère parfois en sans-gêne dans les manières. Par contre, il est devenu gauche et réservé dans ses manifestations de tendresse.
Que le prisonnier soit conscient ou non de son attitude, il revient avec une mentalité de revendicateur. Elle prend corps en tout cas dès les premiers contacts qu'il a avec la vie du pays. Il rentre et il espère être regardé comme un centre d'intérêt, sinon comme un héros qui a vécu une aventure que n'ont pas connue ceux qui l'entourent. Il revient avec la volonté de faire quelque chose pour les camarades. Depuis l'arrivée des travailleurs du S. T. O., il savait bien que le français n'avait pas changé. Il n'avait plus d'illusion sur la Révolution nationale et se disait qu'il n'allait pas retrouver un pays meilleur qu'auparavant. Mais il est surpris de ne pas voir réalisés les rêves d'amélioration qu'il savait en partie faux. Il n'est pas encore adapté à ce qu'on lui avait dit et il s'en trouve choqué. En Allemagne, les toilettes et les fards étaient presque inconnus : il en voit ici partout. Il sait qu'on n'a souvent pu obtenir des colis et de l'argent pour les prisonniers qu'à force de séances récréatives et même de bals ; il trouve ces « générosités » bien faibles à côté de son épreuve. Il s'aperçoit vite que ses compatriotes ont très peu pensé à lui pendant son absence, que l'on n'a pas de prévenances spéciales à son égard, que l'on continue à vivre en oubliant peu à peu ceux qui ont été en captivité. On s'intéresse sans doute à lui, mais le prisonnier et le civil se rendent compte rapidement que, de part et d'autre, il faut de la bonne volonté pour écouter les bavardages de l'interlocuteur. Ce que le prisonnier racontait à ses camarades et qui les intéressait n'intéresse pas le civil ; ce qui répond aux préoccupations des civils et dont ils discutent entre eux à longueur de journée est étranger à l'état d'esprit des prisonniers. Chacun en écoutant l'autre a l'impression de se trouver devant un spécialiste de questions qu'il n'arrivera pas à comprendre pleinement, cette impression que les prisonniers éprouvaient souvent quand ils parlaient à des civils allemands ou que nous éprouvons tous, en causant avec des hommes d'une autre génération. Seuls certains centres d'intérêt sont communs et ce sont toujours les mêmes questions auxquelles doit répondre le rapatrié. Quelques-unes sont saugrenues et semblent supposer que le

prisonnier, qui n'était pas libre de ses mouvements, connaît à fond l'Allemagne et toute l'Allemagne. Hitler est-il mort ? lui demande-ton, ou bien : est-ce vrai ce qu'on dit sur Buchenwald ? On a même demandé à l'un d'entre nous : « Avez-vous vu Hitler ? »
Le civil généralise à outrance les déclarations des prisonniers ; il y relève de multiples contradictions ; il a de la peine à admettre que le sort du captif présentait une énorme diversité, depuis la vie de famille chez certains employeurs, jusqu'à un véritable bagne dans certaines fabriques.
On aime généralement à le féliciter sur sa « bonne mine », et ce qui n'est quelquefois qu'une formule de politesse, comme on l'emploie pour rassurer un malade, prend aux yeux des prisonniers tournure d'insulte ou de jalousie.
On résume sa déclaration de la sorte : « En somme vous n'avez pas trop souffert ! » sans songer à ce que peut être une séparation totale de 5 ans d'avec ses parents, ses goûts, son pays, ou même la monotonie épuisante de sa nourriture, de son travail, de toute sa journée. Il s'aperçoit que la plupart de ceux qui ont de l'argent continuent à éclabousser les autres de leur luxe, de leur insouciance, sans se préoccuper de ceux qui sont dans la misère. Il est choqué par les distractions, par les toilettes, par l'égoïsme qui s'étale partout. D'où, bien vite, chez beaucoup, une certaine aigreur, un certain ressentiment se font jour. Le prisonnier n'a aucune indulgence. Il ne comprend pas que l'on ne sache pas s'entraider, rester uni dans le malheur. Il se sent incompris. Il s'imagine être de trop dans un monde où il fait figure d'étranger et il manifeste souvent, les premiers temps, une certaine nostalgie du camp ou du kommando. Certaines femmes de rapatriés ont noté pourtant que le prisonnier, par certains côtés, est comme rajeuni. Il aime sortir, s'habiller en jeune homme. Il a besoin de jouir de sa liberté, de s'extérioriser. Le prisonnier revient également avec quelques illusions. Il a réfléchi. Il a examiné le passé et bâti des projets d'avenir. Il a vécu parfois une vie intérieure intense, si le milieu dans lequel il se trouvait lui en a fourni l'occasion. Mais tout cela de façon un peu abstraite, très loin de la réalité et des problèmes concrets, sans éprouver les résistances qu'ils opposent à nos rêves. Par contre, un prisonnier qui a passé quatre ans, complètement absorbé par le travail manuel, sans possibilité de s'épanouir humainement, peut revenir hébété, diminué. Il aura besoin d'un certain temps pour se reprendre. Somme toute, chez les uns et les autres, un irréalisme qui peut présenter toutes les nuances entre deux cas extrêmes qui sont heureusement très rares : l'abrutissement et l'exaltation.

L'épouse du rapatrié.

La femme, elle, aura eu à soutenir durant l'absence du mari une tension constante contre la vie. Le prisonnier ne s'en rend pas assez compte en captivité. Son épouse a dû le remplacer pour gagner le pain quotidien, pour assurer l'éducation des enfants. Elle s'est privée pour lui envoyer des colis. Elle s'est privée pour les enfants. Elle a lutté pour joindre les deux bouts. Elle a trouvé très peu d'appui autour d'elle. Parfois même, sa famille ne l'a guère aidée. Elle s'est heurtée à l'indifférence, à la méchanceté de ceux que le souvenir des prisonniers, comme celui de toute souffrance, dérange et agace dans leur vie satisfaite et comblée. Elle a lutté, dans la solitude, pour être fidèle. Dans bien des cas, matériellement ou moralement, elle a plus souffert que son mari. Elle a tenu jusqu'à son retour, c'est entendu. Sa résistance nerveuse l'y a aidée, mais aussi l'a usée. Au point de vue moral, elle s'est durcie. Elle a dû discuter avec l'employeur, les fournisseurs, les fonctionnaires, pour défendre ses intérêts. Elle s'est frayé un chemin alors qu'autrefois elle suivait le sillage tracé par son mari. Elle s'est isolée et est devenue farouche. Elle a acquis des réactions masculines. Elle a pris goût, sans s'en apercevoir peut-être, à me certaine indépendance. Le mari avait peut-être quitté une petite fille qui était soumission totale, insouciance et gaieté et il va retrouver une femme qui est devenue plus grave, qui s'affirme en s'opposant que la souffrance a mûrie et peut-être vieillie. En même temps, elle a accumulé un immense besoin de tendresse. Elle espère retrouver, quand il reviendra, ces prévenances, cette affection de détail qui ont fait le charme des premières années de mariage. Elle a besoin d'intimité. Elle a hâte aussi de donner sa démission de chef de famille et de trouver une détente reposante en reprenant uniquement son rôle d'épouse et de maman. En général, on note que la femme du rapatrié a davantage le désir des rapports conjugaux que son mari. D'autres femmes, par contre, beaucoup plus rares, se sont accommodées facilement, parfois même avec satisfaction, des responsabilités d'homme qu'elles avaient à assumer durant l'absence du mari. Elles ont de la peine, lorsqu'il rentre, à ne plus décider, à ne plus commander. Cette indépendance de la femme séparée de son époux s'est parfois manifestée, suivant les tempéraments, par de la négligence dans le ménage, dans la tenue extérieure. La femme n'a plus eu le courage de faire l'effort nécessaire pour rester élégante, avenante, comme s'il était là, d'entretenir avec goût l'intérieur, les petits. Parfois, au contraire, sans mauvaise volonté, du reste, elle s'est organisée sans penser à s'interroger sur ce qu'il lui conseillerait dans telle circonstance. Elle s'est habillée, coiffée, elle a acheté tel meuble, elle a pris telle décision pour l'instruction ou l'avenir des enfants, sans songer qu'il pourrait s'étonner au retour de n'avoir pas été consulté. Ayant souffert de l'absence de son mari, la femme du rapatrié a quelquefois tendance à accaparer celui-ci, à être inconsciemment jalouse de ne pas l'avoir pour elle seule, à se croire reléguée au second plan quand il rencontre un camarade de captivité, quand il raconte à d'autres ses souvenirs qu'elle a déjà entendus vingt fois, quand il consacre une partie de ses loisirs à un organisme d'entraide aux prisonniers. Lui a vécu une aventure aux épisodes multiples, dont il aime à rappeler les détails pittoresques. Elle n'a rien à dire. Ses souvenirs sont avant tout intérieurs et liés à un cadre qui n'a pas subi de transformations notables. La femme la plus compréhensive ne comprend pas parfaitement ce que le prisonnier a souffert. Elle s'arrêtera forcément à l'extérieur. Nous avons déjà dit que la réciproque est vraie de la part du mari.

Vers l'unité.

Le rapatrié et sa femme se retrouveront donc après des années d'absence et ni l'un ni l'autre n'apporte de souvenirs communs. Le seul lien qui a maintenu concrètement leur union a consisté dans les quelques lignes hebdomadaires réglementaires qui, par crainte de la censure, répétaient chaque fois les mêmes banalités. On était bien content d'écrire et surtout pour lire la réponse, mais que mettre sur ces 20 lignes ? Un agrégé de physique disait : « *Si j'étais les Allemands, pour simplifier la tâche de la censure et celle des prisonniers, je donnerais, en guise de lettres, des formulaires imprimés où il suffirait de biffer les mentions inutiles.* »
Seules, quelques lettres clandestines de colis ont pu permettre, et seulement à l'épouse, de parler à cœur ouvert. Il est donc presque fatal qu'on ait oublié de se comprendre, surtout depuis la suppression de la correspondance après juin 1944. L'unité du foyer est à reprendre, au moins en partie, au retour. Un effort de compréhension mutuelle est nécessaire. Il est impossible que l'évolution de chacun des époux, en l'absence de l'autre, ait été absolument parallèle. Qu'on le veuille ou non, on est passé plus ou moins d'une mentalité sociale, communautaire, qui est le propre de l'état conjugal, à une mentalité individualiste, la mentalité de célibataire qu'on avait avant le mariage. On parle de lune de miel quand on songe au retour. Gardons le terme et l'espérance qu'il évoque chez le prisonnier et sa femme ; ajoutons simplement que c'est une lune de miel entre deux mariés qui se retrouvent moins jeunes, moins résistants, moins spontanés et qui auront besoin de prendre plus de précautions qu'autrefois l'un envers l'autre, afin de constituer de nouveau un seul corps et une seule âme.

Les enfants.

Il reste à signaler les difficultés qui peuvent provenir des enfants nés avant la captivité ou quelques mois après dans les ménages de rapatriés.
Les foyers présents à la réunion ont tous et très spécialement insisté, surtout les papas, sur ce point précis. La mère, en l'absence de son mari, a reporté tout son dévouement et sa tendresse sur ce petit qui a pris une place prépondérante dans ses préoccupations. C'était, pour elle, le souvenir, la présence vivante de celui qui n'était plus là. Sans doute, elle a fait tout ce qu'elle a pu, et avec amour, pour entretenir chez l'enfant la pensée et l'affection du père. Tous les soirs on a embrassé la photo. On a écouté Maman qui raconte ce que fait l'absent, ce qu'il faisait avant la guerre. Pourtant, l'image du morceau de carton, ce n'est pas la même chose qu'un papa en chair et en os. L'enfant s'est constitué, dans sa petite tête, une représentation idéale de cet être qu'il ne

connaît pas ou qu'il ne se rappelle plus. De plus, la mère n'a pas eu toujours la fermeté nécessaire dans l'éducation. Elle a été faible. L'enfant s'est habitué peut-être à être un peu gâté. Le père revient. L'enfant a grandi. Quel que soit l'âge qu'il avait au moment du dernier départ, cinq ans ont profondément modifié le garçon ou la fillette. Ceux qui étaient à l'âge prépubéral sont devenus des adolescents, de petits hommes ou de petites femmes. Ceux qui étaient des poupons vagissants ou qui n'avaient pas encore fait leur apparition à la lumière sont devenus des bambins solides sur leurs jambes, qui bavardent et qui résistent. Le père n'a rien vu de l'évolution lente qui a abouti à ces transformations. À propos des enfants nés durant l'absence des prisonniers, tous notent qu'ils ont eu l'impression de trouver une figure nouvelle au foyer, un être inconnu qui ne leur appartient pas, qui ne fait pas partie de leur univers sensible. Ils ont de la difficulté, même après quelques mois, à s'imaginer que cet enfant est bien à eux. D'où, une tendance à être plus sévère à son égard, à lui témoigner un certain ressentiment de vous décevoir, de n'avoir pas attendu votre retour pour pousser et se développer. De plus, la nécessité de reprendre en mains l'autorité, l'irritabilité, notée chez le rapatrié, tout cela va former un complexe qui influe beaucoup sur le comportement envers l'enfant. Ce dernier se heurte donc à un être réel qui prend des décisions, des sanctions, parfois brutales, à son égard, à quelqu'un, par-dessus le marché, qui vient se mettre en tiers entre sa mère et lui, qui lui dérobe une partie de la tendresse qu'elle lui manifestait. On note, mais rarement, de dures réflexions d'enfants qui sont capables d'être la cause de froissements sérieux entre les époux : « Maman, ton mari t'appelle ». — « Quand est-ce qu'il repartira, le Monsieur ? » - « On était bien plus tranquille, quand il n'était pas là ! »

Difficultés accessoires.

Si on ajoute à l'ensemble de ces difficultés celles qui peuvent venir du point de vue pécuniaire ou du point de vue du travail de la femme, celles qui peuvent venir aussi de l'indiscrétion, de l'accaparement que l'entourage familial, parents ou beaux-parents, peut manifester à l'égard du rapatrié, on aura fait le tour, semble-t-il, de tout ce qui a été signalé durant cet échange de vues.
Notons que dans certains foyers la gêne est plus grande après le retour qu'avant. La femme touchait allocations, parfois salaire de son mari. Ce dernier rentre, tout cela est supprimé et il y a une personne de plus à nourrir et à entretenir. Certaines femmes sont obligées de se mettre à travailler après la rentrée de leur mari. Enfin, les heures de travail de la femme ne correspondent pas toujours à celles du mari, quand celui-ci a retrouvé un emploi, et la séparation semble ainsi se continuer entre deux êtres qui aspiraient tant à se retrouver. »

Annexe 1

Discours de Pétain, le 11 octobre 1940 :

L'ordre nouveau

« Français,

La France a connu, il y a quatre mois, l'une des plus grandes défaites de son histoire. Cette défaite a de nombreuses causes, mais toutes ne sont pas d'ordre technique. Le désastre n'est, en réalité, que le reflet, sur le plan militaire, des faiblesses et des tares de l'ancien régime politique.

Ce régime, pourtant, beaucoup d'entre vous l'aimaient.

Votant tous les quatre ans, vous vous donniez l'impression d'être les citoyens libres d'un État libre, aussi vous étonnerai-je en vous disant que jamais, dans l'histoire de la France, l'État n'a été plus asservi qu'au cours des vingt dernières années.

Asservi de diverses manières : successivement, et parfois simultanément, par des coalitions d'intérêts économiques et par des équipes politiques ou syndicales prétendant, fallacieusement, représenter la classe ouvrière.

Selon la prédominance de l'une ou de l'autre de ces deux servitudes, des majorités se succédaient au pouvoir, animées trop souvent du souci d'abattre la minorité rivale. Ces luttes provoquaient des désastres. L'on recourait, alors, à ces vastes formations dites « d'Union Nationale » qui ne constituaient qu'une duperie supplémentaire. Ce n'est pas, en effet, en réunissant des divergences que l'on parvient à la cohérence. Ce n'est pas en totalisant des bonnes volontés que l'on obtient une volonté.

De ces oscillations et de ces vassalités, la marque s'imprimait profondément dans les mœurs, tout criait l'impuissance d'un régime qui ne se maintenait au travers des circonstances les plus graves qu'en se renonçant lui-même, par la pratique des pleins pouvoirs. Il s'acheminait ainsi, à grands pas, vers une révolution politique que la guerre et la défaite ont seulement hâtée.

Prisonnier d'une telle politique intérieure, ce régime ne pouvait, le plus souvent, pratiquer une politique extérieure digne de la France.

Inspirée, tour à tour, par un nationalisme ombrageux et par un pacifisme déréglé, faite d'incompréhension et de faiblesse (alors que notre victoire nous imposait la force et la générosité), notre politique étrangère ne pouvait nous mener qu'aux abîmes. Nous n'avons pas mis plus de quinze ans à descendre la pente qui y conduisait.

Un jour de septembre 1939, sans même que l'on osât consulter les Chambres, la guerre, une guerre presque perdue d'avance, fut déclarée. Nous n'avions su ni l'éviter ni la préparer.

C'est sur cet amas de ruines qu'il faut, aujourd'hui, reconstruire la France.

L'ordre nouveau ne peut, en aucune manière, impliquer un retour, même déguisé, aux erreurs qui nous ont coûté si cher, on ne saurait davantage y découvrir les traits d'une sorte « d'ordre moral » ou d'une revanche des événements de 1936.

L'ordre nouveau ne peut être une imitation servile d'expériences étrangères. Certaines de ces expériences ont leur sens et leur beauté. Mais chaque peuple doit concevoir un régime adapté à son climat et à son génie.

L'ordre nouveau est une nécessité française. Nous devrons, tragiquement, réaliser dans la défaite la révolution que, dans la victoire, dans la paix, dans l'entente volontaire de peuples égaux, nous n'avons même pas su concevoir.

Indépendante du revers des ses armes, la tâche que la France doit accomplir l'est aussi et à plus forte raison des succès et des revers d'autres nattions qui ont été, dans l'histoire, ses amies ou ses ennemies.

Le régime nouveau, s'il entend être national, doit se libérer de ces amitiés ou de ces inimitiés, dites traditionnelles, qui n'ont, en fait, cessé de se modifier à travers l'histoire pour le plus grand profit des émetteurs d'emprunts et des trafiquants d'armes.

Le régime nouveau défendra, tout d'abord, l'unité nationale, c'est-à-dire l'étroite union de la Métropole et de la France d'outre-mer. Il maintiendra les héritages de sa culture grecque et latine et leur rayonnement dans le monde.

Il remettra en honneur le véritable nationalisme, celui qui, renonçant à se concentrer sur lui-même, se dépasse pour atteindre la collaboration internationale.

Cette collaboration, la France est prête à la rechercher dans tous les domaines, avec tous ses voisins. Elle sait d'ailleurs que, quelle que soit la carte politique de l'Europe et du monde, le problème des rapports franco-allemands, si criminellement traité dans le passé, continuera de déterminer son avenir.

Sans doute, l'Allemagne peut-elle, au lendemain de sa victoire sur nos armes, choisir entre une paix traditionnelle d'oppression et une paix toute nouvelle de collaboration.

À la misère, aux troubles, aux répressions et sans doute aux conflits que susciterait une nouvelle paix faite « à la manière du passé », l'Allemagne peut préférer une paix vivante pour le vainqueur, une paix génératrice de bien-être pour tous.

Le choix appartient d'abord au vainqueur ; il dépend aussi du vaincu. Si toutes les voies nous sont fermées, nous saurons attendre et souffrir. Si un espoir au contraire se lève sur le monde, nous saurons dominer notre humiliation, nos deuils, nos ruines. En présence d'un vainqueur qui aura su dominer sa victoire, nous saurons dominer notre défaite.

Le régime nouveau sera une hiérarchie sociale. Il ne reposera plus sur l'idée fausse de l'égalité naturelle des hommes, mais sur l'idée nécessaire de l'égalité des « chances » données à tous les Français de prouver leur aptitude à « servir ».

Seuls le travail et le talent deviendront le fondement de la hiérarchie française. Aucun préjugé défavorable n'atteindra un Français du fait de ses origines sociales, à la seule condition qu'il s'intègre dans la France nouvelle et qu'il lui apporte un concours sans réserve. On ne peut faire disparaître la lutte des classes, fatale à la nation, qu'en faisant disparaître les causes qui ont formé ces classes, qui les ont dressées les unes contre les autres.

Ainsi renaîtront les élites véritables que le régime passé a mis des années à détruire et qui constitueront les cadres nécessaires au développement du bien-être et de la dignité de tous.

Certains craindront peut-être que la hiérarchie nouvelle détruise une liberté à laquelle ils tiennent et que leurs pères ont conquise au prix de leur sang. Qu'ils soient sans inquiétude.

L'autorité est nécessaire pour sauvegarder la liberté de l'État, garantie des libertés individuelles, en face des coalitions d'intérêts particuliers. Un peuple n'est plus libre, en dépit de ses bulletins de vote, dès que le gouvernement qu'il a librement porté au pouvoir devient le prisonnier de ses coalitions.

Que signifierait d'ailleurs, en 1940, la liberté (l'abstraite liberté) pour un ouvrier chômeur ou pour un petit patron ruiné, sinon la liberté de souffrir sans recours, au milieu d'une nation vaincue ?

Nous ne perdrons, en réalité, certaines apparences trompeuses de la liberté que pour mieux en sauver la substance.

L'histoire est faite d'alternances entre des périodes d'autorité dégénérant en tyrannie et des périodes de libertés engendrant la licence. L'heure est venue pour la France de substituer à ces alternances douloureuses une conjonction harmonieuse de l'autorité et des libertés.

Le caractère hiérarchique du nouveau régime est inséparable de son caractère social.

Mais ce caractère social ne peut se fonder sur des déclarations théoriques. Il doit apparaître dans les faits. Il doit se traduire par des mesures immédiates et pratiques.

Tous les Français, ouvriers, cultivateurs, fonctionnaires, techniciens, patrons ont d'abord le devoir de travailler, ceux qui méconnaîtraient ce devoir ne mériteraient plus leur qualité de citoyen. Mais tous les Français ont également droit au travail. On conçoit aisément que, pour assurer l'exercice de ce droit et la sanction de ce devoir, il faille introduire une révolution profonde dans tout notre vieil appareil économique.

Après une période transitoire, pendant laquelle les travaux d'équipement devront être multipliés et répartis sur tout le territoire, nous pourrons, dans une économie organisée, créer des centres durables d'activité où chacun trouvera la place et le salaire que ses aptitudes lui méritent. Les solutions, pour être efficaces, devront être adaptées aux divers métiers. Telle solution qui s'impose pour l'industrie n'aurait aucune raison d'être pour l'agriculture familiale, qui constitue la principale base économique et sociale de la France.

Mais il est des principes généraux qui s'appliqueront à tous les métiers. Ces métiers seront organisés et leur organisation s'imposera à tous. Les organisations professionnelles traiteront de tout ce qui concerne le métier, mais se limiteront au seul domaine professionnel. Elles assureront, sous l'autorité de l'État, la rédaction et l'exécution des conventions de travail. Elles garantiront la dignité de la personne du travailleur, en améliorant ses conditions de vie, jusque dans sa vieillesse. Elles éviteront enfin les conflits, par l'interdiction absolue des « lockout » et des grèves, par l'arbitrage obligatoire des tribunaux de travail.

Le régime économique de ces dernières années faisait apparaître les mêmes imperfections et les mêmes contradictions que le régime politique : sur le plan parlementaire, apparence de liberté. Sur le plan de la production et des échanges, apparence de libéralisme, mais, en fait, asservissement aux puissances d'argent et recours de plus en plus large aux interventions de l'État.

Cette dégradation du libéralisme économique s'explique d'ailleurs aisément. La libre concurrence était, à la fois, le ressort et le régulateur du régime libéral. Le jour où les coalitions et les trusts brisèrent ce mécanisme essentiel, la production et les prix furent livrés, sans défense, à l'esprit de lucre et de spéculation.

Ainsi se déroulait ce spectacle révoltant de millions d'hommes manquant du nécessaire en face de stocks invendus et même détruits dans le seul dessein de soutenir le cours des matières premières. Ainsi s'annonçait la crise mondiale.

Devant la faillite universelle de l'économie libérale, presque tous les peuples se sont engagés dans la voie d'une économie nouvelle. Nous devons nous y engager à notre tour et, par notre énergie et notre foi, regagner le temps perdu. Deux principes essentiels nous guideront : l'économie doit être organisée et contrôlée. La coordination par l'État des activités privées doit briser la puissance des trusts et leur pouvoir de corruption. Bien loin donc de brider l'initiative individuelle, l'économie doit la libérer de ses entraves actuelles en la subordonnant à l'intérêt national. La monnaie doit être au service de l'économie, elle doit permettre le plein essor de la production, dans la stabilité des prix et des salaires. Une monnaie saine est, avant tout, une monnaie qui permet de satisfaire aux besoins des hommes. Notre nouveau système monétaire ne devra donc affecter l'or qu'à la garantie des règlements extérieurs. Il mesurera la circulation intérieure aux nécessités de la production.

Un tel système implique un double contrôle : sur le plan international, contrôle du commerce extérieur et des changes pour subordonner aux nécessités nationales l'emploi des signes monétaires sur les marchés étrangers ; sur le plan intérieur, contrôle vigilant de la consommation et des prix, afin de maîtriser le pouvoir d'achat de la monnaie, d'empêcher les dépenses excessives et d'apporter plus de justice dans la répartition des produits. Ce système ne porte aucune atteinte à la liberté des hommes, si ce n'est à la liberté de ceux qui spéculent, soit par intérêt personnel, soit par intérêt politique.

Il n'est conçu qu'en fonction de l'intérêt national. Il devra, dans les dures épreuves que nous traversons, s'exercer avec une entière rigueur.

Que la classe ouvrière et la bourgeoisie fassent, ensemble, un immense effort pour échapper aux routines de paresse et prennent conscience de leur intérêt commun de citoyen, dans une nation désormais unie.

Telle est, aujourd'hui, Français, la tâche à laquelle je vous convie.

Il faut reconstruire.

Cette reconstruction, c'est avec vous que je veux la faire.

La Constitution sera l'expression juridique de la Révolution déjà commencée dans les faits, car les institutions ne valent que par l'esprit qui les anime.

Une révolution ne se fait pas seulement à coups de lois et de décrets. Elle ne s'accomplit que si la nation la comprend et l'appelle, que si le peuple accompagne le gouvernement dans la voie de la rénovation nécessaire.

Bientôt, je vous demanderai de vous grouper pour qu'ensemble réunis autour de moi, en communion avec les anciens combattants déjà formés en Légion, vous meniez cette révolution jusqu'à son terme, en ralliant les hésitants, en brisant les forces hostiles et les intérêts coalisés en faisant régner, dans la France nouvelle, la véritable fraternité nationale. »

Philippe PÉTAIN

Nous reproduisons, ici, un abrégé de la rencontre de Montoire du 24 octobre 1940[146] paru dans le numéro 61 (pp. 237 à 240), semaine du 20 au 26 octobre 1941, des « Informations générales » du Ministère de l'Intérieur :

ANNIVERSAIRE DE LA RENCONTRE DE MONTOIRE

« La date du 24 octobre marque le premier anniversaire de l'entrevue de Montoire, au cours de laquelle le chancelier Hitler et le maréchal Pétain se mirent d'accord sur le principe d'une collaboration entre la France et l'Allemagne.

Rappelons les faits :

Dans son message du 11 octobre 1940, le chef de l'État français annonçait que la France était *« prête à rechercher la collaboration dans tous les domaines avec tous ses voisins ».*

Son message s'achevait dans une adjuration qui est restée dans toutes les mémoires. Sans doute, l'Allemagne peut-elle, au lendemain de sa victoire sur nos armes, choisir entre une paix traditionnelle d'oppression et une paix toute nouvelle de collaboration, la misère, aux troubles, aux reprissions, et sans doute, aux conflits que susciterait une paix à la manière du passé, l'Allemagne peut préférer une paix vivante pour le vainqueur, une paix génératrice de bien-être pour tous. Le choix appartenait d'abord au vainqueur ; il dépend aussi du vaincu. Si toutes les voies nous sont fermées, nous saurons attendre et souffrir : si un espoir au contraire se lève sur le monde, en présence d'un vainqueur qui aura su dominer sa victoire, nous saurons dominer notre débat.

La réponse allemande ne tarda point :

Le 22 octobre, à Montoire, en France occupée, M. Pierre Laval rencontrait le chancelier Hitler et M. von Ribbentrop.

Le 24, dans la même ville, avait lieu l'entrevue historique entre le maréchal Pétain et le Führer.

Le 26, la présidence du conseil publiait le communiqué suivant :

« L'entretien qui a eu lieu le 24 octobre entre le chancelier Hitler et le maréchal Pétain, en présence de MM. von Ribbentrop et Pierre Laval, s'est déroulé dans une atmosphère de haute courtoisie. Le Maréchal a été reçu avec les honneurs dus à son rang. »

L'entretien entre les deux chefs, qui a suivi, a donné lieu à un examen général de la situation, en particulier des moyens de reconstruire la paix en Europe.

Les deux interlocuteurs se sont mis d'accord sur le principe d'une collaboration. Les modalités d'application en seront examinées ultérieurement.

---

[146] « Le Maréchal Pétain et M. Pierre Laval se rencontrent à Montoire avec le Chancelier Hitler et M. Von Ribbentrop. Un accord franco-allemand a été réalisé « sur le principe d'une collaboration dont les modalités restent à définir. » p. 58 (A) *Almanach 1942* de la Légion Française des Combattants.

Le 30 octobre, le chef de l'État, dans une allocution radiodiffusée, précisait le sens de l'événement (voir annexe 2). Il est possible aujourd'hui, à un an de distance, de constater que la politique choisie par la France à Montoire n'a pas manqué de porter ses fruits. La collaboration s'est poursuivie, marquée notamment par un entretien de l'amiral Darlan avec le chancelier Hitler.

Le maréchal Pétain en donna la nouvelle au peuple français le 15 mai dernier, en en soulignant la portée : « *Ce nouvel entretien nous permet d'éclairer la route de l'avenir et de continuer les conversations engagées avec le gouvernement allemand. Si, dans l'étroite discipline de notre esprit public, nous savons mener à bien les négociations en cours, la France pourra surmonter sa défaite et conserver dans le monde son rang de puissance européenne et coloniale.* »

Le 29 mai 1941, l'Amiral commentait lui-même cette entrevue en ces termes :

« Le chancelier ne m'a pas demandé de lui livrer notre flotte. Tout le monde sait, et les Anglais mieux que quiconque que je ne la livrerai à personne. Le chancelier ne m'a demandé aucun territoire colonial. Il ne m'a pas demandé de déclarer la guerre à l'Angleterre. Pourquoi l'eût-il fait ?

L'Allemagne, qui a commencé la guerre seule, se juge capable de la terminer seule, contre n'importe quelle coalition. À aucun moment de la conversation, il n'a été question d'un abandon quelconque de la souveraineté française. La France choisit librement la voie dans laquelle elle s'engage. D'elle dépendent son présent et son avenir. Elle aura la paix qu'elle se sera faite elle-même. Elle aura, dans l'organisation européenne, la place qu'elle se sera préparée. » Et, plus loin :

« Depuis l'entrevue de Montoire, au cours de laquelle le principe de la collaboration a été décidé, la France a marqué par des gestes son désir de poursuivre cette politique. Ce sont ces gestes qui ont déterminé le chancelier à nous accorder les atténuations aux conséquences de la défaite et aux conditions de l'armistice que vous venez d'apprendre. Écoutez bien mes paroles : De l'issue des négociations en cours, dépend étroitement l'avenir de la France. Il s'agit pour elle de choisir entre la vie et la mort. Le, Maréchal et le gouvernement ont choisi la vie ».

Le 10 juin, l'Amiral insistait encore sur la nécessité de faire confiance au Maréchal sur le terrain de la collaboration avec l'Allemagne, dans le double dessein d'améliorer les conditions de l'armistice et de préparer la paix.

Croyez-vous par exemple, le déclara notamment l'Amiral, que l'armée d'occupation accepterait de diminuer ses réquisitions et ses prélèvements si elle avait le sentiment d'une hostilité permanente de notre part ?

Croyez-vous que nos prisonniers nous seraient rendus par l'Allemagne, si elle avait la sensation qu'en agissant ainsi, elle devait grossir le nombre de ses ennemis ?

Croyez-vous que nos agriculteurs chassés de leurs fermes pourront y retourner si les Allemands ont l'impression que la France reste l'ennemi héréditaire ?

L'Amiral concluait sa harangue par cet appel :

« Français, ayez le courage de dominer votre défaite, soyez assurés que l'avenir du pays est intimement lié à celui de l'Europe. Si, pour vous engager dans la voie où le Maréchal et son gouvernement vous invitent à les suivre, il vous faut vaincre des illusions ou consentir des sacrifices, puisez votre force dans la certitude que cette voie est pour notre patrie la voie du salut ».

Annexe 2

Discours de Pétain après l'entrevue de Montoire, le 30 octobre 1940

« Français, j'ai rencontré, jeudi dernier, le Chancelier du Reich. Cette rencontre a suscité des espérances et provoqué des inquiétudes ; je vous dois, à ce sujet, quelques explications. Une telle entrevue n'a été possible, quatre mois après la défaite de nos armes, que grâce à la dignité des Français devant l'épreuve, grâce à l'immense effort de régénération auquel ils se sont prêtés, grâce aussi à l'héroïsme de nos marins, à l'énergie de nos chefs coloniaux, au loyalisme de nos populations indigènes. La France s'est ressaisie. Cette première rencontre entre le vainqueur et le vaincu marque le premier redressement de notre pays. » C'est librement que je me suis rendu à l'invitation du Führer. Je n'ai subi, de sa part, aucun « diktat », aucune pression. Une collaboration a été envisagée entre nos deux pays. J'en ai accepté le principe. Les modalités en seront discutées ultérieurement. » À tous ceux qui attendent aujourd'hui le salut de la France, je tiens à dire que ce salut est d'abord entre nos mains. À tous ceux que de nobles scrupules tiendraient éloignés de notre pensée, je tiens à dire que le premier devoir de tout Français est d'avoir confiance. À ceux qui doutent comme, à ceux qui s'obstinent, je rappellerai qu'en se raidissant à l'excès, les plus belles attitudes de réserve et de fierté risquent de perdre de leur force. » Celui qui a pris en mains les destinées de la France a le devoir de créer l'atmosphère la plus favorable à la sauvegarde des intérêts du pays. C'est dans l'honneur et pour maintenir l'unité française, une unité de dix siècles, dans le cadre d'une activité constructive du nouvel ordre européen que j'entre aujourd'hui dans la voie de la collaboration. Ainsi, dans un avenir prochain, pourrait être allégé le poids des souffrances de notre pays, amélioré le sort de nos prisonniers, atténuée la charge des frais d'occupation. Ainsi pourrait être assouplie la ligne de démarcation et facilités l'administration et le ravitaillement du territoire. » Cette collaboration doit être sincère. Elle doit être exclusive de toute pensée d'agression, elle doit comporter un effort patient et confiant. L'armistice, au demeurant, n'est pas la paix. La France est tenue par des obligations nombreuses vis-à-vis du vainqueur. Du moins reste-t-elle souveraine. Cette souveraineté lui impose de défendre son sol, d'éteindre les divergences de l'opinion, de réduire les dissidences de ses colonies. » Cette politique est la mienne. Les ministres ne sont responsables que devant moi. C'est moi seul que l'histoire jugera. Je vous ai tenu jusqu'ici le langage d'un père : je vous tiens aujourd'hui le langage du chef. Suivez-moi ! Gardez votre confiance en la France éternelle ! »

Philippe PÉTAIN

Annexe 3

Appel du 18 juin 1940 du général de Gaulle

« Les chefs qui, depuis de nombreuses années, sont à la tête des armées françaises ont formé un gouvernement. Ce gouvernement, alléguant la défaite de nos armées, s'est mis en rapport avec l'ennemi pour cesser le combat.

Certes, nous avons été, nous sommes, submergés par la force mécanique, terrestre et aérienne, de l'ennemi.

Infiniment plus que leur nombre, ce sont les chars, les avions, la tactique des Allemands qui nous font reculer. Ce sont les chars, les avions, la tactique des Allemands qui ont surpris nos chefs au point de les amener là où ils en sont aujourd'hui.

Mais le dernier mot est-il dit ? L'espérance doit-elle disparaître ? La défaite est-elle définitive ? Non !

Croyez-moi, moi qui vous parle en connaissance de cause et vous dis que rien n'est perdu pour la France. Les mêmes moyens qui nous ont vaincus peuvent faire venir un jour la victoire.

Car la France n'est pas seule ! Elle n'est pas seule ! Elle n'est pas seule ! Elle a un vaste Empire derrière elle. Elle peut faire bloc avec l'Empire britannique qui tient la mer et continue la lutte. Elle peut, comme l'Angleterre, utiliser sans limites l'immense industrie des États-Unis.

Cette guerre n'est pas limitée au territoire malheureux de notre pays. Cette guerre n'est pas tranchée par la bataille de France. Cette guerre est une guerre mondiale. Toutes les fautes, tous les retards, toutes les souffrances n'empêchent pas qu'il y a, dans l'univers, tous les moyens nécessaires pour écraser un jour nos ennemis. Foudroyés aujourd'hui par la force mécanique, nous pourrons vaincre dans l'avenir par une force mécanique supérieure. Le destin du monde est là.

Moi, général de Gaulle, actuellement à Londres, j'invite les officiers et les soldats français qui se trouvent en territoire britannique ou qui viendraient à s'y trouver, avec leurs armes ou sans leurs armes, j'invite les ingénieurs et les ouvriers spécialistes des industries d'armement qui se trouvent en territoire britannique ou qui viendraient à s'y trouver, à se mettre en rapport avec moi.

Quoi qu'il arrive, la flamme de la résistance française ne doit pas s'éteindre et ne s'éteindra pas.

Demain, comme aujourd'hui, je parlerai à la Radio de Londres. »[147]

GÉNÉRAL DE GAULLE

---

[147] http://www.charles-de-gaulle.org/pages/l-homme/dossiers-thematiques/1940-1944-la-seconde-guerre-mondiale/l-appel-du-18-juin/documents/l-appel-du-18-juin-1940.php

Annexe 4

Appel du 22 juin 1940 du général de Gaulle

« Le gouvernement français, après avoir demandé l'armistice, connaît, maintenant, les conditions dictées par l'ennemi.

Il résulte de ces conditions que les forces françaises de terre, de mer et de l'air seraient entièrement démobilisées, que nos armes seraient livrées, que le territoire français serait totalement occupé et que le gouvernement français tomberait sous la dépendance de l'Allemagne et de l'Italie.

On peut donc dire que cet armistice serait non seulement une capitulation, mais encore un asservissement.

Or, beaucoup de Français n'acceptent pas la capitulation ni la servitude pour des raisons qui s'appellent l'honneur, le bon sens, l'intérêt supérieur de la patrie.

Je dis l'honneur, car la France s'est engagée à ne déposer les armes que d'accord avec ses alliés.

Tant que ses alliés continuent la guerre, son gouvernement n'a pas le droit de se rendre à l'ennemi.

Le gouvernement polonais, le gouvernement norvégien, le gouvernement hollandais, le gouvernement belge, le gouvernement luxembourgeois, quoique chassés de leur territoire, ont compris ainsi leur devoir.

Je dis le bon sens, car il est absurde de considérer la lutte comme perdue. Oui, nous avons subi une grande défaite.

Un système militaire mauvais, les fautes commises dans la conduite des opérations, l'esprit d'abandon du gouvernement pendant ces derniers combats nous ont fait perdre la bataille de France.

Mais il nous reste un vaste empire, une flotte intacte, beaucoup d'or.

Il nous reste des alliés dont les ressources sont immenses, et qui dominent les mers.

Il nous reste les gigantesques possibilités de l'industrie américaine.

Les mêmes conditions de la guerre qui nous ont fait battre par cinq mille avions et six mille chars peuvent nous donner, demain, la victoire par vingt mille chars et vingt mille avions.

Je dis l'intérêt supérieur de la patrie, car cette guerre n'est pas une guerre franco-allemande, qu'une bataille puisse décider.

Cette guerre est une guerre mondiale.
Nul ne peut prévoir si les peuples qui sont neutres, aujourd'hui, le resteront demain.

Même les alliés de l'Allemagne resteront-ils toujours ses alliés ?

Si les forces de la liberté triomphent finalement de celles de la servitude, quel serait le destin d'une France qui se serait soumise à l'ennemi ?

L'honneur, le bon sens, l'intérêt supérieur de la patrie commandent à tous les Français libres de continuer le combat là où ils seront et comme ils pourront.
Il est, par conséquent, nécessaire de grouper partout où cela se peut une force française aussi grande que possible.
Tout ce qui peut être réuni en fait d'éléments militaires français et de capacité française de production d'armement doit être organisé partout où il y en a.

Moi, général de Gaulle, j'entreprends ici, en Angleterre, cette tâche nationale.

J'invite tous les militaires français des armées de terre, de mer et de l'air, j'invite les ingénieurs et les ouvriers français spécialistes de l'armement qui se trouvent en territoire britannique ou qui pourraient y parvenir, à se réunir à moi. J'invite les chefs, les soldats, les marins, les aviateurs des forces françaises de terre, de mer, de l'air, où qu'ils se trouvent actuellement, à se mettre en rapport avec moi. J'invite tous les Français qui veulent rester libres à m'écouter et à me suivre.

Vive la France libre dans l'honneur et dans l'indépendance ! » [148]

GÉNÉRAL DE GAULLE

---

[148] Source : http://www.charles-de-gaulle.org/pages/l-homme/dossiers-thematiques/1940-1944-la-seconde-guerre-mondiale/l-appel-du-18-juin/documents/l-appel-du-22-juin-1940.php

BIBLIOGRAPHIE

COLLECTIF (1945), *Compte rendu in extenso des audiences (20) – Procès du maréchal Pétain*. Haute Cour de Justice, Paris.

COLLECTIF (1951), *Rapport commission parlementaire (SERRE C.) sur les évènements survenus en France de 1933 à 1945*. Tome I, n° 2344. Assemblée Nationale.

COLLECTIF (1958), *La vie de la France sous l'occupation 1940-1944*. Tomes 1-3 (Témoignages recueillis par la fille et le gendre de Pierre Laval). HOOVER Institute. Éd. Plon, Paris.

COLLECTIF (1959), *La France sous l'occupation* (publié en réfutation des témoignages parus à l'initiative de l'HOOVER Institute (Éd. Plon, 1958). P.U.F.

COLLECTIF (1968), *L'Occupation, la Résistance, la Libération. 1939-1946*. Diffusion France Lecture & Tallandier.

COLLECTIF (2001), *1940, la France du repli, l'Europe de la défaite*. Éd. Privat. ISBN 978-2708905283

COLLECTIF (2002), *Les Français sous l'Occupation 1940-1944*. Éditions Pygmalion. ISBN 2-7028-5007-3

COLLECTIF (2006), *Dictionnaire historique de la Résistance*. Éd. Robert Laffont. ISBN 978-2221099971

COLLECTIF (2010), *Imprimeurs et éditeurs dans la Résistance*. AERI, La documentation Française. ISBN 978-2-11-007136-1
Le Procès Laval, compte-rendu sténographique. Collection des grands procès contemporains (1946). Éditions Albin Michel.

ALARY E., VERGEZ-CHAIGNON B. & GAUVIN G. (2009),
Les français au quotidien : 1939-1949.
Éd. Tempus. ISBN 978-2262030230

AMOUROUX H. (1977), *Quarante millions de pétainistes, juin 1940-juin 1941*. Éditions Robert Laffont. ISBN 2-7242-2312-8

AMOUROUX H. (2011), *La vie des Français sous l'Occupation*. Éditions De Borée. ISBN 978-2-8129-0492-9

ARNAUD P. (2000), *Les STO, histoire des français requis en Allemagne nazie 1942-1945*. Éd. CNRS Alpha.
ISBN 978-2-271-08008-0

ARON R. (1954), *Histoire de Vichy, 1940 – mai 1944.*
Éditions Fayard.

ARON R. (1959), *Histoire de la libération de la France, juin 1944 – mai 1945.*
Éditions Fayard.

AZEMA J.P. & BEDARIDA F. (1992), *Vichy et les Français.* Éditions Fayard. ISBN 978-2213026831

AZEMA J.P. & BEDARIDA F. (2000), Éd. du Seuil (Poche)
La France des années noires :
1° De la défaite à Vichy. ISBN 978-2020183062
2° De l'occupation à la libération. ISBN 978-2020183079

BADINTER R. (1997), *Un antisémitisme ordinaire. Vichy et les avocats juifs (1940-1944).* Éd. Fayard. ISBN 978-2213598024

BARRERE S. (2005), *Pyrénées, l'échappée vers la liberté. Les évadés de France.* Éd. CAIRN. ISBN 2-35068-027-4

BERLIÈRE J.M. (2009), *Policiers français sous l'occupation*. Tempus. ISBN 978-2262029784

BERLIÈRE J.M. & LIAIGRE F. (2012), *Ainsi finissent les salauds.* Éd. Robert Laffont. ISBN 978-2221111581

BOPP M.J. (2011), *L'Alsace sous l'occupation allemande 1940-1945.* Place Stanislas Éditions. ISBN 978-2355780776

BRISSAUD A. (1965), *La dernière année de Vichy (1943-1944)*. Librairie Académique Perrin, Paris.

BURG J. (1989), *Malgré-Nous, à 18 ans en Russie*, tome 1. Éd. Pierron. ISBN 978-2708500716

BURRIN P. (1997), *La France à l'heure allemande, 1940-1944*. Éd. Seuil. ISBN 978-2020-314770

COINTET M. (1998), *L'Église sous Vichy 1940-1945 : La repentance en question*. Librairie Perrin. ISBN 2262012318

CUBERO J. *Les Hautes-Pyrénées dans la guerre 1938-1948*. CAIRN
ISBN 9782350682778
Tarbes et les Hautes-Pyrénées, colaboration, résistance, libération. CAIRN
ISBN 9782350683751
Toulouse dans la Seconde Guerre mondiale. CAIRN
ISBN 9782350682228

DALISSON R. (2015), *Les Fêtes du Maréchal, propagande festive et imaginaire dans la France de Vichy*. Éd. CNRS.
ISBN 978-2271082428

DE GAULLE C. (1959), *Mémoires de guerre*. Éd. Plon.

DELPERRIÉ de BAYAC J. (1994), *Histoire de la Milice*. Éd. Fayard. ISBN 978-2213592886

DEROO E. & DE TAILLAC P. (2010), *Carnets de déroute 1939-1940 – Lettres et récits inédits*. Éditions Tallandier. ISBN 978-2-84734-690-9

DUQUESNE J. (1986), *Les catholiques français sous l'occupation.* Éd. Grasset et Fasquelle. ISBN 2246116023

EPP R. (2000), *L'enfer sur terre, prêtres et religieux d'Alsace internés et déportés par les nazis (1940-1945)*. Éd. Media 2000 & l'Ami hebdo. ISBN 978-2-9505891-3-2

ÉVARD J. (1971), *La déportation des travailleurs français dans le IIIe Reich*. Éd. Fayard.

EYCHENNE E. (1980), *Montagnes de la peur et de l'espérance. Le franchissement de la frontière espagnole pendant la seconde guerre mondiale dans le département des Htes-Pyrénées*, Thèse. Éd. Privat, Toulouse, 255 p.

EYCHENNE E. (1981), *"Les difficultés de l'histoire immédiate. Un exemple : les évasions en Espagne pendant la Deuxième guerre mondiale dans les vallées d'Aure et de Louron"*, Revue de Comminges, p. 331-339

EYCHENNE E. (1983), *Les Pyrénées de la liberté. Les évasions par l'Espagne. 1939-1945*, Éd. France-Empire, 383 p.

FABRE-LUCE A. (1945), *Le mystère du Maréchal. Le procès Pétain*. Éd. du Cheval Ailé, Genève.

FACON P. (1998), *Vichy, Londres, Alger (1940-1944). L'État Français.* Éd. Pygmalion. ISBN 2857045344

FARON O. (2011), *Les chantiers de jeunesse. Avoir 20 ans sous Pétain.* Éd. Grasset. ISBN 978-2246759713

FERRO M. (1993), *Pétain.*
Édition Fayard (France Loisirs). ISBN 2724271416

GRIMAUD P.E. (2014), *Carnets d'un préfet de Vichy 1939-1944.* Éd. Le Cherche Midi. ISBN 978-2749126289

HANDOURTZEL R. (1997), *Vichy et l'école 1940-1944.* Éd. A. Viénot. ISBN 978 - 2911606113

HARBULOT J.P. (2003), *Le Service du Travail Obligatoire – La région de Nancy face aux exigences allemandes.* Presses Universitaires de Nancy. ISBN 978-2864809364

LABORIE P. (2012), *Les Français sous Vichy*. Éd. Milan.
ISBN 978-2745954619

LANNOY De F. (1995), *La libération des camps*. Éditions Heimdal, Bayeux. ISBN 2-840480-85-9

LAVAL P. (1948), *Laval parle – Notes et mémoires rédigés dans sa cellule*. Diffusion du Livre.

LEGOUX B. (2010), *17 juin 1940 : l'armistice était inévitable ? La fin d'un mythe*. Éd. L'Esprit du Livre. ISBN 978-2915960839

LONGUÉ J., (1991-1994) *« Les réfugiés de l'Est dans les Hautes-Pyrénées (1939-1945) »*, Bulletin de la Société académique des Hautes-Pyrénées, pp. 191-192.

MARIELLE J., SAGNES J. (1993), *Pour la république, le vote des quatre-vingts à Vichy le 10 juillet 1940*. C.N.D.P.

MELCHIOR-BONNET C. (1999), *Lettres du temps de guerre 1939-1942*. Éd. Imago. ISBN 978-2911416224

MEYZONNADE A. (1966), *Vingt-et-un ans après*. Éd. des Cahiers Bourbonnais, Moulins.

MICHEL A. & PRASQUIER R. (2012), *Vichy et la Shoah, enquête sur le paradoxe français*. Éd. CLD. ISBN 978-2854435498

MIQUEL P. (2003), *L'Exode 10 mai – 20 juin 1940*. Éd. Plon. ISBN 978-2259194587

NAUD A. (1948), *Pourquoi je n'ai pas défendu Pierre Laval*. Édition Arthème Fayard.

NOBECOURT R.G. (1962), *Les secrets de la propagande en France occupée*. Éd. Fayard.

NOGUÈRES L. (1955), *Le véritable Procès du Maréchal Pétain*. Librairie Arthème Fayard.

ORY P. (1980), *Les collaborateurs 1940-1945*. Éd. du Seuil. ISBN 978-2020054270

PAXTON R.O. (1972), *La France de Vichy 1940-1944*. Éditions Famot, Genève, 1976.

PÉTAIN P. (1949), *Quatre années au pouvoir*. Éd. La Couronne Littéraire, Paris.

POTTECHER F. (1980), *Le procès Pétain*. Éd. J.C. Lattès.

RAGACHE G. & J.R. (1992), *La vie quotidienne des écrivains et des artistes sous l'occupation (1940-1944)*. Hachette Littérature. ISBN 978-2010115684

RENAUD M. & BUCAILLE P. (1942), *Les dommages de la guerre 1939-1940*. Imprimerie du Palais, Paris.

RIGOULOT P. (1998), *L'Alsace-Lorraine pendant la guerre 1939-945*. Éd. P.U.F. Que sais-je ? ISBN 978-2130481065

RONDEAU D. & STEPHANE R. (1997), *Des Hommes Libres, 1940-1945, la France libre par ceux qui l'ont faite*. Éditions Grasset & Fasquelle. ISBN 978-2-246-49012-8

SAPIR J., STORA F. & MAHÉ L. (2010), *Si la France avait continué la guerre*. Éd. Tallandier. ISBN 979-1021004283

SOUYRIS-ROLLAND A. (1992), dir., *Histoire des chantiers de jeunesse racontée par des témoins... Actes du colloque d'histoire... 12 et 13 février 1992...* Château de Vincennes, Paris, 288 p.

STUCKI W. (1947), *La fin du régime de Vichy. De Pétain à la IVe République*. Éditions de la Baconnière. Neuchatel (Suisse).

THIBAULT R (2010), *France, mai-juin 1940, ampleur d'un désastre.* Éd. Patrimoines & Médias. ISBN 978-2-916757-56-8

VALODE P. (2013), *Le livre noir de la collaboration, 1940-1944.* CFL, Acropole. ISBN 978-2-298-08897-7

VEDRINE J. (2013), *Les prisonniers de guerre, Vichy et la résistance : 1940-1945*. Éd. Fayard. ISBN 978-2213666273

WEISS P. Général (1943), *Armistice et collaboration, deux crimes contre la Patrie.* Conférence prononcée le 2 octobre 1943 au Théâtre Municipal d'Oran.

WIESEL E. (1989), *Silences et mémoire d'hommes*. Éd. du Seuil. ISBN 2-02-0010666-3

WIEVIORKA A. (2013), *Déportation et génocide, entre la mémoire et l'oubli.* Éd. Hachette Pluriel. ISBN 978-2818503027

WIEVIORKA O. (2013), *Histoire de la Résistance.*
Éd. Perrin. ISBN 978-2262027995

Propagande Vichyste :

COLLECTIF (de Juin 1941, n° 1 au n° 31 de Décembre 1943) : *La Légion*, revue mensuelle illustrée et publiée par la Légion Française des Combattants.

DE LA PORTE DU THEIL J. (1942), *Les chantiers de la jeunesse ont deux ans*. Éd. Sequana, Paris.

MONTIGNY J. (1940), *De l'Armistice à l'Assemblée Nationale 15 juin – 15 juillet 1940. Toute la vérité sur un mois dramatique de notre histoire.* Éd. Mont-**Louis**, Clermont-Ferrand.

« Aux Enfants de France » (Décembre 1940). Imprimerie commerciale du Nouvelliste, Lyon.

MARÉCHAL PÉTAIN. (Déc. 1941), *La France nouvelle. Principes de la communauté suivis des appels et messages 17 Juin 1940 – 17 juin 1941.* Fasquelle Éditeurs, Paris.

« ALMANACHS 1941-1942, *je servirai.. je le jure...* » de la Légion Française des Combattants, almanach publié avec l'expresse approbation du Maréchal.

« LE MARÉCHAL ET SA DOCTRINE » (Mai 1943). Éditions de la Générale Publicité, 80, rue St-Lazare, Paris, pour le bureau de documentation du chef de l'État.

Autres témoignages (personnes, collectivités) :

COLLECTIF (2004), *Volmunster et ses annexes, un siècle d'histoire 1870-1970.* Tome 2. ISBN 2-901266-13-4

COLLECTIF (1989), *1939 - L'Évacuation.* Saisons d'Alsace, Revue trimestrielle. Éd. de la Nuée Bleue, D.N.A. Strasbourg.

COLLECTIF (Bulletin n° 8, 1993), *Béarnais en captivité, 1939-1945, Récits et Témoignages.* Association Mémoire Collective en Béarn.

COLLECTIF (1946), *Mémorial du Comité central d'Assistance aux Prisonniers de guerre et de ses comités locaux.* Les Amis du C.C.A.P.G. Imprimerie Sauvion & Lelièvre, Paris XVIIe.

ANGLADE J. (2012), *L'homme aux éclats (1943-1945)*. Éd. Le Pas d'Oiseau. ISBN 9782917971277

ARNAUD C. (1977), *Guerre et captivité. 10 mai 1940-15 avril 1975. Souvenirs vécus et inédits*, Lourdes, 350 p.

CARCENAC M. *Les combats d'un ingénu, récits d'un temps troublé.* À compte d'auteur. 24 Belvès.

MIR H. (2003), *Souvenirs de mon grand voyage (1942-1945)*. Édité par l'auteur (65 Saint-Lary-Soulan), réfractaire au S.T.O., évadé par l'Espagne, a rejoint la Division Française Libre avec laquelle, il a fait les campagnes d'Italie et de France.

MURCIA WEISS GUINCHARD M. (2011), *Famille Navarro - Ils étaient des émigrés 1918-1946*. AIS Numérique Pamiers.

NADOUCE O. (2012), *Les heures sombres de l'Occupation (1940-1945) à Varilhes et son canton*. AIS Numérique Pamiers.

NEDELLEC G. (2007), Un soldat de l'ombre. Éd. Cheminements. ISBN 9.782844.786050

RITTGEN F. (1988), *Bitche et son canton, des origines à 1945*.
Éd. Pierron. ISBN 978-2708500617

VIE R. (1980), "*Quelques aspects des Hautes-Pyrénées pendant la deuxième guerre mondiale*". Pédagogie 65, n° 15

VIE R. (1981), *"Portrait d'un grand résistant : Monseigneur Théa*s", Pédagogie 65, n° 18. Extraits des discours prononcés à Tarbes le 16 novembre 1980, lors de l'inauguration de la rue Monseigneur Théas, rappelant les prises de position du futur évoque de Tarbes et Lourdes contre la déportation des Juifs, et son internement en 1944. C.D.D.P. des Hautes-Pyrénées

Autres ouvrages :

Depuis 1939 (1944), brochure de 80 pages se proposant de décrire objectivement l'histoire de cette guerre et publiée par l'Office d'Information de Guerre des États-Unis (USBF8)
La Bataille de France (1944), 72 pp. (USBF10)

Ils reviendront…, (1941). Éd. Durassié et Cie, Paris Ve.

DE POMIANE E. (1940), *Cuisine et restrictions.* Éditions Corrêa, Paris.

GAYE E., BRISEBOIS D., LAMARQUE G., LOBIT P. & SANNAC G. (1944), *Comment produire fruits et légumes*. Éd. A. Hunault. Tarbes.

Revues, presse :

Almanachs HACHETTE 1940-1941-1942-1943-1945-1946,
Petite encyclopédie populaire de la vie pratique.

Le journal de la France, de l'Occupation à la Libération, Publication hebdomadaire du n° 96 (1971) au n° 199 (1973). Éditions Historia-Tallandier.

HISTORIA (1975) Librairie Jules Tallandier.
Hors-série n° 39 : *La collaboration*
Hors-série n° 40 *: La milice, la collaboration en uniforme*

Images de guerre 1939-1945, n° 61 (1995). Une collection ALP/ Marshall Cavendish. ISBN 2-7365-0032-6

Le Débarquement, le 6 juin 1944 et la bataille de Normandie, n° 15 (juin-juillet 2014). GEO Histoire, Groupe Prisma Media.

La Libération, de l'insurrection de Paris à la victoire de 1945, n° 16 (août-septembre 2014). GEO Histoire, Groupe Prisma Media.

La France des collabos, n° 27 (Déc. 2014 - janv. 2015). L'Express, Regards sur l'histoire.

Dvd :

LA MONTÉE DES FASCISMES 01 (2009). 60 mn. *La Seconde Guerre mondiale : 1939-1945* (Images d'archives). BBC W. – PMI.

JUIN 1940 – LE GRAND CHAOS (2010). 1h29 mn. env. Un film écrit et réalisé par Christophe Weber. CC&C – Boréales – Francetv.

APOCALYPSE Hitler (2011). 3x50 mn. env. Épisode I : *La menace*. Épisode 2 : *Le Führer* + bonus. CC&C Clarke Costelle & Cie. Existe également en livre aux Éditions Acropole. ISBN 978-2735703586

EN FRANCE, À L'HEURE ALLEMANDE (2015). 109 mn. *Témoignages de l'Occupation à la Libération*. Histodoc-Arte France. Un documentaire de Serge de Sampigny.

L'ARMÉE DES OMBRES (1969-2008), un film de Jean-Pierre Melville - 2h18 – Drame Thriller, avec Lino Ventura, Simone Signoret. [Le 20 octobre 1942, en France occupée. Philippe Gerbier (L.V.), ingénieur distingué des Ponts et Chaussées soupçonné de pensées gaullistes, est arrêté par la police de Vichy et placé dans un camp.] Studio CANAL.

LE VIEUX FUSIL (1975-2013), un film de Robert Enrico avec Philippe Noiret et Romy Schneider - 1h42 - Drame, Polar.
[L'action se déroule en 1944, le chirurgien Julien Dandieu (P.N.) y mène une vie paisible avec sa femme, Clara, et leur fille Florence. Julien rejoint sa famille en villégiature pour découvrir, avec effroi, que les Allemands ont déjà

semé la terreur dans le village et décimé les siens.] L.C.J. Éditions & Productions.

LUCIE AUBRAC (1997-2000), un film de Claude Berri écrit avec Lucie Aubrac - 1h55 - Drame. [Lyon, mars 1943, Raymond Samuel (Aubrac, dans la clandestinité) et Lucie, sa femme, sont engagés dans la résistance. Le 21 juin, Raymond est arrêté, en même temps que Jean Moulin. Film inspiré de l'histoire vraie.] Studio Pathé.

INDIGÈNES (2006), un film de Rachid Bouchareb - 2h08 - Drame.
[En 1943, alors que la France tente de se libérer de la domination nazie, le parcours de quatre "indigènes", soldats oubliés de la première armée française recrutée en Afrique.] Tessalit Productions – TF1.

LA RAFLE (2009), un film de Rose Bosch - 1h55 – Drame 1942. [Joseph a onze ans. Et ce matin de juin, il doit aller à l'école, une étoile jaune cousue sur sa poitrine... dans un Paris occupé, sur la Butte Montmartre, où ils ont trouvé refuge... jusqu'à ce matin du 16 juillet 1942, où leur fragile bonheur bascule... au Vélodrome d'Hiver. Tous les personnages du film ont existé. Tous les évènements, même les plus extrêmes, ont eu lieu cet été 1942.] Gaumont – DFW.nl

Web :

CHYDERIOTIS N. (2007). Mémoire soutenu à L'Institut d'Etudes Politiques de Lyon 2 et ayant pour sujet : *« L'Armée du crime et Vichy. Images de la Résistance intérieure dans les affiches de Vichy 1940-1944 ».*
http://doc.sciencespo-lyon.fr/Ressources/Documents/Etudiants/Memoires/Cyberdocs/MFE2007/chyderiotis_n/pdf/chyderiotis_n.pdf

Livret d'accompagnement de l'exposition (2007/2008) du Musée de la Résistance de (59) Bondues ayant pour thème : *« Sans Arme face à l'occupant ».*
http://www.ville-bondues.fr/musee/expo/SansArmefaceAlOccupant.pdf

INA : 1 janvier 1945 / *Documentaire d'actualités. Bilan de quatre ans.*
http://www.ina.fr/video/AFE04002050/bilan-de-quatre-ans-video.html

La base de données « Écrits de Guerre et d'Occupation » (EGO 1939-1945) est destinée à recenser de façon exhaustive l'ensemble des témoignages, récits, carnets, journaux intimes et mémoires, concernant la France et les Français durant la Seconde Guerre mondiale, publiés de 1939 jusqu'à nos jours.
http://www.ego.1939-1945.crhq.cnrs.fr/index.php

La photographie de la première de couverture représente un train de mobilisés en gare de Dax en septembre 1939 avec Léon Noguéro au premier plan à gauche.

<u>Note</u> :
Le lecteur pourra également se reporter à la bibliographie du 2ème tome du même auteur et consacré à son récit de captivité : « *Prisonnier de guerre en Allemangne* ».

Léon Noguéro, 2ème assis au sol, à l'école communale de Cadéac (1920-1921)

Léon Noguéro, classe 35, au 126ème R.I. de Brive, CDT, le dernier au 5ème rang

Léon, 5ème debout, avec ses camarades téléphonistes du 49e RI

Stalag V A – Camp de Urlau - juillet 1941. Léon debout en blanc tout à droite

INDEX

A

B

C

D

E

F

G

H

I

J

K

L

M

N

O

P

R

S

T

U

V

W-Y-Z

Les lecteurs peuvent compléter leur recherche en se référant au second tome « *Prisonnier de guerre en Allemagne* » ou en consultant la page « Groupe » de Facebook consacrée au présent ouvrage et à l'auteur :

http://www.facebook.com/groups/1431055700534526

L'HISTOIRE
AUX ÉDITIONS L'HARMATTAN

Dernières parutions

MAIS COMMENT EN EST-ON ARRIVÉ LÀ ?
La terre de 4 000 à 4,5 milliards d'années
Rouffet Michel
De l'Ancien Testament aux derniers calculs pour déterminer l'âge de la Terre, les chiffres varient considérablement : 4 000 ans, 75 000 ans, 4,5 milliards d'années... L'auteur raconte et démontre non seulement comment l'estimation de l'âge de notre planète a évolué au cours des siècles, mais également comment des points de vue si divergents peuvent converger et se retrouver complémentaires. Avec lui, nous découvrons que science et religion ne sont pas forcément aussi opposées que l'on pourrait le croire.
(Coll. Acteurs de la Science, 23.50 euros, 236 p.)
ISBN : 978-2-343-10343-3, ISBN EBOOK : 978-2-14-002270-8

ARCHÉOLOGIE DE LA PENSÉE SEXISTE
L'Antiquité
Labrecque Georges
Les œuvres de l'Antiquité révèlent à la fois le mépris et l'éloge adressés à la femme dans des domaines fort différents (théologie, morale, littérature, droit, philosophie, etc.), qui se sont développés dans diverses régions du monde. L'humanité a ainsi hérité d'une multitude de manuscrits très riches, encore qu'ils soient presque tous rédigés par des hommes bien souvent sexistes avant la lettre. Cet ouvrage propose une relecture des œuvres principales de l'Antiquité et montre que les préjudices et les maux subis par les femmes en ce début du XXIe siècle plongent leurs racines dans un passé très lointain.
(37.50 euros, 368 p.)
ISBN : 978-2-343-10502-4, ISBN EBOOK : 978-2-14-002249-4

HISTOIRE DES HUNS
Daniarov Kalibek
L'*Histoire des Huns* dresse un tableau saisissant de l'histoire de ce peuple mystérieux, les Huns, depuis leur apparition à la chute de leur empire, survenue après la guerre menée par Attila en Europe (453 apr. J-C). Chercheur kazakh de renom, l'auteur présente ici une nouvelle analyse et synthèse de la culture hunnique. Il s'appuie sur des sources rares et inédites qui le conduisent à affirmer notamment que les Huns étaient des ancêtres probables du peuple kazakh.
(25.00 euros, 276 p.)
ISBN : 978-2-343-09492-2, ISBN EBOOK : 978-2-14-001332-4

1789 : LES COLONIES ONT LA PAROLE ANTHOLOGIE
Tome 1 : Colonies ; Gens de couleur
Tome 2 : Traite ; Esclavage
Biondi Carminella - Avec la collaboration de Roger Little
Cette anthologie regroupe tous les écrits et les discours de l'année 1789 au sujet des colonies, des gens de couleur (tome 1), de la traite et de l'esclavage (tome 2). Voici un ensemble de controverses

passionnées et passionnantes de l'époque où aucun Noir n'est admis (comme à la Conférence de Berlin, un siècle plus tard).
((Tome 1 – Coll. Autrement Mêmes, 25.50 euros, 218 p.)
ISBN : 978-2-343-09854-8, ISBN EBOOK : 978-2-14-001623-3
(Tome 2 – Coll. Autrement Mêmes, 23.00 euros, 280 p.)
ISBN : 978-2-343-09855-5, ISBN EBOOK : 978-2-14-001622-6

ANTIQUITÉ, ART ET POLITIQUE
Sous la direction de Bouineau Jacques
Le lien entre ces différentes contributions se trouve dans l'utilisation de l'œuvre d'art comme vecteur politique, l'Antiquité sert de fil directeur et de multiples domaines artistiques sont concernés. Les domaines couverts sont les mondes anciens, l'Antiquité classique, le monde musulman, le monde slave et la culture européenne de l'époque moderne et contemporaine.
(Coll. Méditerranées, 33.00 euros, 318 p., Illustré en noir et blanc)
ISBN : 978-2-343-09346-8, ISBN EBOOK : 978-2-14-001407-9

L'ESPACE DANS L'ANTIQUITÉ
Sous la direction de Patrick Voisin et Marielle de Béchillon
L'espace est un thème permanent de la littérature antique, d'Homère au Ve siècle ap. J.-C. Il s'impose comme une préoccupation partagée, de l'habitant le plus humble à l'intellectuel le plus illustre. Les écrits antiques s'intéressent aux expériences et aux représentations de l'espace et nous invitent à un voyage au sein des mentalités antiques : c'est d'une ouverture de nature anthropologique dont il sera question, l'espace révélant également les valeurs, le mode de vie, les croyances ou les besoins de ces différentes civilisations.
(Coll. Kubaba, 38.00 euros, 378 p.)
ISBN : 978-2-343-05822-1, ISBN EBOOK : 978-2-336-37353-9

HÉPHAÏSTOS LE DIEU BOITEUX
Andrieu Gilbert
Presque toutes les mythologies possèdent un dieu boiteux, souvent forgeron : le cas d'Héphaïstos n'est pas unique et doit correspondre à un signe particulier qu'il faut trouver. Pourquoi ce dieu est-il si différent des autres et que représente cette singularité ? La singularité de cette divinité, qui semble à la fois immortelle et cependant particulière au point d'être presque rejetée, interroge. Homère nous en donne une image assez réductrice qu'il faut dépasser si l'on veut comprendre ce que les aèdes cachaient derrière leurs légendes.
(17.00 euros, 170 p.)
ISBN : 978-2-343-05974-7, ISBN EBOOK : 978-2-336-37490-1

POURQUOI ? LES LUMIÈRES À L'ORIGINE DE L'HOLOCAUSTE
Valdman Edouard
Et si la grande tentation pour les Juifs était d'oublier leur identité ? Et si l'assimilation faisait le lit de l'antisémitisme ? Et si la laïcité exacerbait les antagonismes religieux ? Et si les origines de l'Holocauste étaient à chercher aussi du côté des Lumières ? La réflexion de l'auteur, loin des préjugés bien pensants, est une contribution essentielle dans un contexte de résurgence de l'antisémitisme en Europe et dans le monde.
(10.50 euros, 78 p.)
ISBN : 978-2-343-04928-1, ISBN EBOOK : 978-2-336-36942-6

LES TONDUES
Un carnaval moche
Brossat Alain
Préface de Geneviève Fraisse
La tonte de milliers de femmes soupçonnées de «collaboration horizontale» avec l'ennemi est un phénomène qui a longtemps filé entre les doigts des historiens professionnels. Partant de cet embarras, l'auteur tente de saisir ces violences comme un phénomène «total» dont chaque facette ne s'éclaire qu'au prix de la mobilisation des savoirs et d'hypothèses infiniment variées. Le

développement tardif, mais désormais bien ancré, en France, des études de genre souligne l'intérêt de la réédition de ce livre paru la première fois en 1992.
(Téraèdre, Coll. [Ré]édition, 36.00 euros, 348 p.)
ISBN : 978-2-36085-060-0, ISBN EBOOK : 978-2-336-37022-4

UN « MALGRÉ-NOUS » DANS L'ENGRENAGE NAZI
Les sacrifiés de l'Histoire
Cantinho Pereira Pedro
Ce livre constitue un humble hommage aux Alsaciens et Mosellans incorporés de force dans les armées allemandes lors de la Seconde Guerre mondiale et qui vivent dans l'ambiguïté de leur destin. Dans ce cataclysme, les agresseurs ont souvent été victimes de leurs propres actes. En racontant l'histoire vraie de Paul Freundlich, jeune Alsacien dont la vie a été bouleversée par la Seconde Guerre mondiale, le narrateur revient sur son propre passé.
(Coll. Mémoires du XXe siècle, série Seconde Guerre mondiale, 21.50 euros, 216 p.)
ISBN : 978-2-343-05059-1, ISBN EBOOK : 978-2-336-36992-1

TROUPES (LES) COLONIALES D'ANCIEN RÉGIME
Fidelitate per Mare et Terras
Lesueur Boris - Préface de Michel Vergé-Franceschi
«Le désavantage des colonies qui perdent la liberté de commerce est visiblement compensé par la protection de la Métropole qui les défend par ses armes ou les maintient par ses lois». Cette phrase de Montesquieu résume les liens compliqués entre une métropole et ses colonies sous l'Ancien Régime. La prospérité apportée par les colonies devait être souvent défendue avec acharnement. Des compagnies détachées aux régiments coloniaux, l'aventure des soldats au temps de la Nouvelle-France et des Îles demeure singulière et mal connue.
(SPM, Coll. Kronos, 45.00 euros, 534 p.)
ISBN : 978-2-917232-28-6, ISBN EBOOK : 978-2-336-36549-7

DROIT (LE) DES NOIRS EN FRANCE AU TEMPS DE L'ESCLAVAGE
Textes choisis et commentés
Boulle Pierre H., Peabody Sue
En France entre le XVIe siècle et le XIXe siècle, la vision de l'individu doté d'une liberté formelle fut confrontée à l'existence de l'esclavage aux colonies, en particulier lorsqu'à partir de 1716 une exception au principe du sol libre fut octroyée aux planteurs qui souhaitaient amener en métropole leurs esclaves domestiques. Tout un appareil juridique dut être créé pour accommoder cette exception. Le présent ouvrage cherche à illustrer les différentes étapes que prit cette recherche d'un équilibre entre liberté et esclavage.
(Coll. Autrement Mêmes, 29.00 euros, 291 p.)
ISBN : 978-2-343-04823-9, ISBN EBOOK : 978-2-336-36295-3

ÂGES (LES) DE L'HUMANITÉ
Essai sur l'histoire du monde et la fin des temps
Bolton Robert
Comment, quand et pourquoi le monde a-t-il commencé ? Et quand touchera-t-il à son terme ? Les deux mille dernières années sont analysées en termes de cosmologie traditionnelle, à l'aide de la science des nombres afin de permettre le calcul de la position de notre époque dans l'ère à laquelle elle appartient. L'auteur arrive à la conclusion qu'il y a de fortes probabilités pour que son terme coïncide avec la fin des temps.
(Coll. Théôria, 28.00 euros, 272 p.)
ISBN : 978-2-343-03921-3, ISBN EBOOK : 978-2-336-36288-5

DIVINATION (LA) DANS LA ROME ANTIQUE
Études lexicales
François Guillaumont et Sophie Roesch (éds.)
Les Romains vivaient dans un monde peuplé de signes de la volonté des dieux. Savoir lire ces signes, par le biais de la divination, permettait aux hommes de s'assurer le succès de leurs entreprises.

L'objet de ce recueil est de compléter par une approche lexicale les nombreuses publications déjà consacrées à ce domaine de la religion antique, afin de mieux définir les croyances et les pratiques divinatoires des Romains.
(Coll. Kubaba, 15.50 euros, 150 p.)
ISBN : 978-2-343-04273-2, ISBN EBOOK : 978-2-336-36431-5

LA DISPARITION DU DIEU DANS LA BIBLE ET LES MYTHES HITTITES
Essai anthropologique
Nutkowicz Hélène, Mazoyer Michel
Drames et tragédies se succèdent qui voient les destructions de la nature, de l'homme et du cosmos dans les royaumes tant hatti que judéen, témoins de la rupture entre le monde terrestre et le monde divin. Quelles explications les peuples touchés par ces situations de crises apportent-ils ? Quels sont les points partagés et les divergences développées par ces deux peuples ?
(Coll. Kubaba, série Antiquité, 22.00 euros, 214 p.)
ISBN : 978-2-343-04876-5, ISBN EBOOK : 978-2-336-36434-6

LES ÉCHANGES MARITIMES ET COMMERCIAUX DE L'ANTIQUITÉ À NOS JOURS (2 volumes)
Sous la direction de Philippe Sturmel
Tous les peuples, ou presque, ont voulu faire de la mer et des océans leur terrain de jeu, de chasse, d'échanges ou d'aventures. A l'aube de l'époque moderne, la navigation commerciale connaît un essor spectaculaire et les terres apparaissent comme un obstacle à son développement. La mer, enfin, comme lieu de toutes les spéculations, intellectuelles, philosophiques ou utopiques. C'est cette grande histoire que les communications rassemblées dans cet ouvrage ont l'ambition de raconter.
(Volume 1, Coll. Méditerranées, 31.00 euros, 300 p.)
ISBN : 978-2-343-03509-3, ISBN EBOOK : 978-2-336-36383-7
(Volume 2, Coll. Méditerranées, 30.00 euros, 294 p.)
ISBN : 978-2-336-30724-4, ISBN EBOOK : 978-2-336-36382-0

MENSONGES DE L'HISTOIRE (Tome 2)
Monteil Pierre
Avec simplicité, esprit critique et objectivité, l'auteur s'attaque, dans ce second tome, à de nouveaux «mensonges de l'Histoire» : ainsi, saviez-vous que l'Enfer est une conception médiévale ? Que les chiffres arabes sont en réalité indiens ? Que Gutenberg n'a pas inventé l'imprimerie ? Qu'Abraham Lincoln était raciste ? Que l'Allemagne nazie fut le premier pays dans l'espace ?
(Coll. Rue des écoles, 30.00 euros, 300 p.)
ISBN : 978-2-343-04362-3, ISBN EBOOK : 978-2-336-36119-2

VOYAGEUSES (LES) D'ALBERT KAHN (1905-1930)
Vingt-sept femmes à la découverte du monde
Arasa Yaelle
Entre 1905 et 1930, Albert Kahn, riche banquier autodidacte, crée en France, une bourse féminine Autour du monde, octroyée aux plus brillantes des jeunes femmes titulaires de l'agrégation. Les lauréates se nourrissent, durant une année, d'un quotidien nomade, se frottant aux traditions les plus anciennes et à la modernité la plus échevelée. Courriers, rapports et carnets de bord narrent les changements de paysage, du monde, de la société, de l'enseignement féminin et de la vie des femmes durant un quart de siècle.
(38.00 euros, 382 p.)
ISBN : 978-2-343-04419-4, ISBN EBOOK : 978-2-336-36174-1

L'HARMATTAN ITALIA
Via Degli Artisti 15; 10124 Torino
harmattan.italia@gmail.com

L'HARMATTAN HONGRIE
Könyvesbolt ; Kossuth L. u. 14-16
1053 Budapest

L'HARMATTAN KINSHASA
185, avenue Nyangwe
Commune de Lingwala
Kinshasa, R.D. Congo
(00243) 998697603 ou (00243) 999229662

L'HARMATTAN CONGO
67, av. E. P. Lumumba
Bât. – Congo Pharmacie (Bib. Nat.)
BP2874 Brazzaville
harmattan.congo@yahoo.fr

L'HARMATTAN GUINÉE
Almamya Rue KA 028, en face
du restaurant Le Cèdre
OKB agency BP 3470 Conakry
(00224) 657 20 85 08 / 664 28 91 96
harmattanguinee@yahoo.fr

L'HARMATTAN MALI
Rue 73, Porte 536, Niamakoro,
Cité Unicef, Bamako
Tél. 00 (223) 20205724 / +(223) 76378082
poudiougopaul@yahoo.fr
pp.harmattan@gmail.com

L'HARMATTAN CAMEROUN
TSINGA/FECAFOOT
BP 11486 Yaoundé
699198028/675441949
harmattancam@yahoo.com

L'HARMATTAN CÔTE D'IVOIRE
Résidence Karl / cité des arts
Abidjan-Cocody 03 BP 1588 Abidjan 03
(00225) 05 77 87 31
etien_nda@yahoo.fr

L'HARMATTAN BURKINA
Penou Achille Some
Ouagadougou
(+226) 70 26 88 27

L'HARMATTAN SÉNÉGAL
10 VDN en face Mermoz, après le pont de Fann
BP 45034 Dakar Fann
33 825 98 58 / 33 860 9858
senharmattan@gmail.com / senlibraire@gmail.com
www.harmattansenegal.com

Achevé d'imprimer par Corlet Numérique - 14110 Condé-sur-Noireau
N° d'Imprimeur : 137901 - Dépôt légal : avril 2017 - *Imprimé en France*